Über das Buch Über die Welt der Wiener Literatencafés schrieb Alfred Polgar 1945 im Exil: »Eine sonderbare Gesellschaft war das, ergiebig an Witz, methodischer Narrheit und vielem Talent, das mit Vorliebe ins Leere verpuffte. Schade, daß sich kein Chronist gefunden hat, diese wunderliche Welt, in ihrem eigenen Spiritus, aufzubewahren.«
Milan Dubrovic, intimer Kenner und leidenschaftlicher Kaffeehausbesucher, hat sich dieser Aufgabe angenommen. Gestützt auf seine persönlichen Erinnerungen, läßt er die Besucher des Cafés Herrenhof, wie z. B. Werfel, Musil, Roth, Polak, Revue passieren. Gleichzeitig vermittelt er ein Bild von der geistigen und kulturellen Atmosphäre Wiens, denn in den Kaffeehäusern als Orten der Liberalität traf sich das »rote« und »schwarze« Wien zum Gedankenaustausch. Mit dieser Liberalität war es 1938 vorbei; viele mußten das Land verlassen oder gingen in die »innere Emigration«, so auch Dubrovic. Er erlebt die Nazidiktatur als Mitarbeiter beim ›Wiener Neuen Tagblatt‹. Sein Buch endet mit den Erinnerungen an diese Zeit.

Der Autor Prof. Milan Dubrovic, geboren 1903 in Wien, Studium der Kunstgeschichte und Soziologie, 1927–1930 Kulturredakteur der ›Wiener Allgemeinen Zeitung‹, 1930–1945 beim ›Neuen Wiener Tagblatt‹. Mitbegründer und Chefredakteur der Tageszeitung ›Die Presse‹, 1961–1977 Kultur- und Presseattaché an der österreichischen Botschaft in Bonn, 1970–1977 Herausgeber der ›Wochenpresse‹, seither als freier Schriftsteller tätig.

Milan Dubrovic

Veruntreute Geschichte

Die Wiener Salons und Literatencafés

Mit 22 Abbildungen

Fischer Taschenbuch Verlag

Die Abbildungen stammen aus dem Archiv des Verfassers
mit Ausnahme des Fotos oben auf der zweiten Seite des Bildteils
(Oskar Horowitz) und der letzten Seite oben
(Österreichische Nationalbibliothek, Bildarchiv).

Ungekürzte Ausgabe
Veröffentlicht im Fischer Taschenbuch Verlag GmbH,
Frankfurt am Main, Juni 1987

Lizenzausgabe mit freundlicher Genehmigung der
Paul Zsolnay Verlags Gesellschaft m.b.H., Wien/Hamburg

Umschlaggestaltung: Jan Buchholz / Reni Hinsch
unter Verwendung eines Scherenschnitts von Hans Schliessmann
Druck und Bindung: Clausen & Bosse, Leck
Printed in Germany
1480-ISBN-3-596-25664-X

Für Erika

Inhalt

Einführung

Um mich als Autor dieses Buches vorzustellen, beginne ich mit einer zwischen Melancholie und Heiterkeit angesiedelten Anekdote, die zugleich das Widersinnige, ja geradezu Absurde als tragendes Element der miterlebten Zeitgeschichte verdeutlicht. Sie spielt in dem böhmischen Städtchen Prossnitz im Jahre 1939, während des Einmarsches deutscher Truppen in die Tschechoslowakei.

Ein alter Mann liegt auf dem Sterbebett. Die Dramatik des kriegerischen Geschehens und das nahende Ende des eigenen Lebens überdenkend, gelangt er zu folgender Selbstbetrachtung: „Geboren bin ich in Österreich, gelebt hab' ich in der Tschechoslowakei und nun sterbe ich in Deutschland — dabei bin ich aus Prossnitz nie hinausgekommen."

Diese Geschichte erzähle ich deshalb, weil sie neben der Paradoxie und der Unvernunft dieses Jahrhunderts auch die historische Reichweite meiner eigenen Lebenserfahrungen, die sich bis in die Tage der k. u. k. Monarchie zurückerstrecken, aufzeigt.

Wenn ich vom Fenster meiner Wohnung am Minoritenplatz hinabblicke, dann sehe ich mich vor siebzig Jahren an der Seite meines Vaters zum sonntäglichen Hochamt in die Minoritenkirche, die italienische Nationalkirche gehen, um die Predigt in italienischer Sprache zu hören.

Wir wohnten in Währing, doch mein Vater hatte eine große Vorliebe für diesen Platz, dessen architektonischen Rahmen er als anheimelnd empfand, weil er ihn an den intimen Reiz irgendeiner gemütlichen Piazetta seiner dalmatinischen Heimat erinnerte.

Diese Vorliebe hat sich geradlinig vom Vater auf den Sohn übertragen, und ich betrachte es als einen der großen Glücksfälle meines Lebens, daß ich hier, mit dem Blick auf die gotische Kirche, umringt von der heiteren Pracht adeliger Barockpalais, eine Wohnung innehabe, die sich dem historischen Ambiente auch insoferne ebenbürtig einfügt, als hier, in den gleichen Räumen, die k. k. Hofschauspielerin Hedwig Bleibtreu mit ihrem Mann, dem Burgtheaterdirektor Max Paulsen, viele Jahre ihres Lebens verbrachte.

Ich selbst, 1903 in Wien geboren, bin ein typisches Mischprodukt der alten k. u. k. Monarchie. Meine Mutter stammt aus einem Kernland des einstigen Reiches, dem Lande Niederösterreich, und mein Vater aus dem dalmatinischen Küstenland. Ich habe noch sehr deutliche Erinnerungen an das Wien vor dem Ersten Weltkrieg.

Wenn ich als Kind auf dem breiten Trottoir der Ringstraße spazieren geführt wurde, konnte ich auf den Reitwegen zwischen den Alleebäumen die eleganten Kavallerieoffiziere in den farbenprächtigen Uniformen der Ulanen und Dragoner auf ihren munter trabenden Pferden bewundern. Einigemale hatte ich das Glück, den alten Kaiser zu sehen, wenn er sich vom Schloß Schönbrunn in die Hofburg begab. Bei schönem Wetter fuhr er in einer offenen Equipage, an seiner Seite der Adjutant und auf dem Bock, neben dem Kutscher, der Leibjäger.

Von polizeilichem Schutz war kaum etwas zu bemerken. Die Menschen auf der sehr belebten Mariahilferstraße zogen respektvoll den Hut, die Frauen winkten mit der Hand und der Kaiser dankte mit legerer Geste, abwechselnd nach beiden Seiten.

Es gibt nichts, das diese Stimmung absoluter Sekurität und einer wunderbaren Sorglosigkeit, die damals im Straßenbild vorherrschte, besser verdeutlichen könnte, als der Anblick des völlig ungeschützt im offenen Wagen fahrenden Kaisers. Erst im Rückblick auf diese Zeit meiner frühen Jugend ist mir klar geworden, welche Symbolkraft dieser Szene innewohnte.

Nur wer diese zu Ende gehende Epoche noch persönlich miterlebt hat, weiß, wie Hugo von Hofmannsthal in einem Brief an C. J. Burckhardt beklagt, daß alles seither nur wachsende Unrast und Verunsicherung war, eine Bewegung ins Ungewisse, in eine unaufhaltsam fortschreitende Auflösung überkommener Werte und Ordnungen.

Der Tag, an dem bald darauf die große Wende begann, war der 28. Juni 1914. Diesen Tag habe ich heute noch in genauer Erinnerung. Es war am Vorabend von „Peter und Paul“, damals ein schulfreier Ruhetag. Wir spazierten im Türkenschanzpark, die Eltern und meine drei Geschwister. Plötzlich durchbrachen gellende Schreie die feiertägliche Stimmung. Zum ersten Mal im Leben vernahm ich den alarmierenden Ausruf „Extraausgabe!“

Und dann konnte man es lesen, schwarz auf weiß, in riesigen Lettern zwischen dunklen Trauerbalken: „Attentat in Sarajevo. Das Thronfolgerpaar ermordet!“

Als Primaner, der erst vor kurzem die Aufnahmsprüfung ins Gymnasium bestanden hatte, konnte ich die Tragweite des Ereignisses nicht erfassen. Ich sah bloß, daß mein Vater erstarrte. Seine ersten Worte, in ihrer lapidaren Einfachheit, klingen mir heute noch schaurig im Ohr.

„Das ist der Krieg!“, sagte mein Vater. Und dann sprach er vom hohen Alter des Kaisers. Die Last eines Krieges werde er kaum tragen können, war seine Befürchtung. Aus seinen nachdenklichen Worten sprach die Sorge um den Bestand der Monarchie. Damals schon ahnte er den drohenden Zerfall des Reiches.

Im Gegensatz zu den trüben Gedanken meines Vaters und zu dem lähmenden Schrecken, den das Attentat zunächst in der Bevölkerung ausgelöst hatte, kam es bald zu einem radikalen Umschwung der Stimmung, als der Text der Kriegserklärung auf den Plakaten zu lesen stand. Die Menschen gerieten in einen patriotischen Rauschzustand, sie umarmten einander auf offener Straße, der Enthusiasmus kannte keine Grenzen. Die frisch rekrutierten Soldaten wurden mit Blumen überschüttet. Man war überzeugt, daß dieser Krieg aus Notwehr gegen einen schurkischen und heimtückischen Feind geführt werden mußte.

Zum ersten Mal erlebte ich das Phänomen eines entfesselten Massenwahns. Von vaterländischen Parolen berauscht, brach die emotionalisierte Menschenmenge auf den Straßen und Plätzen in Jubel aus. Die Menschen waren überzeugt, für eine gerechte Sache zu kämpfen, Begeisterung und Opferbereitschaft entstanden spontan. Die symbolhafte Figur Seiner Majestät, des uralten Monarchen, der seine Völker zu den Waffen rief, wurde als legitime Autorität empfunden.

Darin, in diesem wesentlichen Aspekt, liegt der entscheidende Unterschied zwischen 1914 und 1939.

Als die deutschen Truppen in Polen eindrangen, konnte von einer allgemeinen spontanen Begeisterung keine Rede sein. Abgesehen von den prinzipiellen Gegnern des Nationalsozialismus, zeigten sich nicht wenige seiner Parteigänger und Sympathisanten, die den Zusammenschluß Österreichs mit Deutschland zunächst freudig begrüßt hatten, schwer enttäuscht.

Wie dieser Prozeß der Ernüchterung begann und wie er sich weiterentwickelte, davon berichte ich in diesem Buch, dessen Thematik jedoch weit darüber hinausreicht. Sie umfaßt auch jenen Teil unserer Geschichte, der heute unter dem sprachlich problematischen Begriff „Zeitgeschichte" verstanden wird, das heißt, die von vielen ungelösten Rätseln belastete Epoche zwischen 1918 und 1945, von der Auflösung des habsburgischen Vielvölkerstaates bis zum Zusammenbruch des „Dritten Reiches".

Man könnte diese Epoche auch „Die Tragödie Europas“ betiteln — ein Drama, das in drei Untergängen kulminierte und mit dem Fallen des „Eisernen Vorhanges“ endete.

Was dazwischen geschah, wie das Leben, der Alltag weiterliefen, wie die Weltgeschichte auf das Denken, Fühlen und Handeln der Menschen einwirkte, wie sie zu deren Akteuren wurden, stellt das Buch am Beispiel vieler Einzelschicksale dar. Die kurze Pause der „Goldenen Zwanzigerjahre“ war in Wirklichkeit eine äußerst widerspruchsvolle Zeitspanne. Die oft zitierten glänzenden Hervorbringungen auf geistigem Gebiet waren in Österreich von schweren Krisen, von Katastrophen und einem brutalen Bürgerkrieg begleitet.

Davon hob sich das Café Herrenhof mit seinen weltanschaulich offenen und grundsätzlich tolerant gesinnten Besuchern nur scheinbar als eine Idylle ab: Friedrich Torberg hat sie „wehmütig lächelnd“ und mit zwiespältigen Gefühlen in seiner Anekdotensammlung „Die Tante Jolesch“ eingefangen.

Zunächst hatte er Hemmungen, das Buch zu schreiben. Er wollte in der deutschen Literaturgeschichte nicht als ein „zweiter Roda Roda“ rangieren, obwohl er diesen in der diffizilen Kunst der Pointenformulierung übertraf. Nur durch mein insistentes Zureden hat er sich zum Schreiben entschlossen, bald freilich mit viel Freude daran.

„Den seriösen Teil mußt du aber dann schreiben!“, fügte er hinzu, als er mir eines der ersten Exemplare der noch druckfeuchten „Tante Jolesch“ überreichte. Mit meinem Kapitel über die „Herrenhof-Saga“ löse ich also ein Versprechen ein.

Nicht von Originalen und Käuzen sollte in meinem Buch die Rede sein; vielmehr davon, wie sich das zeitliche Geschehen und alles, was in der Politik, in den Künsten und Wissenschaften in Bewegung geraten war, in den Tischgesprächen reflektierte, und wie die Schicksale der Menschen verliefen, die sich hier zusammengefunden hatten. Es war mir klar, daß ich davon nur einen Ausschnitt wiedergeben kann, dessen Grenzen durch den Umfang meiner persönlichen Begegnungen und Erfahrungen bestimmt sind. Meine Erinnerungen stützen sich hauptsächlich auf Notizen, auf einen umfangreichen Briefwechsel mit dem Freundeskreis und auf mein Gedächtnis, dem einige noch lebende Herrenhofbesucher zu Hilfe kamen.

Der Titel „Veruntreute Geschichte" entstammt einem Appell, den der neuernannte Direktor des Volkstheaters Paul Blaha an die zeitgenössischen Dramatiker richtete, Stücke mit aktuellem Inhalt zu schreiben. Gemeint waren die immer noch bis in die Gegenwart weiterwirkenden Probleme und Phänomene jener unheilvollen Vergangenheit, über die das verschämte Schweigen der älteren Generation gebreitet liegt, oder die, von einer emsig betriebenen Camouflage verformt, verzerrt dargestellt werden. Auf welch unbefriedigende und umstrittene Weise die Aufarbeitung von Zeitgeschichte oft auch auf wissenschaftlichem Felde erfolgt, zeigt zum Beispiel die ideologisch motivierte Kritik neuerer deutscher Historiker an dem Gedenktag des „20. Juli". Sie hat den Politologen Dolf Sternberger veranlaßt, von „wissenschaftlichen Insekten, die über den Kadaver der Geschichte kriechen" zu sprechen.

Immer noch wird die Frage aufgeworfen, ob das zwischen 1938 und 1945 Geschehene zeitlich weit genug entfernt sei, daß es, ohne Emotionen hervorzurufen, in den richtigen Proportionen gesehen werden könne. Auch gibt es die Furcht, mit persönlichen Ansichten, Deutungen und Rechtfertigungen in die Schußlinie öffentlicher Kritik zu geraten. All dies wirkt zusammen, um den Rückblick auf die Vergangenheit zu verschleiern, statt daß man versucht, eigene Erlebnisse und Erfahrungen zu artikulieren und damit das Verständnis zu fördern.

Von Blahas Appell fühlte ich mich persönlich betroffen. Rund sechs Jahrzehnte lagen hinter mir, in denen ich als Journalist das Verlangen und die Gelegenheit gehabt hatte, Augen- und Ohrenzeuge zu sein. Nun sah ich es als eine Verpflichtung an, davon zu berichten, vor allem von den wichtigen und wesentlichen Akteuren aus dem Milieu des Café Herrenhof, das ja als geistes- und schicksalsträchtiger Schauplatz schon in Franz Kafkas Roman „Das Schloß" in den Rang eines Symbols erhoben wird.

Die kritischen Jahre der nationalsozialistischen Ära in Wien werden aus der Perspektive eines Zeitungshauses dargestellt, des „Neuen Wiener Tagblattes", dem ich von 1930 bis 1945 als Redakteur angehört habe.

In mancher Hinsicht kommen meine Schilderungen einer Rechenschaft nahe; sie geben Auskunft auf die Frage, wie und warum Menschen in dieser Zeit so und nicht anders gehandelt haben, und worauf es ankommt, um geistig und menschlich unbeschädigt Zeiten der Erprobung und Bewährung zu bestehen.

Daß der Blick des Autors durch unabsichtlich verfälschendes Wunschdenken oder durch den Versuch einer Selbstrechtfertigung getrübt sein könnte, dem steht der gute Wille zur Aufrichtigkeit und Objektivität gegenüber. Ob diese Absicht für die erstrebte Glaubwürdigkeit ausreicht? Die einzig mögliche Antwort darauf ist die resignierende Feststellung, daß es Wahrheit immer nur innerhalb subjektiver Grenzen geben kann.

Kakanischer Korso, post festum

Das Königreich Ungarn, „auf ewig unteilbar und untrennbar“ mit dem Kaiserreich Österreich liiert, war nach dem Bruch 1918 formal ein Königreich geblieben, zwar ohne König, doch von einem Reichsverweser in apostolischem Geiste regiert. Österreich war eine eigenständige Republik geworden, doch zehn Jahre später gab ein österreichischer Reiseratgeber unter dem Titel „Was nicht im Baedeker steht“ die wohlmeinende Empfehlung: „Wenn Sie Wien vollständig kennenlernen wollen, müssen Sie eigentlich nach Budapest fahren!“ und begründet dies: „Weil diese zwei Städte noch immer miteinander verwandt sind, zusammengehören, sich gegenseitig ergänzen.“

Den Beweis dafür lieferte der ungarische Dramatiker Franz Molnár, wenn er in den Zwanziger- und Dreißigerjahren häufig im komfortablen Korbfauteuil vor dem Hotel Imperial in Wien saß und mit forschendem Beobachterblick durch das obligate Monokel die vorüberpromenierende Menge sondierte. Ob er nun hier oder in einem Budapester Café am Donaukai weilte, für ihn war es die gleiche familiäre Vedute, die seine Phantasie inspirierte, aus der er Anregungen für seine Komödien und pointenreichen Dialoge schöpfte. Das Leben auf der Straße, richtiger auf den Trottoirs in Wiens Innenstadt hatte die gleichen Gezeiten bewahrt, die schon in der Monarchie galten.

Fast pünktlich nach dem Uhrzeiger zwischen zwölf und zwei Uhr mittags entrollte sich der illustre Korso, ein fließendes Rendezvous jenes Teils der Wiener Gesellschaft, dessen Prominenz nach dem Bekanntheitsgrad bemessen wurde, Menschen von Rang und Namen, fast täglich die gleichen, nicht ohne einen Schimmer inzestuös-elitärer Selbstgefälligkeit. Personen, die es ostentativ nicht eilig hatten, die stehen blieben, flanierten, flirteten, einander zulächelten, sich gelegentlich zerstritten, aber niemals wirklich böse aufeinander waren. Man zeigte sich hier gewissermaßen demonstrativ, weil man „dazugehörte" oder dazugehören wollte.

Die Straße wurde zur Bühne. Genau genommen war es die Strecke von der Sirk-Ecke (so benannt nach einem eleganten Lederwarengeschäft an der Ecke des Hotel Bristol), entlang dem linken Trottoir der Kärntnerstraße, am „Gerstner" vorbei, über den Graben bis zum Kohlmarkt, ausnahmsweise auch noch ein Stück weiter bis zum Michaelerplatz.

Das Ensemble war stets verläßlich zur Stelle, die Besetzung blieb die gleiche: Sie kam aus den Reihen des Adels bis hinauf zu einstigen Angehörigen des kaiserlichen Hofes, dazu gesellten sich Bühnenlieblinge des Burgtheaters wie die beiden in der Herrenmode tonangebenden Bonvivants Harry Walden und Arnold Korff, Schriftsteller, Gelehrte, Journalisten sowie die obligaten Adabeis aus dem Bereich, den man als „gute Gesellschaft" oder „elegante Leut'" bezeichnete, und dazwischen mischte sich das banale Fußvolk, bestehend aus Bankbeamten mit melancholischem Anatol-Blick, flanierenden Einzelgängern und neugierigen Backfischen.

Im Gewühl der lustwandelnden Menge stachen die stadtbekannten Persönlichkeiten hervor, fast jede von Anekdoten und Tratschgeschichten umwoben. Unverkennbar die hünenhafte Gestalt des Grafen Carl Anton Lanscoronski, dessen Palais in der Jacquingasse ein Treffpunkt von Künstlern und Wissenschaftlern war. Das Herannahen des einstigen Oberstkämmerers des Kaiserlichen Hofes kündigte sich schon von weitem durch die Gewalt seines volltönenden Baritons an. Sein Palais, das im Krieg durch eine Fliegerbombe zerstört wurde, enthielt eine sehenswerte Sammlung kostbarer alter Gemälde, die das große Kunstverständnis des passionierten Sammlers erkennen ließ. Diese Leidenschaft reichte freilich über die Aera des Malers Waldmüller nicht hinaus.

Das Palais war zugleich ein Stützpunkt für die letzten Gesellschaftsrelikte der kaiserlichen Ära. Hier trafen die Mitglieder des einstigen Hochadels mit den Kunsthistorikern und Museumsfreunden zusammen. Im Unterschied zu den Salons der liberal-fortschrittlich gesinnten, meist jüdischen Bourgeoisie huldigte man hier traditionellen Anschauungen. Die Abwehrhaltung gegenüber dem Kommenden und Andersgearteten teilte Lanscoronski mit dem überwiegenden Teil des konservativen Wiener Bürgertums, das die ungebärdige neue Kunst strikt ablehnte.

Als Präsident des Vereins der Museumsfreunde und mächtiges Mitglied der Kommission, die über den Ankauf von Bildern prominenter Maler für die Wiener Museen entschied, war deshalb sein Ruf umstritten. Er geriet ins Feuer heftiger Kritik, als er den Ankauf von drei Bildern Van Goghs durch sein Veto verhinderte, obwohl die von dem Maler Carl Moll als hochwertig empfohlenen Gemälde vom Nachlaßverwalter Van Goghs äußerst preiswert angeboten worden waren.

Eine nicht minder voluminöse und ebenso volltönend diskutierende Persönlichkeit war der streitbare Graf Adalbert Sternberg (auf der Visitenkarte stand unter seinem Namen, als provozierende Etikette, der Satz: „Geadelt von Karl dem Großen, entadelt von Karl Renner). Ständig in seiner Begleitung sah man den zwergenhaft wirkenden Altgraf Salm sowie den Historiker und Chefredakteur des skandalumwitterten Boulevardblattes „Die

Stunde“, Karl Tschuppik. In entsprechender Distanz die beiden ruhige Zurückhaltung demonstrierenden Finanzmagnaten Alfons und Louis Rothschild, Baron Kiss de Ittebe, der Sohn Katharina Schratts, und der mit ihm unzertrennlich befreundete Konsul Urbas.

Gravitätisch einherschreitend, mit Pathos dozierend, der von Karl Kraus hochgeschätzte Polyhistor Eckstein. Als begeisterter Wagnerianer rühmte er sich, in seiner Jugend zu Fuß von Wien nach Bayreuth gepilgert zu sein.

Sein Wissen und sein Gedächtnis hatten ein ungeheures Ausmaß und waren jederzeit präsent. Karl Kraus soll von ihm gesagt haben, das Lexikon käme in der Nacht zu ihm, um in ihm zu blättern. Ecksteins Frau schrieb unter dem Pseudonym Sir Galahad kluge Essays und einige interessante Bestseller.

Fast immer an Ecksteins Seite war der Historiker Peter Kuranda, ein Nachkomme des berühmten liberalen Politikers Ignaz Kuranda, Mitglied des österreichischen Reichsrates und der Repräsentant Österreichs bei der Frankfurter Nationalversammlung des Jahres 1848.

Zu den ständigen Korsoteilnehmern zählte auch der von Kokoschka oft porträtierte Victor Dirsztay, der seine faszinierend häßliche Visage mit einer exhibitionistischen Duldermiene zur Schau trug. Er wirkte wie ein übersteigerter Kontrast zu den attraktiven Heldendarstellern aus der Theater- und Filmwelt, die selbstverständlich auch zur Stelle waren.

Die Publikumslieblinge von damals achteten darauf, möglichst elegant, in teuren Maßanzügen aus den Ateliers von Kniže oder Prix zu erscheinen. Das Dessin ihrer Krawatten, der Schnitt des Hemdkragens, des Hutes, des Mantels waren maßgebend für die männliche Hautevolee in Budapest, Prag, Brünn und Iglau, wo bekanntlich die sagenhafte Tante Jolesch ihren Sitz hatte. Sie repräsentierten mehr oder weniger überzeugend den „morbiden

Charme der Bourgeoisie" von damals und verbanden ihn mit der Attitüde eines in der Londoner St. James Street wandelnden Dandys, jenes von Lord Brummel kreierten Männlichkeitsideals, aus dem in der Literatur später eine Lebensphilosophie abgeleitet wurde.

Ihr geistreicher Interpret in Wien war der Schriftsteller Richard von Schaukal (1874 — 1942), dessen für den Geist der Jahrhundertwende charakteristisches Buch „Leben und Meinungen des Herrn Andreas von Balthesser" vor kurzem wieder aufgelegt wurde. Schaukal absolvierte als Herrenreiter noch in den Dreißigerjahren fast täglich mit Lipizzanern die Hohe Schule beim Morgentraining in der Spanischen Hofreitschule.

Peter Härtling schrieb über die Figur des Dandy: „In keiner Gestalt konzentriert sich das Wesen der Jahre von 1870 bis 1910 so anschaulich und extrem wie in der des Dandy. Er vegetierte noch einige Jahre in diesem Jahrhundert als Eckenphilosoph dahin, als ihn der fatale Gigolo der Zwanzigerjahre oder der von optischen Platitüden zehrende Playboy der Fünfziger- und Sechzigerjahre ablöste".

Der Sexhäschen hörige Playboy von heute hat mit dem sublimen, dem gegenwärtigen Empfinden kaum noch zugänglichen Eros des Ur-Dandy nichts mehr gemeinsam.

Für die dahinschlendernden Müßiggänger der vormittägigen Promenade gab es auch einige erfrischende Zwischenstationen: den „Gerstner" und die „Zwieback-Konditorei" in der Kärntnerstraße, und den „Trześniewski" in der Dorotheergasse, der originell gewürzte Sandwiches zu einem extrakleinen Glas Bier und im Winter zu einem „heißen Krupnik" (einem echt polnischen Stanislauer Schnaps) offerierte, ferner den „Zykan" am Kohlmarkt (heute „Arabia"), wo es als exklusiven Imbiß eine „Wiener Auster" gab (eine Mixtur aus einem frischen Kiebitzei und Zitronensaft, die aus einem silbernen Schöpflöffel geschlürft wurde), dazu ein winziges Glas Sekt. Dann gab es noch den „Zistler“ in der Naglergasse, dessen Spezialität aus einem frisch gerösteten Sandwich mit eiskalten Spargelspitzen und einem Spritzer Mayonnaise bestand.

Letzte Relikte der nachklingenden kaiserlichen Ära personifizierten sich in so einprägsamen Figuren wie den Fürsten Hohenlohe, Schwarzenberg und Esterházy, die fast täglich hier zu sehen waren.

Im Gewühl der Promenierenden begegnete man gelegentlich einer stets allein gehenden, altmodisch-vornehm gekleideten älteren Dame, die ihr Ringstraßenpalais vis à vis vom Hotel Bristol selten verließ. Nur ein Fähnlein Erkorener konnte sie hinter ihrem dichten Schleier agnoszieren: Katharina Schratt, die Freundin Kaiser Franz Josephs. In dem Wiener Palais weilte sie nur den Winter über, im Frühjahr und Herbst wohnte sie in ihrer Villa in der Gloriettegasse, nahe dem Schloß Schönbrunn, im Sommer in einem schlichten Haus in Ischl, nahe der Kaiservilla.

Im hohen Alter lebte sie sehr zurückgezogen. Nur wenige alte Damen hatten bei ihr Zutritt. Als sie 1940 mit fünfundachtzig Jahren, von ihrem Sohn liebevoll betreut, starb, war sie fast vergessen. Es war ihr nicht erspart geblieben, Hitlers Einzug in Wien mitzuerleben.

Der Korso war ein letzter müder Ausklang Kakaniens. Er wirkte wie eine Luftspiegelung vergangenen Geschehens. Eine Phantasmagorie post festum. Aus der Distanz der vergangenen Jahrzehnte taucht er in der Erinnerung gleich einem „Zug der Schatten“ empor, wie Arthur Schnitzler ihn schon damals empfand, als er ihn in seinen von Untergangsgefühlen beschwerten Theaterfiguren ein letztes Mal aufleuchten ließ.

Als Illustration zu dieser Welt möge das folgende Zitat aus einem Artikel Heimito von Doderers dienen, der in der Zeitschrift „Magnum“ 1951 erschienen ist:

„Der alte Staat war dahin, wohl, aber welchen Glanz, welches Farbenspiel boten jetzt seine Trümmer und Bruchflächen! Ja, man kann sagen: die Monarchie begann jetzt erst sichtbar zu werden. Und so entstand denn eben damals der zweite österreichische Staatsroman — der erste war Stifters „Nachsommer" gewesen — in Robert Musils „Mann ohne Eigenschaften". Alles muß, so scheint es, vor allem einmal vergangen sein, um überhaupt gesehen werden zu können."

Auch die Komödie „Der Schwierige", die hellste und zugleich tiefste Theaterspiegelung kakanischer Zucht und Wesensart, wurde geschrieben, als die Monarchie bereits entschwunden war.

Ahnungen vom nahenden Ende befielen schon vor dem Ausbruch des Ersten Weltkrieges beim Anblick des an ihm vorüberflutenden Korsos den Prager Dichter Franz Kafka. Franz Werfel erwähnte in Gesprächen oft eine Begegnung mit Kafka in Wien im Frühjahr 1914. Es war ein strahlend schöner Tag, die Spaziergänger auf dem Graben genossen entsprechend heiter und sorglos die wärmende Junisonne. Plötzlich eilte, vor der Peterskirche schräg den Graben überquerend, Kafka auf ihn zu und flüsterte ihm beschwörend ins Ohr: „Franz, merkst du nicht auch, daß das alles bald vorbei ist? Das sind keine Menschen mehr, nur noch Gespenster, sie wissen's nur nicht!"

Werfel sprach immer mit größtem Respekt über Kafka. Er sah in ihm nicht nur den visionär begnadeten Dichter, der eine klassisch-präzise Prosa schrieb, sondern eine Reinkarnation der großen jüdischen Propheten und Mystiker und war daher von der makabren Feststellung Kafkas aufs schwerste betroffen. Er zitierte sie oft, als er den Untergang Österreichs und die Notwendigkeit außer Landes zu fliehen herannahen sah.

Das eigentliche und endgültige Ende Österreich-Ungarns, des unter der Herrschaft des Hauses Habsburg zusammengefaßten Vielvölkerstaates, ist, laut Friedrich Torberg, mit Hitlers Einzug in Wien zu datieren, also zwanzig Jahre nach der politischen Auflösung im November 1918. Der Vorhang fiel demnach erst dann, als das „Prager Tagblatt" und die „Czernowitzer Morgenzeitung" nicht mehr in den Wiener Cafés auflagen.

Diese Prolongation der geistigen Existenz Österreichs war, soferne wir dieser sentimentalen Geschichtsauffassung zu folgen bereit sind, ein Phänomen, das über Torbergs Kaffeehausperspektive weit hinausreicht. Es umschloß die ungezählten persönlichen und familiären Kontakte zwischen den Donauvölkern und wirkte noch in vielen sonstigen Gemeinsamkeiten fort, vor allem im vitalen Bereich, in spezifischen Verhaltensweisen, im Temperament und im Lebensgefühl, wofür viele Symptome heute noch sprechen.

Ein groteskes Beispiel für die Zählebigkeit des k. u. k. Österreich über das Datum seines historischen Endes hinaus, lieferte noch bis zum Jahre 1931 die Finanzbürokratie der jungen Ersten Republik. Österreich, an dessen Lebensfähigkeit niemand glauben wollte, hatte, immerhin, die schweren politischen und wirtschaftlichen Krisen seiner Anfangsjahre schlecht und recht überstanden, die katastrophale Inflation, das Ende der „Krone" als Zahlungsmittel und ihren Umtausch gegen den „Schilling" (10.000 Kronen = 1 Schilling), den Brand des Justizpalastes mit dem blutigen 15. Juli des Jahres 1927, den Zusammenbruch der Bodenkreditanstalt, der Depositenbank, der Creditanstalt.

Auch in Deutschland waren große Bankinstitute zusammengebrochen. Die große Weltwirtschaftskrise mit allen ihren verheerenden Folgen hatte begonnen, Hitler hatte seine ersten großen Wahlsiege errungen.

Das alte k. u. k.-Österreich war zwar gestorben, aber sein Geist lebte dennoch fort! Er hatte sogar eine Adresse: Er wohnte im ersten Wiener Gemeindebezirk, Singerstraße 17, in einem prächtigen Barockgebäude, dem einstigen Palais der Grafen Rottal. Hier verfügte er über eigene Amtsräume, eine mit Banknoten wohlgefüllte Kasse und Beamte, die im Auftrag des alten k. u. k. Österreich amtierten. Sie lösten die Rechtsverbindlichkeiten der einstigen Monarchie. Denn das alte Österreich hatte viele Gläubiger und seine Sachwalter schützten seinen Ruf als redlicher Kaufmann durch die Einhaltung seiner Schuldenverpflichtungen.

Altösterreich zahlte hier seine Schulden jedem, der sich zu ihm bemühte, redlich in Banknoten, auf denen stand: „Die Österreichisch-Ungarische Bank zahlt dem Überbringer den Gegenwert dieser Banknote im gesetzlichen Metallgeld". Daß die Österreichisch-Ungarische Bank dieses Metallgeld nicht auszahlte, daß die Banknoten daher wertlos waren, das tat schließlich nichts zur Sache. Wichtig war: die Verbindlichkeiten des alten Österreich wurden eingehalten.

Es war ein hochwürdiges Amt, in dem sich dieses vollzog. Es starrte vor Traditionen.

Um zur Sache zu kommen: in dem alten schönen Palais befand sich die Staatszentralkasse. Durch eine imposante Einfahrt mit prachtvollem Stuckplafond gelangte man zu der Treppe, die heute noch als ein architektonisches Schaustück gilt, und an altertümlichen schmiedeeisernen Türgittern vorbei kam man in das erste Stockwerk, wo im Kassensaal das Gespenst des alten Österreich in unbeugsamer Rechtlichkeit Schulden bezahlte.

Täglich gab es hier einen regen Parteienverkehr. Täglich wurden vierzig bis fünfzig Personen abgefertigt, der

Umsatz der zinsenbefriedigten Gläubiger betrug durchschnittlich einen Groschen, der Gesamtumsatz also schätzungsweise fünfzig Groschen pro Tag. In altösterreichischem Gelde allerdings waren das erhebliche Summen: Fünfzig Groschen waren ja doch fünfzigtausend Kronen. Im allgemeinen aber kamen Beträge zur Verrechnung, die zu klein waren, um auch nur in Groschen umgerechnet zu werden.

Um neun Uhr früh begann das gespenstische Treiben, um zwei Uhr nachmittags endete es. Mit ernsten Gesichter, aktenbeschwert, stiegen hier die Gläubiger des alten Österreich die Treppe hinauf in den Kassensaal. Ihr Gehaben war dasselbe, wie wenn es sich um volle Werte gehandelt hätte. In den Fensternischen stehend und sich mißtrauisch nach Bankräubern umblickend, zählten sie noch einmal und noch einmal ihre Kupons, die meisten ernst und korrekt.

Manche freilich betraten schon mit hochgeröteten Köpfen und geschwollener Zornesader das Palais, stürmten am Portier vorbei, an der Tafel, die von einer Direktion der Staatsschuld und einer Zinskuponzensur berichtete, um sich über den Betrug mit masochistischer Genüßlichkeit aufzuregen; und so gehörig vorbereitet, betraten sie den Kassensaal.

Wirklich und wahrhaftig: zu Stößen aufgeschichtet und mit Zählstreifen gebündelt lagen auf dem Tisch des Kassiers die alten entschwundenen Banknoten, und hinter ihm, in einem riesigen einbruch- und feuersicheren Tresor, lagen weitere Vorräte davon. Täglich wurde Kassa gemacht, täglich der Tresor auf- und zugesperrt, der Bleistift gespitzt, das Kassabuch aus der Schreibtischlade gehoben. Und an der Wand des Kassensaales hing nicht das Bild der Apostolischen Majestät, das einst allen Ämtern des Habsburgischen Reiches zur Zierde gereichte, sondern das glanzlose Photo des obersten Hüters der Republik, Wilhelm Miklas.

Geheimnisvoll, nur einem Fähnlein Erkorener vernehmbar, rauschte der skurrile Geist des Dichters und Deuters Altösterreichs Fritz von Herzmanovsky-Orlando durch den kahlen Raum.

Aus der „Herrenhof-Saga“

Diagnose des Literatencafés

Immer wieder ist es das Wien der Jahrhundertwende, sind es die legendären zwanziger und dreißiger Jahre, die in den Mittelpunkt rücken, sobald vom kulturellen Reichtum, von der außerordentlichen Intensität und Bewegtheit des geistigen Lebens während dieser kurzen Epoche die Rede ist. Heute, ein halbes Jahrhundert danach, bietet sich die einstige kaiserliche Metropole immer noch als bevorzugtes Thema für Dichter und Deuter, für Geschichtsphilosophen und stoffhungrige Filmproduzenten an.

Der Tanzvisionär Maurice Béjart schuf in Brüssel unter dem Schlagertitel „Wien, Wien, nur du allein“ ein abendfüllendes Divertissement, in welchem am Beispiel dieser Stadt der Untergang einer glanzvollen Kulturepoche aufgezeigt wird. Großtönend sprach Béjart vom „Ende eines Menschheitskreises“, das sich in dem einstigen Zentrum Mitteleuropas vollzogen habe.

Er bekräftigte damit nur die ähnlich lautende Zeitdiagnose eines so erfahrenen Theoretikers der amerikanischen Außenpolitik wie George Kennan, der die „Urkatastrophe des Jahrhunderts“ im Ersten Weltkrieg und dem daraus resultierenden Untergang der drei europäischen Kaiserreiche sieht.

Diese Ausweitung des historischen Unglücks Österreichs in säkulare, weltumspannende Dimensionen ist nicht neu. Sie ist in dem vielzitierten Wort Friedrich Hebbels, Österreich sei „eine kleine Welt, in der die große ihre Probe hält“, ebenso enthalten wie in der sarkastischen Bemerkung von Karl Kraus über Österreich als „Versuchsstation des Weltuntergangs“.

Die Befassung mit dieser widerspruchsvollen Epoche wird indes durch den paradoxen Tatbestand kompliziert, daß sich zur selben Zeit vor diesem düsteren Hintergrund ein radikaler Umschwung auf vielen Gebieten des kreativen Geistes vollzog. Dieser Aufbruch in den Wissenschaften umfaßte die epochalen Entdeckungen der theoretischen Physik, das Eindringen in noch unerforschte Bereiche der menschlichen Seele, die Fortschritte in der Medizin und Technik, daneben die radikalen Veränderungen in den Künsten.

Die rätselhafte Gleichzeitigkeit positiver Vorgänge und sich scharf davon abhebender negativer Zustände und Entwicklungen auf politischem und wirtschaftlichem Gebiet ist bis heute eine offene Frage geblieben. Man vergißt allerdings, daß die starren Fronten, hinter denen sich das „rote" und das „schwarze" Wien gegeneinander verschanzten, poröse Stellen hatten, daß es jenseits der militanten Auseinandersetzungen zwischen Bürgertum und Arbeiterschaft und den organisatorischen Abschirmungen ihrer Machtbereiche neutrale Zonen gab, in denen die persönliche Kommunikation und der Gesprächskontakt fortbestanden. Es gab sie unter Intellektuellen, Literaten, Künstlern, Journalisten, sie wirkten in Veranstaltungen fort, wo der Geist der Liberalität hochgehalten wurde.

Die Rolle, die die von Haß und Feindschaft unberührt gebliebene Institution des Kaffeehauses dabei spielte, war beachtlich. Das „Herrenhof", das „Rebhuhn", das „Café Museum" waren solche Orte der loyalen Begegnung, Sammelpunkte von Intellektuellen aus verschiedensten Berufen, die einander kannten, voneinander wußten. Es war, wollte man es soziologisch definieren, ein Milieu der fließenden Übergänge, der existenziellen Mischformen und relativierenden Individualitäten, demnach ein besonders geeignetes Forum für das freie Gespräch, die impulsive Auseinandersetzung, die systematische Pflege von

Querverbindungen zwischen politisch divergierenden Gruppen und Clans.

Diese Atmosphäre zog auch debattierfreudige Persönlichkeiten des literarischen, wissenschaftlichen und künstlerischen Establishments an, sofern sie bereit waren, ein Stück ihrer Exklusivität preiszugeben. Zu ihnen zählten Franz Werfel, Robert Musil, Hermann Broch, Alfred Polgar, Anton Kuh, Franz Blei, Heimito von Doderer, Leo Perutz, die hervorstechenden Schüler Sigmund Freuds und Alfred Adlers, Mitglieder des „Wiener Kreises" der positivistischen Schule wie Ludwig Wittgenstein, Moritz Schlick und andere.

Über die Welt des Literatencafés von einst, über seine eigenartige Ausstrahlung und seinen besonderen Lebensstil, ist schon so viel gesagt und geschrieben worden, daß die Literatur darüber die Regale einer großen Bibliothek füllen würde. Ich möchte daher nur meine persönlichen Erfahrungen hinzufügen und einige neue Akzente setzen.

Ich meine, es ist bisher zu wenig hervorgehoben worden, daß es neben den Schriftstellern und Künstlern, die schon einen Namen hatten, noch eine breite Schicht von Intellektuellen gab, die die eigentliche Publikumssubstanz des Kaffeehauses bildeten. Es waren Leute aller Altersstufen, die verschiedenen Berufsgruppen angehörten, die sich aber von der Norm des Durchschnittsbürgers dadurch abhoben, daß sie ein ungleich stärkeres geistiges Interesse hatten, eine leidenschaftliche Anteilnahme an den Vorgängen und Entwicklungen in der Literatur, den Künsten, den Wissenschaften und die das Bedürfnis hatten, sich darüber auszusprechen, darüber zu diskutieren und den Rat und die Meinung gescheiter Leute einzuholen.

Auf diese Weise entstand ein wohltuender Zustand der Zusammengehörigkeit, der Geborgenheit, der Gemeinschaft Gleichgesinnter, der Kameradschaft mit freien, unabhängig denkenden Menschen, die, wie man selbst, Suchende waren, auf der Suche nach neuen Erkenntnissen, nach dem Sinn der menschlichen Existenz.

Man muß bedenken: Hinter der Fassade der alten Ordnung war ja im Ersten Weltkrieg eine ganze Welt zusammengebrochen, die alten Wertvorstellungen hatten sich verändert oder in Nichts aufgelöst und anstelle dessen war ein Vakuum eingetreten, eine völlige Orientierungslosigkeit.

Auf diese Fragen konnte man im Kaffeehaus zwar keine endgültigen Antworten bekommen, aber die Gespräche, die Diskussionen darüber, waren allein schon eine gewisse Befriedigung, ein notdürftiger Ersatz.

Wenn ich an das Café Herrenhof zurückdenke, stellt sich selbstverständlich auch Kritik ein. Wir diskutierten über Kunst, Literatur, Philosophie, über Einsteins Relativitätstheorie, die Psychoanalyse, die Individualpsychologie, über Franz Kafka und Karl Kraus, über Joyce und Robert Musil und selbstverständlich auch über Politik, aber wir fühlten uns über die aktuelle, pragmatische Politik erhaben, spotteten über sie meist mit dünkelhafter Blasiertheit und bewegten uns lieber in realitätsfernen Denkbereichen, in Abstraktionen und Spekulationen.

Nicht wenige von uns, die aus Böhmen, Mähren, Ungarn oder Kroatien stammten, verdrängten den verlorenen Krieg aus dem Bewußtsein und hielten an einer der Wirklichkeit übergeordneten österreichischen Idee und einem Zusammengehörigkeitsgefühl der Völker in den Donaustaaten fest. „Österreich ist kein geographischer Begriff, sondern ein seelischer Zustand“ dekretierte der aus Siebenbürgen stammende, in seiner Jugend kommunistisch infizierte ungarisch-deutsch-jüdische Mitbegründer des Wiener Psychoanalytischen Verlages Adolf Storfer.

Wir hatten unseren Verstand zwar in unzähligen Diskussionen und Gesprächen geschult und geschärft — das Café war ein Ort, um das Denkhandwerk zu erlernen —, aber dieser trainierte Intellekt machte uns zugleich unfähig, die Realität zu sehen, die Gefahren richtig einzuschätzen, während die Tagespolitik bereits in wilde Exzesse und Turbulenzen ausartete. Unser Verstand war vom Wunschdenken blockiert, nach dem Rezept, daß nicht sein kann, was nicht sein darf. Dieses Verhalten betraf nicht nur die Herrenhof-Insassen, es war für die Intellektuellen in der ganzen demokratischen Welt charakteristisch.

Klagen über Sinnkrise und Wertzerfall, ein zur Schau getragener Kulturpessimismus waren damals wie heute das Merkmal der Intellektuellen. Man saß beisammen und diskutierte die Lage. Die Lage war oft keineswegs das Leben, sondern sein Surrogat, die Literatur, sagte ein kluger Zeitgenosse.

Was diese Literaten, Journalisten, Vaganten und Tagträumer positiv miteinander verband, war die fast allen gemeinsame kosmopolitische Gesinnung. Ihre kritische Distanz zur Tagespolitik war mit Überheblichkeit behaftet. Sie brach in sich zusammen und führte zu einem Zustand sprachloser Wehrlosigkeit, die in resignierende Ohnmacht mündete, als dann die Katastrophe tatsächlich hereinbrach. Karl Kraus: „Mir fällt zu Hitler nichts ein."

Diese Typen waren über die ganze zivilisierte Welt verbreitet, man traf sich im „Romanischen Café" oder im „Größenwahn" in Berlin ebenso wie im Pariser „Dôme" oder „Café Flore", im Prager „Continental" oder „Arco", im Budapester „Abbazia" oder im Züricher „Odeon" und im Café „Verbano" in Ascona. Überall bewegte man sich in einer hochintellektuellen aber wirklichkeitsfremden Gesellschaft.

Die bekennerhaft-notorischen Besucher des „Herrenhof“, bei denen das Stammgastdasein innerer Notwendigkeit entsprach, waren weltanschaulich schwer bestimmbar, soferne man nicht dem vegetativen Zustand der dem Geist des „Herrenhof“ Verfallenen den Rang einer Weltanschauung zuerkannte. Sie waren weder rechts noch links und schon gar nicht in der Mitte einzuordnen, weil ihnen jede festgefügte Ordnung des verwesenden Mittelstandes und drohender geistiger Verfettung verdächtig erschien und daher für verabscheuenswert gehalten wurde.

Das galt für alle Altersstufen. Einem ungeschriebenen Gesetz zufolge herrschte absolute Loyalität zwischen den Generationen, den in der Hierarchie zuoberst rangierenden arrivierten Schriftstellern, Künstlern und Wissenschaftlern und der respektvoll lauschenden Schar der Adepten. Systemen und Ideen trat man kritisch gegenüber, positives Interesse nahm man an den einzelnen Menschen.

Herrengasse und Michaelerplatz — innerhalb dieses kleinen Bereiches hatte sich ein topographisches Unikum gebildet: Hier standen einst, eng aneinandergerückt, die ehrwürdigen Wiener Kultstätten: das alte Burgtheater, der berühmte Bösendorfersaal, wo heute das sogenannte Hochhaus emporragt, und die drei erwähnten Kaffeehäuser. Alle zusammen bildeten, sieht man von den Hochschulen ab, gewissermaßen Gehirn und Zentralnervensystem des pulsierenden Wiener Geisteslebens.

Meine eigene Erinnerung an das „Herrenhof“ reicht bis in die frühen Zwanzigerjahre dieses Jahrhunderts zurück. Es war ein weitläufiges, großräumiges Etablissement, dessen dekoratives Interieur dem Jugendstil nachempfunden war. Wenn man durch die sanft pfauchende und allzu hastige Schritte besinnlich retardierende Drehtür eintrat, befand man sich zunächst in einem langgestreckten Raum, dessen behäbige Fensterlogen den Blick auf die prächtigen Palais der Herrengasse, die Residenzen der dem kaiserlichen Hof nahestehenden Hocharistokratie freigaben. Die Überzüge der bequemen Fauteuils, die Holztäfelung der Wände, die Tischplatten und Luster waren aus kostbarem Material, wirkten nobel und gediegen.

Das Fluidum großbürgerlicher Saturiertheit, das dem hochwertigen Material anhaftete, stand zwar im Gegensatz zum bescheidenen Habitus mancher Stammgäste, bildete jedoch die bevorzugte Kulisse für die sogenannte Laufkundschaft, für Leute, die zu flüchtigen Rendezvous oder bloß zum Zeitunglesen hierherkamen. Als Uneingeweihte wurden sie meist schon in diesem Vorraum zum eigentlichen Tempelbezirk seßhaft und mieden die nervöse, wichtigtuerische Hast, mit der schwer enträtselbare Typen beiderlei Geschlechts an der Sitzkassierin, der Hüterin der Schwelle, vorbei dem spirituellen Zentrum zustrebten.

Dieses bestand aus einem riesigen, von einem Glasdach erhellten Saal, der mit zahlreichen Tischen in der Mitte und mehreren geräumigen Logen für je fünf bis sechs Personen an den Wänden ausgestattet war. Jede dieser halbkreisförmigen Plüschbänke konnte mittels zusätzlicher Stühle zu einem vollen Kreis für acht bis zehn Personen erweitert werden. Jede Loge verfügte über ein geistiges Oberhaupt, eine namhafte oder sonstwie attraktive Persönlichkeit, um die herum sich Freunde und Anhänger gruppierten.

Man sprach beispielsweise von einer Adler-Loge, weil sich dort täglich die Wiener Individualpsychologen zusammenfanden, in deren Mitte Frau Raissa Adler, die Gattin des Begründers der Individualpsychologie Alfred Adler, residierte. Als russische Studentin hatte sie den jungen Arzt Alfred Adler kennengelernt und geheiratet.

Sie war eine Kommunistin, hatte jedoch als Anhängerin der „reinen Lehre“ mit dem Stalinismus gebrochen und den Kontakt mit dem exilierten Trotzkij aufrecht erhalten.

Alfred Adlers einziger Sohn Kurt, ein überaus sympathischer, unabhängig denkender junger Mann, studierte zunächst theoretische Physik, sattelte später in Amerika jedoch auf das Studium der Psychiatrie um. Er leitet heute die Alfred Adler-Institute in New York und Ottawa. Seine Schwester Walli emigrierte 1938 mit ihrem Mann in die Sowjetunion, wo die beiden der sogenannten „Tschistka“, Stalins grausamer Säuberungsaktion, zum Opfer fielen.

Alfred Adler selbst war übrigens kein passionierter Herrenhofianer, sondern hatte seinen Stammtisch im Café Siller am Franz-Josephs-Kai, nächst seinem Wohnsitz auf der Dominikanerbastei.

Manès Sperber, der in seiner Wiener Studienzeit zu dessen engsten Schülern und Mitarbeitern zählte, löste das Dilemma der beiden Adler-Stammtische durch seine bewundernswerte, weil äußerst strapaziöse Entscheidung für ein doppeltes Zugegensein. Er brachte das Kunststück zuwege, täglich fast zur gleichen Zeit beide Adlerrunden, jene am Kai und jene in der Herrengasse, zu absolvieren. Niemand im „Herrenhof“ konnte damals ahnen, daß aus dem von Lebenshast und Erkenntnisdrang bewegten und erregten Studenten mit dem bohrenden Blick und dem charakteristischen wirbligen Revoluzzerschopf eines Tages ein weit über Europa hinaus wirkender Denker und Schriftsteller erwachsen würde, ein präziser Diagnostiker des Zeitgeistes, dessen erfahrungsreiche, tiefgründige Analysen den Werken André Malraux’ und Arthur Koestlers gleichzusetzen sind.

Außerhalb des esoterischen Bereiches der Intellektuellen gab es, in einem etwas abgesonderten Raum, der zur

Wallnerstraße zu lag, eine Bridgestube, die von wohlhabenden Industriellen, Bankdirektoren und sonstigen finanziell gut gestellten Leuten frequentiert wurde und die wir jungen Leute mit überheblicher Verachtung als die „Abteilung der Blusenhändler" bezeichneten. Wenn einer von ihnen beim Kartenspiel eine größere Summe gewonnen hatte, konnte es passieren, daß er den Oberkellner rief und ihm den Gewinn mit der Bemerkung übergab: „Die Schnorrer da vorne sollen sich mit dem Geld jeder ein Paar Würstel kaufen!".

Einer dieser splendiden Mäzene war ein saturierter Direktor aus der Textilbranche, der Vater des Bundeskanzlers Bruno Kreisky.

Wenn man an die junge Generation denkt, die damals das „Herrenhof" bevölkerte, müßte man sich die außerordentlichen Bedingungen vergegenwärtigen, unter denen sich ihre Entwicklung vollzog, die geistigen und seelischen Nöte, von denen diese Menschen betroffen waren. Ihr Leben war von den Katastrophen der ersten Dezennien des Jahrhunderts geprägt, das sich in gewaltigen Kataklysmen, in Gestalt von politischen, kriegerischen und wirtschaftlichen Umwälzungen, Umsturzversuchen, totaler Inflation, Bürgerkriegen und Attentaten gleich einem unaufhaltsamen, weil schicksalhaften Verhängnis dem von Historikern und Philosophen geweissagten Untergang zubewegte.

Heute spricht man emphatisch vom „Goldenen Zeitalter" der Zwanzigerjahre und hat dieses Jahrzehnt mit einer romantischen Gloriole verziert; doch was man an der Zeitspanne zwischen den beiden Weltkriegen bewundert — den schöpferischen Impetus, das neu Hervorsprühende auf allen Gebieten des Geistes, der Künste und der Wissenschaften —, all das muß man auf dem dunklen Hintergrund des Zerfalls der bürgerlichen Epoche sehen.

Nicht die Enttäuschung über den verlorenen Krieg, sondern die nachfolgenden Entbehrungen durch Hunger und Kälte, sowie die völlige Geldentwertung lösten das wahre Elend aus. Das Gehalt, das man am Ersten des Monats erhielt, bestand bereits fünf Tage später aus einem Bündel wertloser Papierfetzen. Ich erinnere mich daran, daß man Brot deshalb am Morgen kaufte, weil die Inflation den Brotpreis bis zum Abend zu verdoppeln pflegte.

Allein die Rasanz dieser Vorgänge schuf im Unterbewußtsein die Vorstellung einer höheren, unbeeinflußbaren Instanz, die als dunkle Macht wie die Nemesis in der griechischen Tragödie waltete. Niemand glaubte mehr daran, daß es überhaupt noch Werte gäbe, die Bestand haben könnten, weder auf materiellem noch auf geistigem Gebiet.

Ich selbst hatte damals einige, nur wenige Jahre ältere Mitschüler, die neben den Hausarbeiten noch an der Börse spekulierten, in luxuriösen Puch- und Daimlerautos zur Schule fuhren und halbe Nächte im „Tabarin" und im „Moulin Rouge" verbrachten. Auch damals gab es Jugendliche, die ihre illusionären Sehnsüchte mit Rauschgift zu betäuben versuchten, und in einigen Wiener Stadtkaffees erhielt man vom Oberkellner neben Zigaretten noch kleine Papiersäckchen mit Kokain zum Schnupfen.

Solche Zeiten rufen sogenannte starke Männer und catilinarische Existenzen auf den Plan. Einer davon war Adolf Hitler, der als deutscher Gefreiter 1920 in München die Leitung einer radikalen Minipartei übernahm, aus der dann die mächtige NSDAP hervorging. Allein an seinem Fall läßt sich erkennen, daß die so idealisierte Zwischenkriegsphase zugleich die Inkubationszeit für den zweiten Akt der europäischen Tragödie, die Herrschaft des Totalitarismus und den Ausbruch des Zweiten Weltkrieges gewesen ist.

Diese schaurige Schizophrenie und Doppelgesichtigkeit der Zwanzigerjahre sollte man nie außer acht lassen, wenn man in schwärmerischer Weise von dieser Zeit spricht, und man soll sich vergegenwärtigen, daß diese ersten Jahrzehnte unseres Jahrhunderts bei aller Fülle an geistigen und künstlerischen Impulsen und trotz aller technischen Pioniertaten, wie etwa Lindberghs erstem Flug über den Ozean, zugleich eine Loslösung von überkommenen sittlichen Bindungen mit sich gebracht hatten. Wertbegriffe, die durch Jahrhunderte als unantastbar galten, waren unter dem Flammenstoß des Ersten Weltkrieges zerborsten, und nichts war da, um das Verlorene zu ersetzen.

„Durch die Lektüre Nietzsches und Spenglers verstört, fühlten wir uns in unserer Ratlosigkeit allein gelassen. Die Antworten der traditionellen Religionen fanden viele meiner Generation, die von einer geistigen Unruhe erfaßt waren, als unzureichend," heißt es in einer Autobiographie aus jener Zeit.

Als Behelf, um sich in solcher Bedrängnis und Desorientierung zurechtzufinden, boten sich die Tischrunden im Café Herrenhof an. Es hieß, daß dort geistige Freizügigkeit herrsche und man sogar Kontakt zu angesehenen Schriftstellern und Journalisten finden könne. Man ging hin in dem Gefühl, in die innersten Bezirke des Geistes zu gelangen.

Die Möglichkeit zur Anknüpfung menschlicher Beziehungen, zum Anschluß an gesprächsbereite Zirkel mit ähnlichen literarischen Ambitionen und Ansichten waren hier tatsächlich in optimaler Weise vorhanden. Es herrschte ein Zustand latenter Gesprächsbereitschaft mit formloser Kontaktaufnahme. Womöglich sollte man jemand sein, der nicht nur nahm sondern auch gab. Anspruch darauf bestand jedoch nicht.

Man gerierte sich zwanglos, konnte über alles reden

oder nur in produktives Schweigen versinken. Der Phantasie waren keine Grenzen gesetzt, auch wenn die Einfälle sich über allzu kühne und waghalsige Denkspiralen hinweg ins Unverständliche verloren oder im Sumpf allzu banaler Blödeleien versanken.

Bei der Bewältigung ernsthafter Gesprächsthemen waren Sturheit verpönt und geistreich erhellender Witz erwünscht, auch wenn die Quantentheorie oder der Weltuntergang zu Debatte standen.

Die Wege zueinander führten auch über noch leichter anknüpfbare Beziehungen zum anderen Geschlecht, denn die Spielregeln der Emanzipation wurden hier schon damals wie selbstverständlich praktiziert. Die sexuelle Libertinage war vom Ruhmesglanz avantgardistischer Gesinnung umgeben und wurde durch das Sanctus der Schüler und Pioniere Sigmund Freuds gefördert.

Von Otto Groß zu Lady Chatterley

Als ich zum ersten Mal, im Jahre 1922, das „Herrenhof" betrat, hatte es die revolutionäre Phase der ersten Nachkriegsjahre hinter sich, doch waren die Gespräche immer noch von den unausgegorenen Gedanken und Problemen dieser Umbruchzeit bewegt. Es war obsolet, an literarisch-revolutionäre Extravaganzen zu erinnern, wie etwa an die kurzlebige Zeitschrift, die Franz Blei und Paris von Gütersloh gemeinsam unter der programmatischen Parole „Es lebe der Kommunismus und die katholische Kirche!" herausgegeben hatten. An Stelle dessen träumte man nun von einem Paradies totaler gesellschaftlicher und erotischer Freiheit.

Die Pioniere dieser neuen Ideen waren von dem missionarischen Auftrag durchdrungen, gegen religiöse Heuchelei und patriarchalische Tyrannei kämpfen zu müssen. Sie gingen dabei konform mit ähnlichen Tendenzen, die sich auf literarischem Gebiet im angelsächsischen Sprachbereich bemerkbar machten, wo Walt Whitman und Herman Melville, der Autor des weltberühmten Buches „Moby Dick", sich Visionen von einer Wiedererweckung archaisch-matriarchalischer Südseekulturen hingegeben hatten.

Hauptakteur und rasanter Motor dieser weltanschaulich-umstürzlerischen Ideen war der aus Graz stammende Psychiater Dr. Otto Groß (1877-1920), eine zentrale Figur der internationalen Bohème, ein frondierender Außenseiter der damals noch weitgehend intakten bourgeoisen Gesellschaft mit starkem Engagement für die im Frühstadium heranreifenden Heilslehren des Kommunismus und dessen ungebärdigen Bastards „herrschaftsloser Anarchismus", der in Wien unter der Patronanz des Schriftstellers Pierre Ramus im Café Stallburg etabliert war.

Ramus hieß mit seinem bürgerlichen Namen Rudolf Grossmann und darf nicht mit dem Publizisten und Herausgeber der Berliner Wochenzeitung „Das Tage-Buch", Stefan Großmann, verwechselt werden.

Pierre Ramus präsidierte seiner esoterischen Vereinigung mit priesterlich-feierlicher Gebärde und trug stets schwarze Anzüge mit blendend weißer Plastronkrawatte. Seine elegante Aufmachung stand in groteskem Widerspruch zur egalisierenden Libertinage der von ihm in seiner Kampfschrift „Erkenntnis und Befreiung" verfochtenen Thesen, die er mit schwungvollem Temperament allwöchentlich seiner kleinen Schar von treu ergebenen Anhängern im Café bei einer Mélange und knusprigen Kipferln vortrug.

Zwischen Otto Groß und Ramus bestand kein persönlicher Kontakt, obwohl damals in den Kreisen der intellektuellen Bohème die Grenzen zwischen Kommunismus, Anarchismus und sonstigen revolutionären Bewegungen durch persönliche Beziehungen und wechselseitige, wohlwollende Sympathien gelockert waren.

Die Position des einzelgängerisch veranlagten Otto Groß lag irgendwo in der Mitte zwischen den beiden Vorstellungswelten. Er hatte ein eigenes anspruchsvolles Gedankengebäude errichtet, das auf den Lehren Sigmund Freuds und einer persönlichen Ausdeutung des Bachofenschen Mutterrechts basierte. Er war ein radikaler Verfechter der sexuellen Revolution, die die Menschheit von der Unterdrückung durch patriarchalische Herrschaftsstrukturen befreien sollte.

Sozialrevolutionäre Motive schwangen zwar mit, doch nährten sich seine Ideen hauptsächlich aus den Tiefen einer archaischen Vorzeit, in der nach seinen Vorstellungen der paradiesische Zustand des Matriachates geherrscht hatte.

Otto Groß war ein ruheloser Geist. Von einem inneren Dämon und einer latenten Drogensucht getrieben, hastete er durch die Zentren der europäischen Bohème, die zugleich Brennpunkte des intellektuellen Lebens und Treffpunkte herumstreunender Halbgenies und snobistischer Habitués waren. Ob in der „mütterlichen Landschaft" des Monte Verità im Tessin, im Café Verbano in Ascona, in den Literatencafés in Wien, Berlin, Paris, Prag, München, Zürich und Budapest, überall propagierte er seine esoterische Lehre, improvisierend, praktizierend, immer der Werbung für den Anarchismus und des Mißbrauchs von Nervengiften verdächtig, von der Polizei verfolgt, von seinem eigenen Vater, dem weltberühmten Kriminologen Prof. Hans Groß unter Kuratel gestellt, entmündigt, zeitweise zu zwangsweisen Entziehungskuren in Nervenheilanstalten festgehalten.

Das Martyrium dieses genialisch-pathologisch veranlagten Arztes, Psychologen, Häretikers und revolutionären Denkers, des bevorzugten Schülers von Sigmund Freud, des leidenschaftlichen Verfechters der Gedanken Bachofens, Nietzsches, Dostojewskijs, endete 1920 in einem Berliner Sanatorium, nachdem er in völlig verwahrlostem Zustand, halbverhungert auf der Straße liegend, von Freunden aufgefunden und dorthin gebracht worden war.

Die persönliche Wirkung von Otto Groß auf Menschen, mit denen er in Kontakt kam, war immens. Noch Zeit seines Lebens und erst recht nach seinem Tode wurde er in mehreren Romanen und Novellen als rätselhafte Persönlichkeit geschildert, deren Ausstrahlung sich niemand zu entziehen vermochte. Er geisterte durch die zeitgenössische Literatur als „Dr. Kreuz“ in dem Roman „Links wo das Herz ist“ von Leonhard Frank, als „Dr. Hoch“ in Johannes R. Bechers „Abschied“, als Dr. Otmar in Karl Ottens „Wurzeln“ und in der überaus plastisch porträtierten Figur des „Dr. Gebhard“ in Franz Werfels Roman „Barbara oder die Frömmigkeit“: „ein edles Raubvogelgesicht mit seemannhaft blauen Augen“. Auf diese Weise wurde er zu einer legendären Gestalt.

Werfels fulminant geschriebener Roman darf übrigens als höchst aufschlußreiches Quellenwerk über diese wirren Wiener Umsturzjahre vor und nach dem Ende der Monarchie empfohlen werden. Es wimmelt in diesem Buch von Akteuren des öffentlichen Lebens, deren Namen heute noch Geltung haben.

In der Figur des „Abgeordneten Dengelberger“ wird Österreichs Staatskanzler Karl Renner als Freund des skandalumwitterten Financiers Josef Kranz, ehemals Präsident des österreichischen Spirituskartells und Präsident der Depositenbank geschildert. Die übrigen Schlüsselfiguren enthüllen sich, wie Franz Werfel mir viele Jahre nach Erscheinen des Buches bestätigte, folgendermaßen: Franz Blei (Basil), Gina Kaus (Hedda), Josef Kranz (Präsident Aschermann), Egon Erwin Kisch (Ronald Weiss), Otfried Krzyzanowski (Gottfried Krasny), Nina Kuh (Lisa), Paris Gütersloh (Maler Stichler), Bibiana Amon (Angelika).

Weltweit wirkte Otto Groß indirekt durch den englischen Romancier D. H. Lawrence. Dieser heiratete nämlich die langjährige Geliebte von Otto Groß, Frieda von Richthofen, und sie war es, die Lawrence mit dem Groß-schen Ideengut bekannt machte und ihn zu seinem aufsehenerregenden Roman „Lady Chatterley's Lover" inspirierte. Die geistige Sprengkraft dieses Werkes bewirkte einen tiefen Einbruch in die starren Konventionen der angelsächsischen Sexualmoral und ist bis heute noch in fast allen Literaturen der Welt spürbar.

Trotz diesen mondialen Auswirkungen und Zusammenhängen verblaßte später die Erinnerung an Otto Groß. Erst jetzt, mehr als ein halbes Jahrhundert nach seinem Tode, wurde er wieder entdeckt. In einer erregend geschriebenen Dokumentation des Schweizers Harald Szeemann über das geistige und gesellschaftliche Leben rund um den Monte Verità und in einem 1979 im Suhrkamp-Verlag unter dem Titel „Paradiessucher zwischen Freud und Jung" erschienenen Buch von Emanuel Hurwitz treten die Bedeutung und das persönliche Schicksal dieses genialen Mannes wieder in das Bewußtsein der Öffentlichkeit.

Im Café Herrenhof der frühen Zwanzigerjahre war Otto Groß nach seinem schockierenden Tod insoferne noch fortwirkend präsent, als man in einigen Zirkeln seine Thesen nicht nur diskutierte, sondern mit ambitiösem Eifer zu erproben pflegte. Es war kein striktes Gebot, doch hielt man sich an das stillschweigend akzeptierte Reglement einer totalen Promiskuität mit ambitiöser Freiwilligkeit.

Einigkeit herrschte in der Überzeugung, daß ein sinnvolles und produktives Gespräch zwischen Mann und Frau nur auf der Basis eines vorher exekutierten sexuellen Erlebnisses möglich sei, wobei die Initiative zu diesem Akte im Sinne matriarchalischer Idealvorstellungen womöglich von seiten der jeweiligen Partnerin erfolgen sollte.

Im Kreis um Anton Kuh und seine Schwester Nina sowie einer bunten Schar von Freundinnen, die zum Teil noch von Peter Altenberg entdeckt und hochgezüchtet worden waren, oblag man dem Vollzug dieser sexualrevolutionären Prinzipien mit vitalem Elan, wobei die Literatur nicht zu kurz kam. Das Essaybuch „Drei Aufsätze über den inneren Konflikt" von Otto Groß wurde als sein wichtigstes Werk angesehen; es galt als Pflichtlektüre und als durchaus ebenbürtig den Hauptwerken Sigmund Freuds.

Poldi Weiss alias Muhammad Asad

Als signifikantes Beispiel für die Verworrenheit dieser schwer zu bewältigenden Jahre kann der erregende Lebenslauf eines nur um wenige Jahre älteren Herrenhof-Kumpanen gelten, dessen extravagante und abenteuerliche Entwicklung den Wahn und die dämonische Besessenheit dieser Epoche widerspiegelt. Von Lemberg über Wien und Berlin führte sein Weg durch das „unromantische Morgenland" nach Mekka, in die faszinierende Welt des gärenden Islam, dem er schließlich völlig verfiel.

Eines Tages tauchte am Stammtisch von Anton Kuh ein junger Mann auf, der von den hitzig geführten Gesprächen der Runde angelockt worden war. Hochgewachsen, dunkelhaarig, ein edles Gesicht, aus dem auffallend große schwarze Augen mit klugem Späherblick die Welt sondierten und zugleich um Sympathie warben. Ein geradliniger, offener, ausgesprochen angenehmer Mensch. Ein wenig boshaft, wie alles, was sie von sich gab, meinte Nina Kuh: „Er wirft seinen Charme mit dem Lasso und fängt jeden damit ein."

Er hieß Leopold Weiss, wurde stets Poldi gerufen, war von seinen kunsthistorischen Studien an der Wiener Universität trotz der vorzüglichen Lehrer Strzygowski und Dvořak enttäuscht, schnupperte erfolglos in einigen anderen geisteswissenschaftlichen Disziplinen herum, um schließlich im Café Herrenhof zu landen.

Er entstammte väterlicherseits einer österreichisch-polnischen, in Lemberg ansässigen jüdischen Familie mit zweihundertjähriger rabbinischer Tradition. Die Mutter kam aus einer reichen jüdischen Bankiersfamilie. Schon seine Eltern hielten sich vom strengen Ritual der mosaischen Religion fern und fühlten sich nur noch durch einen formalen Traditionalismus mit ihr verbunden.

Der Sohn begann den Gott des Alten Testaments bewußt anzuzweifeln. Er warf ihm vor, daß er sich nur um die Geschichte eines einzigen Volkes, nämlich dessen der Hebräer, kümmere und den Rest der Menschheit mißachte. Dies schien schon dem heranwachsenden Jüngling ethisch angreifbar. Wie er selbst einbekannte, schlitterte er unter dem Einfluß einer agnostischen Umgebung wie so viele junge Menschen seiner Generation in die Ablehnung aller tradierten Religionsvorstellungen und flüchtete ins Abenteuer.

Mit vierzehn Jahren lief er in Wien, wohin seine Eltern vor dem Krieg geflüchtet waren, von der Schule weg und meldete sich in der Steiermark unter einem falschen Namen freiwillig zur österreichischen Armee. Da er sehr groß war, gelang es ihm, sich für achtzehn auszugeben. Nur mit Mühe vermochte die Polizei ihn ausfindig zu machen und ins Elternhaus zurückzubringen.

Mit dieser Episode kündigten sich die phantastisch-abenteuerlichen Schicksalsverknotungen an, die das spätere Leben des Poldi Weiss kennzeichneten. Er hat sie in seinem autobiographischen Buch „Der Weg nach Mekka" (S. Fischer Verlag, 1955) dargelegt, das mir für manche Details als Quelle diente.

Im „Herrenhof" gastierte er so ziemlich in allen ihm zugänglichen Runden und nahm an allen geistigen Strömungen Anteil, die sich damals in Gesprächen und Auseinandersetzungen jungen Menschen anboten. Er geriet in die Kreise der Psychoanalytiker und der Individualpsychologen, traf mit Otto Groß und Alfred Adler zusammen und verweilte gerne in den Logen, die von Anton Kuh und Franz Werfel dominiert wurden. Den Psychoanalytikern verübelte er die geistige Arroganz, mit der sie sich seiner Meinung nach anmaßten, alle Geheimnisse des menschlichen „Ich" auf eine Reihe von neurogenetischen Reaktionen zurückzuführen.

Zunehmende Ruhelosigkeit trieb ihn in die Literatencafés in Prag und Berlin, ins „Arco", ins „Romanische", ins „Café des Westens". Er begann sich im Journalismus zu versuchen, landete in einer angesehenen Nachrichtenagentur, kam schließlich als Assistent des berühmten Regisseurs Murnau zum Film und schrieb mit Anton Kuh ein Filmdrehbuch. Zwischendurch machte er immer wieder Station in den europäischen Bohèmecafés, im „Dôme" und „Select" in Paris, im „Luitpold" in München, im „Verbano" in Ascona, im „Odeon" in Zürich.

Zum entscheidenden Wendepunkt seines Lebens wurde eine Einladung in den Vorderen Orient und die Begegnung mit dem Islam. Immer intensiver setzte er sich mit dieser ihm völlig fremden Welt auseinander und glaubte alsbald, in ihr die religiöse Erlösung, die Befreiung von dem strengen Gott der Juden und dessen erbarmungslosen Geboten gefunden zu haben. Er schrieb eine große

Anzahl fesselnder Reiseberichte an die „Frankfurter Zeitung", die sie unter dem Titel „Unromantisches Morgenland" als Buch herausgeben ließ und dem Autor damit zu seinem ersten großen Erfolg verhalf.

Als namhafter Journalist gelangte er an den Hof des Königs Ibn Saud. Nach schweren seelischen und geistigen Krisen trat er zum Islam über, den er als weltoffene, brüderliche Geisteswelt und als Befreiung von seinen inneren Schwierigkeiten empfand.

Er löste alle seelischen und geistigen Bindungen an das Judentum und an die abendländische Zivilisation, die er als dekadent und untergangsreif verurteilte, und ging ganz in dem neuen Glauben auf. Mit den Beduinen zog er durch die libysche Wüste, erlitt mit ihnen Not und Entbehrungen, geriet in den kriegerischen Aufstand der Iraker, wurde in arabische Stammesfehden hineingezogen und stellte damit seine uneingeschränkte Zugehörigkeit zur arabischen Welt tatkräftig unter Beweis. König Ibn Saud nahm ihn als Freund und Berater in seinen engsten Mitarbeiterstab auf, und er wurde zum Vertrauten des geistlichen Oberhauptes des strenggläubigen mohammedanischen Ordens der Senussi.

Sein Ruf in der arabischen Welt öffnete ihm alle Grenzen zwischen den einzelnen Staaten des Nahen Ostens, seine Aktivitäten beschränkten sich nicht auf Saudi-Arabien, sondern erstreckten sich auch auf Jordanien, Iran und Irak, bis er schließlich von der Regierung des neugegründeten Staates Pakistan mit wichtigen politischen Aufgaben betraut wurde.

Sehr spät erst habe ich all dies über den einstigen Kumpanen aus dem Café Herrenhof erfahren. Als ich im Jahre 1953 eine Studienreise in die Vereinigten Staaten unternahm und als Gast des österreichischen Botschafters Dr. Matsch im UNO-Restaurant saß, machte dieser mich auf einen Herrn am Nachbartisch aufmerksam. Diskret flüsterte er mir ins Ohr: „Dort sitzt der neue pakistanische Gesandte bei der UNO. Er heißt Muhammad Asad, trägt die zünftige Arabertracht mit dem verschnürten Kopftuch, aber es geht das Gerücht um, er sei gar kein Araber sondern ein galizischer Jude aus Wien."

Ich blickte hinüber und glaubte meinen Augen nicht zu trauen: Vor mir saß Poldi Weiss aus Wien. Er war zweiundzwanzig Jahre alt gewesen, als ich ihn in Wien zum letzten Mal gesehen hatte. Inzwischen war er dreiundfünfzig geworden, aber hinter den dickrandigen Hornbrillen stachen immer noch die großen dunklen Augen so jugendlich wie einst hervor. Er war mit seinen arabischen Kollegen in ein Gespräch vertieft, und ich wollte mich später zu erkennen geben.

Doch unser Botschafter riet mir davon ab. Als taktvoller Diplomat wollte er vermeiden, daß es allenfalls zu einer peinlichen Enthüllungsszene kommen könnte.

Ich habe diese Zurückhaltung später bereut, denn der Leiter der Diplomatischen Akademie in Wien, Botschafter Breycha-Vauthier, der damals Chefarchivar bei der UNO war und Muhammad Asad gut kannte, meinte, dieser hätte seine Vergangenheit nie camoufliert und sich gewiß gefreut, einen alten Bekannten aus dem „Herrenhof" wiederzusehen.

Gescheit — gescheiter — gescheitert
„Der Literat ohne Werk"

Ernst Polak (1886-1947) war nicht nur eine der überragenden Figuren unter den Herrenhofstammgästen, er war geradezu die Personifikation des Herrenhofgeistes. Berichtet man über ihn, kommt man der Mentalität und Bewußtseinslage, der Lebensweise und Gedankenwelt der typischen, notorischen Herrenhofstammgäste am nächsten.

Seine Bedeutung geht schon daraus hervor, daß er als Schlüsselfigur durch mehrere Bücher geistert. In Franz Kafkas Roman „Das Schloß“ ist er der „Bürochef Klamm“, Karl Kraus persifliert ihn in seiner magischen Operette „Literatur oder Man wird doch da sehn“, Heimito von Doderer erwähnt ihn in seinen Erinnerungen, Anton Kuh nannte ihn den „Geburtshelfer Werfels, Kornfelds, Franz Kafkas“ und fügte mit wohlwollender Anschaulichkeit hinzu: „Er zerteilte mit messerscharfer Nase und Rede den Dunst. Man orientierte sich jener und dieser entlang über die Zweckrichtung des Beisammenseins.“ Johannes Urzidil schildert ihn als „Viel- und Besserwisser von stupender Behendigkeit, scharfsichtig, kleingestaltig.“

Polak teilte seinen Geburtsort Gitschin mit Karl Kraus. Mit snobistischem Stolz verwies er gerne darauf, daß Gitschin auch die Residenz Wallensteins war.

In Prag, später in Wien, übte er den Beruf eines Bankbeamten (zuletzt Prokurist) der Länderbank aus. Der Schwerpunkt seines Wirkens lag jedoch eindeutig im gesellschaftlichen und geistigen Bereich der Literaturcafés, einerlei ob es sich in seinen Jugendjahren um das Café Arco oder das „Continental“ in Prag, vorübergehend „Dôme“ und „Aux Deux Magots“ in Paris oder seine Haupt- und Dauerdomäne (1917-1938), das Café Herrenhof in Wien handelte.

In der nach ihm benannten „Polak-Loge“, die, mit ergänzend dazugestellten Sesseln, etwa sechs bis acht Personen Platz bot, führte er gewissermaßen den Vorsitz.

Hier fanden sich fast täglich Franz Werfel (nach seiner Verheiratung mit Alma Mahler nur noch sporadisch), Hermann Broch, Anton Kuh, der Philosoph Gustav Grüner, Friedrich Torberg, der Feuilletonist Richard Wiener, der Psychoanalytiker Adolf Josef Storfer, der literarisch äußerst interessierte Ministerialrat Dr. Alexander Inngraf und ein- bis zweimal in der Woche Robert Musil, Alexander Lernet-Holenia und der Kunsthistoriker Ludwig Münz (der engste Freund von Karl Kraus) ein. Der scheue Musil zog sich manchmal mit Polak auf einen Nebentisch zurück, um persönliche Probleme zu diskutieren, die sich ihm bei seiner Arbeit stellten.

Polak hatte schon vor dem Ersten Weltkrieg im Prager Café Arco eine zentrale Rolle im Kreis von bereits namhaften Schriftstellern und Journalisten gespielt, zu denen vor allem sein Jugendfreund Franz Werfel, dann Franz Kafka, Max Brod, Paul Kornfeld, Willy Haas, Johannes Urzidil, der Chefredakteur des „Prager Tagblattes" Rudolf Thomas (Taussig) und die beiden Brüder Janowitz gehörten.

Gegen Ende des Krieges geriet Milena Jesenska, eine junge Tschechin, die sich der strengen Zucht des Elternhauses entzogen hatte, in diesen Literatenzirkel, der fast ausschließlich aus deutschsprachigen Juden bestand.

Ihr Vater, ein berühmter Kieferchirurg, war ein tschechischer Nationalist hussitischer Tradition und Antisemit. Als Milena Polaks Geliebte wurde, kam es zum Eklat. Sie wollte unter allen Umständen Prag verlassen. Polak erklärte sich bereit, sie zu heiraten und sich in die Wiener Zentrale der Länderbank versetzen zu lassen.

Tatsächlich zerbrach die Ehe bereits kurz nach der Übersiedlung nach Wien. Im engen Zusammenleben wurden die Unterschiede, ja Gegensätze deutlich, die während der flüchtigen Liebschaft verborgen geblieben waren. Das wenige Gemeinsame war negativ motiviert. Polak selbst war des Lebens in Prag müde geworden und Milena wollte sich vor allem von der despotischen Gewalt des Vaters befreien.

Für ihn war die Bekanntschaft mit Milena eine Liaison

unter vielen gewesen. Die körperliche Verschiedenheit war unübersehbar. Er war klein, von schmächtigem Wuchs, ging leicht gebückt mit müden Schritten, als problembeladener intellektueller Jude leicht agnoszierbar. Ein Typ, der von Milenas Vater instinktiv gehaßt und verachtet wurde.

Milena war schön und hochgewachsen, blond und äußerst vital, von ihren Bewunderern als tschechische Variante der Amazonenkönigin Penthesilea gepriesen. Für sie war die Begegnung mit Polak mehr als eine flüchtige Romanze gewesen, sie wurde von ihr tiefer, gefühlvoller erlebt. Schon die erste erregende Berührung mit der bisher so fremden Welt des deutschsprachigen Prager Judentums und seiner sagenumwobenen Mystik war für sie ein lockendes Geheimnis.

Nach ihrer Übersiedlung fand sich Milena in Wien erst recht inmitten einer neuen fremdartigen Gesellschaft, die mit allen bürgerlichen Konventionen gebrochen hatte und einem extrem freien Lebensstil huldigte. In dieser Verwirrung bot Polak ihr keinen Halt. Von Anfang an hatte er sie vor seiner Untauglichkeit zu einem monogamen Eheleben gewarnt. Im Café Herrenhof herrschte damals, unter dem Einfluß des abtrünnigen Freudschülers und aufwiegelnden Sektierers Otto Groß, totale Promiskuität.

Als ich 1922 Polak und Milena kennenlernte, bestand die Ehe zwar noch formell, doch wurde von beiden jeder Anschein von Intimität vermieden; das vertraute „du" war der distanzierenden Anrede „Sie" gewichen. Die gemeinsame große Wohnung im Hause Lerchenfelderstraße 113 spiegelte die charakterlichen und geschmacklichen Gegensätze dieser ungewöhnlichen Partnerschaft wider. Milena lebte in zwei geräumigen, hell möblierten Zimmern links vom Entree, rechts davon war der Zugang in die beiden dunklen, mit schwarzen Möbeln und hohen Bücherregalen ausstaffierten Räume Polaks.

Die Verbindung zwischen den beiden beruhte manchmal nur noch auf den Launen einer schwarzen Katze mit smaragdgrün glitzernden Augen, die ihre Anhänglichkeit an beide gleichermaßen verteilte.

Sie besuchten einander gelegentlich, nicht ohne vorsichtshalber vorher an die Tür zu klopfen. Um die Distanz nach außen hin zu demonstrieren, sprachen sie in der Öffentlichkeit betont förmlich miteinander. Der leidende Teil in dieser komplexen Beziehung war zweifellos Milena, die unfähig war, sich innerlich von Ernst Polak zu lösen.

Sie hatte damals eine intensive und lange dauernde Beziehung zu dem Grafen Franz Xaver Schaffgotsch begonnen und versuchte, sich daneben noch mit gelegentlichen Seitensprüngen schadlos zu halten. Die fortschreitende Entfremdung von ihrem Ehemann wurde durch ihr aufflammendes Interesse für den Kommunismus gefördert, dessen Totalitarismus Polak aufs schärfste ablehnte. Unter dem Einfluß des überzeugten Kommunisten Schaffgotsch geriet sie immer tiefer in den Bannkreis der Politik, zugleich intensivierte sie ihre journalistische Tätigkeit. Sie wurde zu einer routinierten Berichterstatterin und Feuilletonistin tschechischer Blätter.

Als Übersetzerin kam sie mit Franz Kafka in Kontakt. Daraus entstand jene merkwürdige Briefbeziehung mit dem in scheuer Zurückgezogenheit lebenden Dichter, durch die sie posthumen Weltruf erlangte.

Ihr politisches Engagement, die Tapferkeit, mit der sie Verfolgten half, als Hitlers Truppen in Prag einmarschierten, führten zu ihrem tragisch-heroischen Ende im Konzentrationslager Ravensbrück, wo sie am 17. Mai 1944 im Alter von achtundvierzig Jahren nach qualvollem Leiden starb.

Daß sie vor ihrem Tode in letzten Gesprächen mit ihrer Freundin Margarete Buber-Neumann rückblickend absurde Behauptungen über Polak aufstellte, mag seinen Grund in der Verwirrung haben, in die sie durch die höllischen Erlebnisse und Leiden im KZ geraten war.

Als Polaks Ehe mit Milena zerbrach, war mit Mia Hasterlik ein völlig anderer Frauentyp in sein Leben getreten. Mia war eine zierliche, graziöse, stets heiter gelaunte Blondine. Ihr Vater war ein beliebter Wiener Arzt, der Stadtphysikus Dr. Paul Hasterlik, der im Hause Wickenburggasse 18 neben seiner Ordination ein überaus gastliches Leben führte und mit zahlreichen Schriftstellern und Malern verkehrte, die von dem literarisch und künstlerisch hoch interessierten Hausherrn gefördert wurden. Zu den bevorzugten Gästen zählten Heimito von Doderer, Albert Paris Gütersloh, Sergius Pauser sowie der kunstverständige Mäzen Rechtsanwalt Dr. Josef Fellerer. Mias Schwester Auguste wurde Doderers erste Frau.

Mia war in erster Ehe mit einem während der Inflationsjahre zu enormem Reichtum gelangten Faiseur namens Koritschoner verheiratet, der in seinem vom damaligen Modearchitekten Franz Singer kostbar eingerichteten Palais auf der Wieden große Künstlerfeste veranstaltete. Der von der Damenwelt Wiens heftig umworbene elegante Krösus und Lebemann war kokain- und morphiumsüchtig, er trug wesentlich dazu bei, daß sich dieses Übel als snobistische Mode in der damaligen Wiener Schickeria verbreitete.

Mias Vorgängerin bei Koritschoner, Frieda, eine attraktive, von gesellschaftlichem Ehrgeiz besessene Dame, war vorher mit dem Lustspielautor Paul Frank verheiratet gewesen. Von Koritschoner hatte sie als „Abfertigung“ ein luxuriöses Landhaus mit großem Park in Zinkenbach am Wolfgangsee erhalten, wo bei ihren festlichen Veranstaltungen Prominenz aus Literatur, Theater und Film zu Gast war. Ihr bevorzugter Freund war der Schriftsteller und Theaterkritiker Alfred Polgar, der fast immer eine große Schar von Anhängern mitbrachte, darunter die Operettendiva Fritzi Massary und deren Gatten Max Pallenberg, Emil Jannings, die Soubrette Mimi Kött und den im nachbarlichen St. Wolfgang angesiedelten Alexander Lernet-Holenia. Vergeblich bemühten sich ihre Freunde, sie von der Morphiumsucht zu befreien. Sie verfiel allmählich und starb nach langem qualvollem Leiden. Sie war nicht das einzige Opfer Koritschoners. Ein paar Jahre nach ihr erlitten zwei seiner ehemaligen Wiener Freundinnen das gleiche makabre Schicksal.

Koritschoner selbst endete als Krimineller. Mißglückte Börsenspekulationen führten zu Millionenverlusten. Als er mit seiner Verhaftung rechnen mußte, floh er nach Konstantinopel und beging dort angeblich Selbstmord, indem er sich in den Bosporus stürzte. Die Leiche wurde nie gefunden. In Wien ging das Gerücht um, daß der Selbstmord fingiert gewesen sei. Es hieß, daß er unter einem anderen Namen in Australien ein neues Leben begonnen habe.

Mia heiratete in zweiter Ehe einen Bankbeamten namens Ernst Weiß (nicht zu verwechseln mit dem Schriftsteller Ernst Weiß), der literarisch ambitioniert war. Als sie bald darauf Polak kennenlernte und sich in ihn verliebte, kam es zu schweren Auseinandersetzungen mit ihrem Mann. Sie erlitt einen Nervenzusammenbruch, wurde in das Cottagesanatorium gebracht und sprang dort aus Verzweiflung aus dem Fenster. Sie fiel auf eine ausgespannte Markise und erlitt dadurch bloß einen Bruch des Hüftgelenkes, der allerdings zur Folge hatte, daß sie von da an leicht hinkte.

Weiß ließ sich von ihr scheiden, und auch Polak verlor das Interesse an ihr. Ähnlich wie im Fall Milena war Mia bis an ihr Lebensende nicht fähig, sich innerlich von ihm zu lösen. Auch ihre dritte Ehe mit dem Kunst- und Buchhändler Thomas Heller änderte daran nichts.

Im „Herrenhof“ raunte man nun, daß Polak über dämonische Kräfte verfüge, um sich Frauen hörig zu machen. Dazu trug paradoxerweise auch seine äußere Erscheinung bei. Seine körperliche Unansehnlichkeit, die kleinwüchsige zarte Gestalt kontrastierten mit seiner starken geistigen Ausstrahlung, sobald er zu sprechen begann. Seine Suggestivkraft wirkte entwaffnend. Mag sein, daß damit auch seine Macht über Frauen zusammenhing. Was immer darüber gerätselt und vermutet wurde, die Wirkung war offenkundig, und die Beispiele zahlreich genug, um seinen Ruf als Don Juan zu rechtfertigen.

Die Erfolge seines angeblich magischen Einflusses auf Menschen trugen dazu bei, daß er begann, sich selbst als Figur zu sehen und als Schicksal zu definieren. Diese dauernde Selbstbeobachtung hatte narzißhafte Züge, er neigte aber auch zu ausgleichender Selbstironie. So stellte er im Jahre 1941 in einem Brief an seinen Freund, den Architekten Hans Vetter, im Rückblick auf sein früheres Leben in Wien eine originelle Selbstdiagnose:

„Diese Wirkung war in außerordentlicher Weise verschieden von allem, was ich von innen als Wirklichkeit empfunden habe. Aber es war nichtsdestoweniger zweifellos ebenso wirklich. Ich habe in einen Spiegel hineingelebt und dieser Spiegel war produktiv. Ich war ein umgekehrter Dorian Gray. Ein mieser kleiner Jud hat hineingeschaut und ein dämonischer, vitaler, komplexer, höchst interessanter, magischer donjuanesker Abenteurer der Seele hat dunkel und halbschattig zurückgeblickt.“

Er selbst genoß seine Wirkung als Kompensation für die selbstquälerischen Komplexe, unter denen er, wie er später eingestand, in seinen Jugendjahren zu leiden gehabt hatte. Die erotischen Triumphe schlugen sich nun in einem wachsenden Selbstwertgefühl nieder, das sich überdies durch sein umfangreiches und stets parates Wissen, seine Schlagfertigkeit und seine allgemein anerkannte Stellung als kritische Instanz befestigte.

Der Hang zur Selbstironie verließ ihn dabei nie. Daß er in jugendlichem Alter aus geringfügigem Anlaß eine Fehde mit dem aus Prag stammenden Reiseschriftsteller Richard Katz in Form eines Säbelduells ausgetragen hatte, gab er später als puerile Verirrung gerne dem Gelächter der Freunde preis.

Mit schwerfälligen Gesprächspartnern verlor er bald die Geduld. Dann kehrte er seine Überlegenheit allzu deutlich hervor, wie etwa gegenüber dem zarthäutigen, von Minderwertigkeitskomplexen geplagten Lyriker Victor Wittner. Von Polak während eines Streitgesprächs in die Enge getrieben, warf Wittner ihm Arroganz und Unduldsamkeit vor.

Polak war ein widerspruchsvoller Mensch. Zwiespältigkeit und extreme Abweichung von den gewohnten Normen kennzeichneten weite Strecken seines Lebensweges. Sie ergaben sich aus dem Nebeneinander seiner bürgerlich-soliden Bankkarriere und dem parallellaufenden ungezügelten Bohèmeleben. Dazu kam der Gegensatz zwischen seinem souveränen Gesprächstalent als Anreger, Kritiker und Gedankenproduzent und andererseits seine verkrampfte, schwer überwindbare Ohnmacht, zum geschriebenen Wort zu finden. Er selbst registriert diesen Zustand in seinem Notizbuch: „gescheit, gescheiter, gescheitert".

Unter ähnlichen Hemmungen litt auch sein Freund und häufiger Diskussionspartner Hermann Broch, der sich deshalb nach langem Zögern einer psychoanalytischen Behandlung durch die Wiener Ärztin Dr. Hedwig Hoffer unterzog. Dr. Hoffers spezielles Talent im Umgang mit Intellektuellen hatte sich im „Herrenhof" herumgesprochen. Bei Künstlern und Wissenschaftlern, die unter schöpferischen Krisen litten, hatte ihre einfühlsame Methode in mehreren Fällen überraschend positive Resultate erzielt.

Zu ihren Patienten zählten unter anderen der Kustos des Kunsthistorischen Museums in Wien Dr. Ernst von Garger und der spätere Präsident der Akademie für Angewandte Kunst, Architekt Max Fellerer.

Bei Broch, der unter komplizierten neurotischen Fixierungen gelitten hatte, war die Behandlung besonders erfolgreich. Nach Erscheinen des dreibändigen Romans „Die Schlafwandler" überreichte er seiner Ärztin Dr. Hoffer als Geschenk ein Exemplar des Buches mit der eigenhändig geschriebenen Widmung: „Ohne Ihre Hilfe, liebe Frau Doktor, wäre dieses Buch nie geschrieben worden!"

Neben Hermann Hesse, der als Patient C. G. Jungs Befreiung von seinen beim Schreiben auftretenden Komplexen fand und nach Abschluß der Behandlung innerhalb kurzer Zeit seinen erfolgreichen Entwicklungsroman „Demian" schrieb, in dem Tausende junge Leser ihre eigenen seelischen Nöte formuliert fanden, war, meines Wissens, Broch der zweite Fall in der deutschen Literatur, bei dem einem namhaften Autor erfolgreich analytische Hilfe zuteil wurde.

Broch riet seinem Freund Polak zur gleichen Therapie. Trotz der unwiderlegbaren Erfolge Frau Dr. Hoffers beharrte Polak jedoch auf seinen grundsätzlichen Vorbehalten gegen die Freud'sche Lehre. Er betrachtete sie als eine sektiererische Pseudowissenschaft, die mit ihrer betont einseitigen Ausrichtung auf die Sexualität die wahre Natur des Menschen verfehlte. Hingegen schätzte er Sigmund Freud als Schriftsteller hoch ein. Freuds Krankheitsbericht „Die Geschichte einer Teufelsneurose" rechnete er wegen ihrer kunstvoll gerafften Gegenständlichkeit zu den stilistischen Meisterwerken deutscher Prosa, gleichrangig mit einer Kleist'schen Novelle. Alfred Adlers Individualpsychologie dagegen rangierte bei ihm noch um einige Stufen tiefer, nämlich auf dem Niveau einer „wohlmeinend banalen Sonntagspredigt", wie er sich einmal ausdrückte. Mit diesen harten Abgrenzungen verwahrte er sich auch gegen freundschaftliche Ratschläge, seiner Frau Milena in der latenten Ehekrise den Ausweg einer Analyse zu empfehlen.

Nach dem endgültigen Schlußstrich unter das Kapitel Milena kündigte sich in seinem Verhalten und seinen Gesprächen andeutungsweise eine Wende an. Immer häufiger machte er selbstkritische Bemerkungen, verbunden mit der Feststellung, daß er sein Leben radikal ändern müsse. Dabei kamen ihm äußere Umstände zustatten.

Die triste allgemeine Wirtschaftslage zwang die österreichischen Banken zu rigorosen Sparmaßnahmen und Personalabbau. Die Länderbank bot ihren Angestellten Frühpensionen an, falls sie bereit wären, ihre Stellung freiwillig aufzugeben. Obwohl die Höhe dieser Lebensrenten keineswegs verlockend war, ging Polak darauf ein. Sein Entschluß erregte im Café einiges Aufsehen, zumal da seine bisherige Lebensführung sehr großzügig gewesen war. Seine Garderobe bestand aus Maßanzügen vom teuersten Schneider Wiens, Hüte, Schuhe, Mäntel stammten von englischen Firmen, alle übrigen Accessoires waren aus edlen Materialien. Plötzlich sollte dies alles einer mönchischen Schlichtheit weichen.

Tatsächlich war es erstaunlich, wie schnell ihm diese von einem neuen Freiheitsgefühl beschwingte Umstellung gelang. Er holte die Gymnasialmatura nach, inskribierte an der Universität Philosophie und schloß sich dem „Wiener Kreis" der Neopositivisten an. Unter dem Titel „Kritik der Phänomenologie durch die Logik" schrieb er eine umfangreiche Dissertation und errang damit den Doktortitel. Damit übertraf er den im Spätstudium mit ihm konkurrierenden Freund Hermann Broch, der bei der Ergänzungsprüfung in Latein durchfiel und dann die Lust verlor, zur Nachprüfung anzutreten.

Während der Studienzeit war seine Lebensgefährtin die ihn mütterlich umsorgende ungarische Pianistin und Bartokschülerin Ilona Wurm, die ihren Namen in Amerika später auf „Voorm“ ändern ließ. Sie war in der Hellerauer Tanzschule im Schloß Laxenburg bei Wien als Klavierlehrerin tätig und hatte eine Wohnung in Wien, in der Polak oft übernachtete.

Im Jahre 1938 löste sich diese Gemeinschaft im besten beiderseitigen Einvernehmen. Illi — so rief man sie im Café Herrenhof — nahm eine Berufung als Klavierprofessorin an die Musikakademie in Cincinnati (Ohio) an und Polak ging nach England ins Exil. An der Universität Oxford lernte er im Juli 1942 die vierte Frau kennen, die in seinem Leben eine gravierende Rolle spielte, die aus einer begüterten englischen Familie stammende Delphine Reynolds, die sich als Sportlerin und Amateurpilotin einen Namen gemacht hatte.

Damit begann ein völlig sorgenfreier Abschnitt seines Lebens, der leider nur fünf Jahre währte. Drei Jahre nach der Eheschließung ist er am 21. September 1947, im Alter von einundsechzig Jahren, in England gestorben.

Ernst Polak verfügte über eine umfangreiche Zitatensammlung, die er in einigen Mappen aufbewahrte und hütete, als wäre darin der geheime Born seines eigenen Lebenswerkes und die Offenlegung seines innersten Wesens verborgen.

Er selbst sagte darüber: „Die Zitatensammlung eines Menschen, was er von fremden Gedanken zu sammeln richtig fand, um es zu notieren, ist mehr wert als ein eigenes Buch, und was einem an Fremdem gefällt, ist aufschlußreicher und ergiebiger, als was man von sich selbst aussagt.“

Demgemäß machte der Vielleser in seinen Gesprächen, in Briefen, auch in eigenen Aufsätzen, Referaten und literaturkritischen Betrachtungen häufig von seiner reichen Lektüre Gebrauch. Er schöpfte aus Gelesenem, ließ sich davon inspirieren, fügte eigene kreative Einfälle hinzu, wobei ihm seine persönliche, hochentwickelte Formulierungskunst und der reiche Gewinn seiner eifrigen und sorgfältigen Studien an der Universität zustatten kamen.

Es war gewissermaßen ein Prozeß geistiger Amalgamierung, der sich bei ihm vollzog. Es war Literatur aus Literatur, Philosophie aus Philosophie, die er mit eigenen Ergänzungen, Deutungen oder Einsichten, deren Zahl keineswegs gering war, vertiefte. Sein umfassendes Wissen war ständig präsent und jederzeit abrufbar.

So kam er in den Ruf, der Gescheiteste von allen Besuchern des „Herrenhofs“ zu sein. Dazu hatte ihm die Tatsache verholfen, daß nicht nur junge Dichter, Schriftsteller und Journalisten — darunter Friedrich Torberg, Heimito von Doderer, Josef Kalmer, Hans Vetter, Piero Rismondo, Rudolf Weys und Paul Baudisch — Kontakt mit ihm suchten, sondern auch viele längst schon erfolgreiche Autoren wie seine persönlichen Freunde Franz Werfel, Hermann Broch, Willy Haas, aber auch Robert Musil, Anton Kuh oder Gina Kaus von ihm Rat und Anregung erwarteten und bereit waren, sich seinem kritischen Urteil und seiner verabsolutierenden Spruchweisheit zu unterwerfen.[1]

Einige Proben, die ich Gesprächen mit ihm entnommen und damals festgehalten habe, so wie markante Stellen aus dem unfangreichen Briefwechsel,[2] den ich mit ihm in den Jahren vor und nach dem Zweiten Weltkrieg führte, geben Auskunft über seine Gedankenwelt und verdeutlichen die Faszination, die er ausstrahlte.

[1] Siehe Anhang Seite 291 ff
[2] Siehe Anhang Seite 296 ff

Weder er noch ich haben dabei je an eine künftige Veröffentlichung gedacht. Sie waren von mir gewissermaßen „für den eigenen Hausgebrauch“ notiert worden, als Denkmaterial, als Ausgangspunkte und Ansätze für das herrenhöfische „Deigezen“, das gescheite, analysierende und räsonierende Reden rund um Probleme, Zeitphänomene, Neuerscheinungen in der Literatur, auf dem Theater und in den bildenden Künsten, oder auch als bloße Gedächnisstütze.

Es waren fast durchwegs Polak'sche Eigenprägungen, mitunter solche mit Quellenangabe. Es haftet ihnen auch Kaffeehausatmosphäre an durch ihre Unvollkommenheit, ihre lässige, bloß andeutende Formulierung, die für das „Deigezen“ genügte. Die inspirierenden Geister, die darüber schwebten, waren Nietzsche, Kierkegaard, Stendhal, Blake, Pascal, Husserl, Jaspers, Freud, die französischen Moralisten, die spätantiken, aufklärerischen Griechen, vor allem Xenophanes, dann die heutigen Chesterton, Joyce, Proust, Svevo, (den Piero Rismondo für uns entdeckt hatte).

Für Polak rangierte über allem die Weisheit der Nikomachischen Ethik von Aristoteles. Als Lebensmotto diente ihm daraus der Satz:

„Dem Glück gebührt die Ehre,
Der Tugend gebührt nur das Lob“

und er fügte ergänzend hinzu: „Was man erringt und erringen kann, kann nie so viel wert sein, wie das, was man hat.“

In den fünf Jahren zwischen 1933, der Machtergreifung Hitlers in Deutschland, und der Einverleibung Österreichs 1938 häuften sich Besucher aus Prag im Café Herrenhof. Das Interesse an den Geschehnissen in Österreich nahm in dem Maße zu, in dem man die eigene Bedrohung durch Hitler immer stärker fühlte. Trotz schmälernden Einbußen und Abwertungen, die Wiens Ansehen nach dem Zusammenbruch der Monarchie hinnehmen mußte, galt die einstige Metropole des Habsburgerreiches immer noch als wichtigste Schalt- und Schlüsselposition im Zentrum Mitteleuropas, sowohl in geopolitischer wie in kultureller Hinsicht.

Immer noch fuhren wohlhabende Bürger aus Prag, Brünn, Iglau und so weiter, zu großen Opernabenden und Burgtheaterpremieren nach Wien. Nun bangten diese Besucher aus den Nachbarländern um das künftige Schicksal Wiens, als ginge es um die eigene Existenz.

In die Polakloge kamen oft Freunde aus Böhmen und Mähren, vor allem Journalisten und Mitarbeiter des „Prager Tagblatts“ sowie Personen aus dessen geistigem Umkreis, der Chefredakteur Rudolf Thomas (Taussig), Willy Haas, Otto Roeld (Rosenfeld) und der Komponist Hans Krasa. Sie alle waren von Sorge und Unrast bewegt und als Juden waren sie sich auch der Problematik ihrer Situation im eigenen Lande bewußt. Das Unheil kam keineswegs überraschend, es war vorausgeahnt, vorausgefühlt worden.

Deutlich ist mir ein Abend in Erinnerung, an dem die Gespräche, gedämpft von Melancholie und Abschiedsstimmung, die offenen Fragen der politischen Entwicklungen und Möglichkeiten umkreisten und oft in die resignierende Feststellung mündeten, man sei den zerstörenden Gewalten einer zu Ende gehenden Epoche mehr oder weniger wehrlos ausgeliefert. Wir waren zu fünft: Ernst Polak, Hans Krasa, Anton Kuh und ein junger Mann namens Hermann Grab, den Max Brod mit der Bemerkung eingeführt hatte, daß er ihn unter den Prager Nachwuchsdichtern für den genialsten halte. Krasa und Grab — ich hebe die beiden Namen hervor, weil sie für zwei parallel laufende Schicksale stehen, die nicht nur das Ende eines spezifischen Kapitels der deutschen Literaturgeschichte, des sogenannten „Prager Kreises“ (Kafka, Rilke, Werfel, Urzidil) markieren, sondern auch den grausamen Schnitt durch eine Kultur und eine Gesellschaft von eigenartigem Reiz verdeutlichen. Beide stammten aus dem emanzipierten jüdischen Besitzbürgertum, dessen Söhne und Enkel oft zu immateriellen Interessen und Zielen neigten, zur Betätigung ihrer Talente in Literatur oder Wissenschaft, und die dabei erfolgreich waren.

Krasas Vater war Bankier, sein Bruder desgleichen, Grabs Eltern rangierten in der obersten Etage der Prager Finanzhierarchie. Die Familie „war so reich“, stellte Max Brod in seinem Erinnerungsbuch fest „daß sie sogar getauft war — was in gewissen jüdischen Kreisen Prags als die höchste soziale Stufe galt, die man erklimmen konnte, im übrigen aber am Bekanntenkreis und am Habitus der auf solche Art Ausgezeichneten nichts oder nur wenig änderte.“

Außerdem hatte die Familie ein kleines Vermögen geopfert, um das adelnde Wörtchen „von“ vor den Namen setzen zu dürfen. Der literarische Sohn verzichtete jedoch demonstrativ auf dieses „epitheton ornans“ und war geradezu ein Ausbund von Bescheidenheit, zartester Zurückhaltung und natürlichem Adel. Einige kleine Prosawerke, die er hinterließ, wurden später von Adorno rühmend gewürdigt. Grab starb als verarmter Emigrant in New York.

Eine Cousine Hermann Grabs war mit dem Sohn von Richard Strauss, Franz Strauss, (unter Freunden stets „Bubi“ gerufen) verheiratet. Der berühmte Schwiegervater konnte nicht verhindern, daß sie während der Nazizeit mehrmals von der Gestapo zur Einvernahme geholt wurde. Ihre Mutter wurde in das Konzentrationslager Theresienstadt verschleppt, die Kinder waren in einem Arbeitslager.

Hans Krasas Kompositionen lehnten sich an die zartfarbige, impressionistische Tonsprache Claude Debussys an, er schuf einige beachtliche Orchesterlieder und eine Kinderoper „Brundibar", die er vor seinem Tode im Lager Theresienstadt einige Male vor den Mithäftlingen aufführte.

Über die zwiespältig-bedrängte Situation des deutschsprachigen Judentums in Prag haben sich Werfel und Polak schon vor dem Krieg illusionslos geäußert. Werfel, der gebürtige Prager, antwortete auf eine Rundfrage des „Prager Tagblatts":

> „Mein Lebensinstinkt wehrte sich gegen Prag. Für den Nichttschechen, so scheint es mir, hat diese Stadt keine Wirklichkeit, sie ist ihm ein Tagtraum, der kein Erlebnis gibt, ein lähmendes Ghetto, ohne auch nur die armen Lebensbeziehungen des Ghettos zu haben, eine dumpfe Welt, aus der keine oder falsche Aktivität herkommt . . . der deutsche Prager, der zur Zeit fortging, ist schnell und radikal expatriiert, und doch liebt er eine Heimat, deren Leben ihm wie ein ferner Wahn vorkommt, er liebt sie mit einer mysteriösen Liebe."

Und Ernst Polak schreibt in einem Brief vom 28. Februar 1939:

> „Für mich ist Prag ein lebendiges Problem immer gewesen und wenn ich so in Andeutungen schreibe, so ist das eigentlich eine Geheimsprache für ein paar Wissende. Ich habe ein ganzes Buch in mir, das ich gewiß nie schreiben werde . . . aber eines möchte ich doch sagen: Das Schattendasein — das in einer anderen Brechung und vermischt mit dem Problem Österreich, das ja schon selber ein Schattendasein war, vor 1918 also schon eine Steigerung in sich selbst war — war Scheinrepräsentation ohne Macht, ohne Volk, eine Scheinoberschichte, auf nichts beruhend als auf erborgten und illegitimen Privilegien und etwas Kapital . . . daß man das nicht erkennen durfte ohne seine Lebensberechtigung fraglich zu machen, verbot überhaupt jeden

Blick hinaus, der einen aufgeklärt hätte. So wie jede partielle Blindheit in irgendeine totale führt. Ein betrogener Ehemann, der eine falsche Logik haben muß, um den Betrug nicht zu sehen, muß seine ganze Logik, also seine ganze Welt, infizieren.

Dieser Zustand, dem man noch entfliehen konnte, hat sich nach 1918 noch einmal in sich selbst gesteigert. Jetzt war auch die Scheinlegitimität Österreichs und die dadurch gewonnene Repräsentationsrolle verloren, und man stand in einem unbekannten, in einer ganz anderen geschichtlichen Situation lebenden Volke, das am Anfang war, während man am Ende war, das einen nicht brauchen konnte, wie es früher der Fall war, sondern als Abfall und Krankheit empfinden mußte. Das hat nichts Direktes mit Antisemitismus zu tun, es fällt nur zufällig in Prag zusammen. Man war genötigt, die innere geistige Position aufrecht zu erhalten, im luftleeren gesellschaftlichen und geistigen Raum. So war es nicht in Wien und Berlin. Dort war man in dieser Beziehung gesund und legitim.

Dadurch aber hat sich etwas entwickelt, was vielleicht im ganz großen Jahrhunderte-Zusammenhang dieses Prag durch ein oder zwei Genies rechtfertigen wird. Nämlich die Vorwegnahme. Tatsächlich war Prag in einem Zustand der Isolierung und Zusammenhanglosigkeit, die das ganze Judenproblem vorwegnimmt. Nur, da das Bewußtsein dem Sein folgt, wußte man es nicht. Die Gleichgültigen, also die Menge, wurde einfach scheußlich, ekelhaft, unmenschlich, unerträglich. Wie jede solche Spannung, wenn sie ein gewisses Maß überschreitet — und hier war sie durch die historische Situation aufs äußerste überschritten — als extravagante Spannung Häßlichkeit und Deformiertheit erzeugen muß.

Aber da das Sein doch wirkt, wenn auch unbewußt,

erzeugte es mit Recht diese entsetzliche und rational nicht zu rechtfertigende Lebensangst, eine zweite Häßlichkeit und Deformation, die ihr natürliches Korrelat nur und ausschließlich in der Sicherung durch Geld finden konnte, eine dritte Scheußlichkeit.

Davon war im Grunde alles beherrscht, auch wenn die sogenannte Geistigkeit, die ja auf solchem Grunde ungenährt absterben mußte, scheinbar aufrecht blieb und durch ihren autarken Lauf, im selben Raum immer, scheinbar raffinierter wurde. Das gab es wieder nicht in Wien, wo das Verhältnis zum Leben maßgebend war, noch in Berlin, wo es das zum Erfolg war. Beides lächerliche Dinge für Prag, wenn man sie nicht auf den Nenner Geld brachte und damit erklärte oder entschuldigte.

Im Grunde hat der Prager, da er sich nicht verstehen konnte, niemand und nichts in der Welt verstanden. Und am wenigsten sein Wirtsvolk. In diesem Raum war alles verfälscht, jede menschliche Anerkennung versagt, im Grunde jede Beziehung unmöglich, da das eine gemeinsame Beziehung voraussetzt, die soziologisch ausgeschlossen war. Jeder geistige, jeder ästhetische Wert war falsch und vor allem jeder Gesittungswert, denn dazu fehlten die Voraussetzungen, während man früher, wenn auch lächerlich und falsch, sich doch an eine österreichische Tradition lehnen konnte.

Daher war der Verkehr so scheußlich, und es war taktlos, höflich zu sein usw., denn es war natürlich taktlos, in diesem Raum Takt zu haben. Das hieß dann Zynismus und Kritik, war aber Angst und die Unfähigkeit sich zu überzeugen, daß es anderswo anders geht. Es mußte alles zum Besten hier sein. Es gehört sehr wenig Geist dazu, das zu finden, besonders wenn man nach bewährten Mustern immer nur seine Idee mit der fremden Realität vergleicht, aber nie seine Idee an der fremden Idee, seine Realität an der fremden Realität mißt.

Es war stinkende Verwesung und ein Grab. Aber vielleicht war etwas Großartiges dran. Nämlich gerade die Vorwegnahme und als solche möglicherweise eine geniale Gemeinschaftsleistung, wenn auch jeder Einzelne daran zu Grunde ging und scheußlich wurde.

Es war eine Vorwegnahme des Judenschicksals überhaupt.

Was aber diese Annahme rechtfertigt und was die Tatsache Prag also legitimiert, ist eben die „Vorwegnahme in Person", die wir eben immer ein Genie nennen. Und dieses Genie ist Franz Kafka. In Kafka, der das Judentum in Prag als Symbol des gefesselten und verirrten und nicht-aus-noch-ein-wissenden, mit einer unbekannten Schuld beladenen, für die eine unbekannte Lösung zu finden ist, Menschen überhaupt gesehen hat, ist das große jüdische Genie da, und er hat nicht nur das Prager Judenschicksal, sondern das ganze Judenschicksal vorweggenommen.

Und er hat eine merkwürdige Theologie geschaffen. Über Kafka will ich gar nicht sprechen. Es sagt nur, daß diese Spannung auf der einen Seite Genies und besondere Menschen erzeugen kann. Aber dafür muß die Gemeinschaft zahlen. Es gibt nur Ausgleich. Und in einer solchen kleinen und überreizten Gemeinschaft haben die anderen eben durch ihre Sterilität, ihre Unterentwicklung, ihre Häßlichkeit, ihre Unfähigkeit, anderes Leben zu sehen, ihre Seelenblindheit und noch mehr gezahlt.

Das ist also Verfall und Größe des alten Prag, eine wirklich seltsame Geschichte. Das, was ich jetzt fühle, ist, daß es wirlich eine Vorausnahme allen Judenschicksals sein kann, das wir nun verurteilt sind, irgendwo unter so irregulären Bedingungen und unwahren Spannungen als Einzelne zu erleben. Als Einzelne wie ich, weil ich zwar das Judenschicksal akzeptiere, aber nicht die Judengemeinschaft. Ich bin glücklich, daß ich zu unbegabt war, um das früher zu erleben und auszudrücken . . .“

„Der Menschenfreund“ *Begegnungen mit Franz Werfel*

Mit fünfzehn Jahren war ich kein Revolutionär und auch mein Freund Poldi war es nicht, als wir am 12. November 1918 in der Strauchgasse, knapp vor dem Eingang des Café Central, gemeinsam in die johlende Menge drängten, die abwechselnd „Nie wieder Krieg!“, „Nieder mit Habsburg!“ und „Hoch die Republik!“ schrie.

In Währing, wo wir wohnten, hatte es geheißen, in den nächsten Stunden werde die Revolution ausbrechen. Das Wort allein hatte einen schaurig-lockenden Klang, erregte unsere pubertäre Phantasie und die Erwartung, ein Ereignis von weltgeschichtlicher Bedeutung als Augenzeugen mitzuerleben. Wir liefen in die Innere Stadt, wo Demonstranten auf den Straßen zu sehen waren.

Auf dem Balkon des Landhauses in der Herrengasse standen einige Abgeordnete, die den Versammelten aufpulvernde Parolen zuriefen, um sie für etwas zu begeistern, was sie ohnedies seit langem heiß ersehnten: Frieden, Erlösung von den Schrecken und Leiden, die der Krieg ihnen aufgebürdet hatte.

Ringsum blickte man auf ärmlich gekleidete, verhärmte und halb verhungerte Menschen mit fahlen Gesichtern, viele trugen schäbige Uniformen ohne Distinktionen, da diese ihnen vom Kragen heruntergerissen worden waren. Republikanische Begeisterung war auf einige unermüdlich schreiende Aktivisten und auf Plakate beschränkt, die, auf Stäben montiert, aus dem Gewühl ragten. Der größere Teil der in der Herrengasse und Strauchgasse versammelten Menge war unorganisiert, aus Neugier oder Besorgtheit gekommen und verharrte in dumpfem unartikuliertem Groll.

Es war eine müde Revolution. Eine Revolution, die sich im Vergleich mit großen historischen Aufständen und Umwälzungen, wie wir sie aus dem Geschichtsunterricht kannten, eher in Passivität vollzog, in retardierenden Phasen, denn erst Stunden später langten organisierte Gruppen von Arbeitern im Regierungsviertel ein, die sich dann durchwegs diszipliniert verhielten.

Wir beschlossen, ins Café Central zu gehen, um dort vielleicht den Dichter Franz Werfel aus der Nähe zu sehen. Im Tumult vor dem Landhaus war uns ein dunkelgekleideter rundlicher Mann aufgefallen, der auf den Stufen vor dem Caféportal stand, begeistert seinen Hut schwenkte und einige zündende Parolen in die Menge schrie, während die langen Locken um seinen Mund wehten. Jemand neben uns sagte: „Das ist der Dichter Franz Werfel".

Für uns beide war dies eine frappierende Entdeckung. So also sah der berühmte Dichter aus, dessen begeisternde Verse von unserem Deutschprofessor Dr. Schindler so eifrig bewundert und gepriesen wurden, daß auch wir Schüler darüber in Entzücken gerieten. Schindler war stolz darauf, daß er im Prager Gymnasium mit Werfel in der gleichen Klasse gewesen war. Er weckte und formte unseren Sinn für edle Poesie, las stundenlang aus Werken seiner Lieblingslyriker Goethe, Claudius, Mörike, Liliencron und Werfel und zitierte viele der Gedichte frei aus dem Gedächtnis.

Nun fügte es ein glücklicher Zufall, daß wir im Café die beiden zusammen antrafen, als sie stehend die neuesten politischen Ereignisse miteinander besprachen. Der Professor war überrascht, uns hier anzutreffen, aber er winkte uns freundlich zu, und wir durften, innerlich vor Freude aufgewühlt, dem berühmten Dichter die Hand drücken.

Werfel sah wirklich wie ein Dichter aus. Er trug einen langen dunklen Rock, der priesterlich wirkte. Um den Hals war eine plastronartige Krawatte geschlungen, unter der hohen, von dunklen Locken umrahmten Stirn blickten uns durch das Brillenglas große Augen an, in deren Ausdruck sich Neugier und Staunen mischten. Diese Strahlkraft seiner Augen hat mich nicht nur damals, beim ersten Mal, stark berührt, sondern auch später immer wieder, bei jedem Zusammensein. Mir schien, daß die Güte und Milde seines Blicks auf seltsame Weise auch die Sprache seiner Gedichte durchdrang. Es waren die Augen des „Weltfreundes", der Dichtungen „Einander" und „Wir sind".

Danach bin ich ihm öfter auf der Straße begegnet, ohne mich zu erkennen zu geben.

Fünf Jahre später, als täglicher Herrenhofinsasse, habe ich ihn in der Polakrunde zum zweiten Mal, diesmal aber sehr nahe und für die Dauer vieler Jahre kennengelernt. Aus der pubertären Begeisterung in den Revolutionstagen war eine freundschaftliche Zuneigung und Verbundenheit geworden, ich brachte ihm Verehrung und Bewunderung, und er mir seine Sympathie entgegen.

Man kann nicht behaupten, daß Werfel eine typische und notorische Erscheinung des Café Herrenhof war. Aber er kam immer wieder gerne zu seinem Jugendfreund Polak. So sehr er seine Berühmtheit genoß und den gesellschaftlichen Glanz liebte, den Frau Alma in generöser Weise um seine Person herum entfaltete, so fühlte er sich besonders wohl und beheimatet, wenn er im Café mit jüngeren Menschen zusammentraf, denen noch der Geruch der Bohème anhaftete.

Manche dieser Kaffeehausabende und halben Nächte, die mitunter erst gegen vier oder fünf Uhr früh in einer Gulaschhütte oder in seiner Wohnung endeten, gehören zu den stärksten und beglückendsten Erlebnissen meines Herrenhofdaseins. Werfels Faszination ging vor allem von der ungeheuren Fülle seiner Gedanken und Einfälle aus, die er stets improvisiert, aus dem Stegreif, produzierte. Man begriff, wie aufrichtig seine lyrischen Appelle zu neuer Brüderlichkeit und Menschlichkeit waren und wie echt sein religiöses Pathos, das manche Kritiker und Gegner, wie etwa Karl Kraus, in Zweifel zogen.

Die beiden Dimensionen, in denen sich seine dichterische Kraft und sein Glaube an eine innere Berufung entfalteten, waren seine Religiosität und seine Musikalität. Frömmigkeit und die Neigung zur Ekstase lagen ihm im Blut. Dazu kam die ungeheure Weite seiner beflügelten Phantasie und seiner Kombinationsgabe.

Anton Kuh, der oft dabei war, umschrieb dieses Phänomen mit einem treffenden Vergleich. Er meinte, wenn Werfel in guter Form sei, dann wirke er wie ein ganzes Orchester. Damit wollte er zum Ausdruck bringen, daß Werfels Phantasie und Gedanken so reich instrumentiert waren wie ein ganzes Orchester.

An einem dieser gesprächsbeschwingten Abende passierte es, daß Werfels orchestrale Suada, angefeuert von ungezählten Schalen Kaffee und provozierenden Zwischenrufen der gespannt lauschenden Zuhörer, über die Sperrstunde des „Herrenhof" hinausgeraten war. Das Grüpplein debattierender Nachtwandler bewegte sich noch durch einige geöffnete Lokale und geriet schließlich, gegen fünf Uhr früh, in jenes fatale Vakuum, wo sämtliche Nachtlokale zusperrten, während die frühmorgendlichen Gulaschhütten noch nicht geöffnet hatten.

Wir irrten umher. Es begann zu regnen. Werfel mietete kurzerhand in einem altbiedermeierlichen Hotel auf der Landstraße, wo angeblich einst Balzac bei seinem Besuch in Wien abgestiegen war, ein großes Zimmer. Der Nachtportier kochte uns Kaffee, das „Deigezen" begann von neuem und dauerte bis zu einem opulenten Gabelfrühstück in der Dampfkammer des Dianabades.

Manchmal endeten solche Abende, an denen eifrig diskutiert, philosophiert und möglichst alle Probleme erörtert wurden, die damals die Welt bewegten, in Werfels Stadtwohnung in der Elisabethstraße, die einst Gustav Mahler mit Frau Alma bewohnt hatte und in der noch das Klavier stand, das Gustav Mahler beim Komponieren benützt hatte.

Wenn alle sich heiß geredet hatten und erste Anzeichen von Ermüdung zu bemerken waren, dann setzte sich Werfel an dieses Klavier und sang mit seinem wohlklingenden Tenor Arien aus italienischen Opern in einem wunderschönen Belcanto. Er verfügte über ein erstaunlich umfangreiches Repertoire, nicht nur aus den berühmten Verdiopern, sondern auch aus den Opern von Rossini, Bellini und Cimarosa. Eine seiner Lieblingsarien, die er alle auswendig sang, stammte aus der Oper „Norma" von Bellini.

An einem solchen Abend sagte er einmal zu vorgerückter Stunde, wenn er es sich bei der Geburt hätte aussuchen können, so wäre er lieber Komponist — etwa Verdi oder Puccini — geworden, wenn aber der liebe Gott befunden hätte, daß dies zu hoch gegriffen sei, dann wäre er auch als Tenor Caruso zufrieden gewesen.

Mit Verdi und der Welt der Oper war er so tief und innig verbunden, daß sie nicht nur sein Denken und Fühlen fast total in Anspruch nahmen, sondern auch auf sein Wesen und Gehabe abfärbten und seinem Gehen und Auftreten etwas Theatralisches verliehen. Auf der Straße ging er stets schneller als die übrigen Passanten; in dieser selbstauferlegten Hast eilte er erhobenen Hauptes dahin, den forschenden Blick nach oben gerichtet, als hoffte er, die Formel für die Lösung der Welträtsel in dem verschnörkelten Zierat der Hausfassaden zu finden. Betrat er das Kaffeehaus, blieb er, die Anwesenden sondierend, zunächst so lange im Entree stehen, bis sein Auftritt bemerkt wurde, um sodann den Stammtisch anzupeilen, gleich einem Dirigenten, der quer durch die Orchestermannen zum Pult eilt.

Seine heiter-freimütige, mitunter geradezu übermütige Art des lockeren Gesprächs und seine sympathische Neigung zur Selbstironie standen im Gegensatz zu dem Vorwurf seiner Kritiker, die beanstandeten, daß er sich die Attitüde eines in olympische Höhe ragenden Dichterfürsten anmaße.

In diesem Zusammenhang fällt mir eine Anekdote ein, die Werfel gerne zu vorgerückter Stunde, wenn keine Damen anwesend waren, zum besten gab. Sie bezog sich auf einen Zwischenfall, der sich während eines Besuches bei Gerhart Hauptmann, mit dem Werfel sehr befreundet war, auf dessen herrschaftlichem Besitz in Schlesien abgespielt hatte.

Die beiden Herren pflegten ihre Gespräche nach dem Abendessen oft bis in die tiefe Nacht hinein fortzusetzen und dabei ihre Stimmung mit einigen Flaschen französischen Champagners anzuheizen. In sehr vorgerückter Stunde und offenkundig aufs schwerste bedrängt durch die enorme Menge an Flüssigkeit, die sich in ihm inzwischen aufgestaut hatte, stürzte sich der wahrhaft einem Olympier gleichende Dichterfürst Gerhart Hauptmann plötzlich durch die offene Tür auf die nächtliche Terrasse hinaus und rief, während er sich den Wonnen physischer Erleichterung hingab, nach dem Freund, mit der Aufforderung, doch ungeniert das gleiche zu tun.

„Denken Sie daran, lieber Werfel“, meinte Gerhart

Hauptmann, „daß der Astronom Tycho Brahe, während er bei Kaiser Rudolph zu Gast weilte, aus lauter Ehrfurcht vor dem kaiserlichen Gastgeber den schrecklichsten aller Tode starb: Mitten im Gespräch platzte ihm die Blase."

Geschichtchen ähnlicher Art erzählte Werfel gerne und mit großem schauspielerischem Aufwand. Sie zeigen, daß er im Verkehr mit Freunden ein sehr natürlicher, gelokkerter und zur Heiterkeit neigender Partner war und sich keineswegs mit snobistischen Allüren maskierte.

Es könnte sein, daß an diesem Fehlurteil seiner Kritiker ein bißchen die Aura der Exklusivität schuld gewesen ist, die seine gesellschaftlich überaus ambitionierte Frau Alma um ihn herum aufgerichtet hatte.

Sie führte ein großes Haus in ihrer von Josef Hoffmann erbauten, prächtigen Villa auf der Hohen Warte. Es war unter den rivalisierenden Wiener Salons der spektakulärste, umfassendste und am aufwendigsten geführte und dadurch, daß hier auch die höchstrangigen Diplomaten, Minister und der Bundeskanzler ständige Gäste waren, mit einem offiziellen Cachet behaftet. Die Salons der Grete Wiesenthal und der „Hofrätin" Berta Zuckerkandl waren persönlicher, intimer ausgestattet und besonders vom Profil der Hausfrau bestimmt. Die Tees der Pädagogin Eugenie Schwarzwald hatten einen deutlich intellektuellen Anstrich, bei der Gräfin Elsa Thurn in der Salesianergasse war die Geselligkeit bei Vorträgen mit anschließender Diskussion vor allem politisch ausgerichtet. Bei Alma Mahler herrschte vorwiegend das Auswahlprinzip der Prominenz und des Popularitätsgrades, durchmischt mit Adel und katholischer Geistlichkeit und den jeweiligen bevorzugten Lieblingen der Hausfrau.

Um einige der häufigsten Gäste zu nennen: Bruno Walter, Lotte Lehmann, der Dirigent Stiedry, die Komponisten Egon Wellesz und Joseph Marx, der Philharmonikervorstand Burghauser, die Musikkritiker Heinrich Kralik und Erwin Mittag, der Opernsänger Muzzarelli, dann die zum engeren Kreis gehörigen: der Philosoph Rudolf Kassner, der Theaterwissenschaftler Joseph Gregor, die drei Dichter Carl Zuckmayer, Franz Theodor Csokor, Ödon von Horváth, der Dramaturg Dr. Franz Horch und Werfels Freund und Verleger Paul von Zsolnay.

Mitte der Dreißigerjahre, als die Gefahren für Österreich immer bedrohlicher wurden, fand sich Bundeskanzler Schuschnigg häufig im Hause Werfels ein. Zwischen beiden entwickelte sich eine intensive Freundschaft, obwohl im Temperament und in der Wesensart zwischen ihnen deutliche Unterschiede bestanden.

Schuschnigg war ein kontaktarmer Mensch, der selten und nur verhalten lachte, er war spröde, gehemmt und introvertiert, das Gegenteil eines Politikers und Volksmannes. Von seiner Natur aus war er dem autoritären Denken verhaftet, bezweifelte die Zeitgemäßheit der parlamentarischen Demokratie und bekannte sich programmatisch zur katholischen Soziallehre. Sowohl im privaten Gespräch wie auch in seinen öffentlichen Reden wirkte er trocken und akademisch, doch immer geradlinig und sehr ehrlich. In der Erregung brach eine Menschlichkeit bei ihm hervor, die tief berührte.

Ich erinnere mich sehr deutlich an das letzte Zusammentreffen mit ihm im Hause Werfels, einige Tage vor seiner Reise zu Hitler nach Berchtesgaden.

Es war bereits spät am Abend, einige Gäste wollten sich schon vom Hausherrn verabschieden, da klingelte plötzlich das Telephon.

Schuschnigg fragte, ob er zu so später Stunde noch kommen dürfe. Kurz darauf erschien er. Er sah abgespannt und übermüdet aus, doch merkte man deutlich seine innere Bewegtheit.

Hinter der Maske energischer Entschlossenheit und Härte, die er sonst in der Öffentlichkeit zur Schau trug, wurde plötzlich ein scheuer, gehemmter Mensch sichtbar, der seine Unsicherheit, seine Zweifel und Skrupel nur schlecht verbergen konnte. Er wünschte, mit Werfel allein zu sprechen.

Am nächsten Tag erfuhr ich, daß er bis nach Mitternacht geblieben war und sich von Werfel einige Gedichte von Goethe hatte vortragen lassen. Lyrik quasi als Balsam und heilsames Vademecum gegen innere Unrast.

So also sah die innere Verfassung eines Mannes aus, den das Schicksal zum Gegenspieler Adolf Hitlers auserkoren hatte.

Umso bewundernswerter und respektgebietend war seine Tapferkeit. Als Hitlers Armee in Österreich einmarschierte, weigerte er sich, ins Ausland zu fliehen. Er wollte für sein Handeln einstehen und mußte dafür bis zum Ende des Krieges als Häftling büßen.

Als ich Schuschnigg dreißig Jahre später bei meinem Freund Paul Wilhelm Wenger in Bonn wieder traf, fand ich einen abgeklärten, milden und altersweisen Mann vor, der sich mit seinem tragischen Schicksal ausgesöhnt hatte.

Daß Österreich wieder erstanden war, daß aus dem „Staat, den keiner wollte“ ein wirtschaftlich blühendes und politisch gefestigtes Land geworden ist, hat dieser leidenschaftliche Patriot als persönliches Glück und als späten Triumph empfunden.

Joseph Roth und sein „Querulant“

Joseph Roth führte Anfang der zwanziger Jahre ein unstetes Leben. Er pendelte zwischen Berlin, Paris, Frankfurt und Wien, überall mit kurzen Aufenthalten;

meist wohnte er in Hotels, in Berlin sogar ein Jahr lang. Als Zuhause dienten ihm Cafés — im Sommer die Terrassen, im Winter die rauchigen Interieurs.

In Wien waren mittags das „Rebhuhn“ in der Goldschmiedgasse, abends, bis spät in die Nacht, das „Herrenhof“ seine Stammcafés. Im „Herrenhof“ saß er mit Alfred Polgar, Franz Werfel, Anton Kuh, Karl Tschuppik und seinem engeren Kollegen Max Prels, einem Redakteur des im Steyrermühlverlag erscheinenden „Neuen 8 Uhr Blattes“, das mehrmals wöchentlich Feuilletons und Glossen von Roth brachte.

Prels war mit Vicky Baum verheiratet, die später als Romanautorin zu internationalem Bestseller-Ruhm gelangte, damals aber noch schlichte Harfenistin am Deutschen Volkstheater war.

Die großen Prosatheater, allen voran das Burgtheater, hielten sich damals noch eigene Orchester, die vor Beginn jeder Aufführung eine Ouvertüre spielten, um das Publikum auf das jeweilige Stück, ob ernst oder heiter, gefühlsmäßig einzustimmen.

Im Café vermochte Vicky Baum solche Wirkung auch ohne Harfe, allein durch ihre Munterkeit, hervorzurufen.

Roth war ein äußerst unterhaltsamer Gesprächspartner, flink und präzise im Denken, den graziösen Formulierungskünsten seines angebeteten Vorbildes Alfred Polgar nacheifernd, aber auch in leidenschaftlich-erregten Disputen um zurückhaltend-eleganten Ausdruck bemüht.

Aus manchen zögernd vorgebrachten Bemerkungen und Kommentaren zum politischen Tagesgeschehen war herauszuhören, daß sich in ihm ein allmählicher Gesinnungswandel in Richtung einer Revision seines ursprünglich linksorientierten Denkens anbahnte.

Ein Jahr nach dem Ende der Monarchie schrieb Roth im „8 Uhr Blatt“ unter dem Titel „Weltuntergang“ — mit einem Seitenhieb auf den ihm tief unsympathischen Karl Kraus, den er „einen von den Totengräbern Österreichs" nannte — in einer höhnenden Glosse:

„Man sah . . . Karl Kraus am Kreuzknauf des Stephansturmes, wie er die letzte Fackel-Nummer am Weltbrand entzündete . . . Plötzlich gab es einen lauten Krach. Die Erde sank in die Tiefe. Wie ein verbrannter Gummiballon. Sie war nur noch ein Häufchen Asche. Nur ein paar Millionen Österreicher, die sich auf den Kometenschwanz hinübergerettet hatten, waren vom ganzen Erdball übrig geblieben und bildeten ein neues Österreich. Der Komet erholte sich bald von seinem ersten Schreck über die plötzliche Belastung und begann langsam herumzuschweifen. So bewahrheitete sich denn schließlich doch das alte Wort von Österreichs ewigem Bestand. Allerdings hätte es mit Rücksicht auf den Kometen heißen sollen: Austria irret in orbe ultima."

Die endgültige Kehrtwendung zu seinem später so leidenschaftlich proklamierten Konservativismus war das Resultat eines mühsamen, durch moralische Skrupel und Gewissensnöte gehemmten Prozesses. Er mündete in ein fanatisches Bekenntnis zur alten k. u. k. Monarchie, in der er die vorbildliche Verwirklichung einer übernationalen, humanen Staatsidee zu erkennen glaubte.

Er ließ sich nicht davon abbringen, auch nicht durch die mahnenden Worte vieler Freunde, in einer Zeit, in der vor allem bei jüdischen Intellektuellen der Linksdrall vorherrschte, als perverser Einzelgänger gebrandmarkt oder gar als Opportunist denunziert zu werden.

Es war eine langsam aufkeimende, am Ende beinahe mystische Liebe, die er für das versunkenen Kakanien empfand, eine Liebe, die ihn prädestinierte, in seinem beklemmend visionären Roman „Radetzkymarsch" den Habsburgerstaat wie in einer Apotheose zu verklären.

Zu den gelegentlichen Tischgenossen Joseph Roths zählte Karl Adler, einer der beiden Söhne Victor Adlers, des Begründers der österreichischen Sozialdemokratischen Partei. Karl Adler war ein psychisch belasteter Einzelgänger, eine Figur, die einem Dostojewskij-Roman entnommen schien. Im Gegensatz zu seinem aktivistischen Bruder Friedrich, der im Jahre 1916 zum Revolver griff und den Ministerpräsidenten Graf Stürgkh erschoß, um damit ein revolutionäres Signal zur Beendigung des Krieges zu setzen, war Karl ein gehemmter, in sich gekehrter Mensch, gequält von einem fatalen Schuldbewußtsein, von Selbstanklagen und Verfolgungswahn.

Schwer lastete auf seinem verunsicherten Lebensgefühl das Urteil, das sein Vater im Gespräch mit dem deutschen Politiker Philipp Scheidemann über seine beiden Söhne geäußert hatte: „Ich habe zwei Söhne", sagte er, „der eine, Fritz, ist die Karikatur meiner Tugenden, der Karl ist die Karikatur meiner Laster."

Tatsächlich kam Karls monomanische Veranlagung den Qualen eines entnervenden Lasters gleich. Zeitweise lebte er vereinsamt und halb verhungert in einer total verwahrlosten Wohnung, halb Feldlager, halb Studentenbude, zwischen Haufen alter Zeitungen, Ausschnitten, Büchern und politischen Broschüren.

Es gab ein paar Mitbewohner seines Wohnhauses in der Zollergasse in Mariahilf, die sich um ihn kümmerten, und ganz wenige Freunde, denen er in seinem Verfolgungswahn Zutritt gewährte.

So sah sein Leben aus, als ich ihn 1923 kennenlernte. Er war damals fast vierzig Jahre alt, von Frau und Tochter getrennt. Von seinem Bruder, der als Sekretär der „Zweiten Internationale" in der Schweiz lebte, bezog er eine kleine monatliche Rente. Sie langte für die Miete und einen großen Korb, vollgepackt mit den feinsten Delikatessen und einigen Flaschen französischem Rotwein, der

1. HEFT / 23. JÄNNER 1925 DENNOCH UND DESHALB –

der Querulant

Antipolitische Zeitschrift von Karl Adler

Man ist entweder Zyniker oder Querulant.

Ein Schriftsteller von Ehre würde sich lieber die Faust abhacken, als das Gegenteil von dem sagen, was er denkt; ja sogar, als, insofern er einmal schreibt, das n i c h t sagen, was er denkt. Kann er es schlechterdings nicht, und in keiner Wendung ausdrücken, so zieht er sich lieber zurück und schreibt gar nicht. F. Lassalle

Der „Querulant" erscheint monatlich

Proklamation

Sozialdemokratie einst und jetzt („Die Menschenliebe hat dem Klassenegoismus Platz gemacht" / Der Hepp-Hepp-Antisemitismus der Kikerikigesichter / O, du mein Doktorjuliusdeutschösterreich! / Nicht Marx, sondern Popper-Lynkeus! / Der junge Victor Adler und seine alte Partei

Nochmals: Die Verbrecher an den Kriegsgefangenen

Dr. Bauer contra Dr. Seipel (1. Dr. Otto Bauer, der Zauberlehrling des Marxismus) *) Bosel, Bauer und die Hammerbrotwerke.

„GEFACKEL" von DR. VICTOR ADLER (Außer dieser Definition der

FÄLSCHER- UND VERLEUMDER-METHODEN DES HERRN KARL KRAUS, einem Beitrag zur soz.-dem. Karl Kraus-Feier, stammen alle Artikel dieses Heftes von Karl Adler)

„Arbeiter-Zeitung" und „Fackel" als Bundesgenossen

Was die Arbeiter-Zeitung verschweigt (Abgeordnetencenten und Invalidenrenten / Die Generalprobe der Coalitionsfähigkeit / Vernachlässigung der pflichtgemäßen Obsorge durch Herrn Zimmermann)

Békessy rührt sich, Austerlitz schweigt!

Castiglionijustiz und Wehrmacht als Fundament der Republik

Die blutige Parodie auf 1914 (Otto Bauers Eroberung des Burgenlandes)

OFFENE BRIEFE an F. Austerlitz und Dr. D. J. Bach

K 6000.– GM –.40 Kč 3.50

Verlag des „Querulant" Wien, VII., Burggasse 31

für wenige Tage kulinarischer Glückseligkeit ausreichte. Darauf folgten Tage und Wochen selbstauferlegter Askese und Einsamkeit, die hie und da von Besuchen im Café Herrenhof, wo er nach Mäzenen Ausschau hielt, unterbrochen wurden.

Schon damals galt er als eine gescheiterte Existenz, obwohl er noch wenige Jahre vorher (1920) unter dem Titel „Der Knockebout“ eine „antipolitische Zeitschrift“ herausgegeben hatte, die durch originelle weltanschauliche Thesen und ihre stilistische Brillanz einiges Aufsehen erregt hatte, obwohl sie in einer äußerst geringen Auflage erschienen war. 1925 wurde „Der Querulant“ veröffentlicht und damit war seine Tätigkeit als Herausgeber zu Ende.

Heute gehören beide Ausgaben zu den Kuriositäten der Wiener Zeitschriftengeschichte.

Besonders das zweite Heft strotzte von explosiven Pamphleten gegen die damalige Führungsgarnitur der Sozialdemokratischen Partei. Er warf ihr Verrat an den politischen und moralischen Prinzipien des ursprünglichen Parteiprogramms vor sowie Packelei mit den mächtigen Finanzfaiseuren Castiglioni und Bosel.

Die schärfsten Attacken galten dem von ihm gehaßten Karl Kraus, wobei er seinen Vater als Zeugen zitierte. Victor Adler hatte sich in einem Leitartikel der „Arbeiter-Zeitung“ gegen einen Angriff in der „Fackel“ zur Wehr gesetzt und Karl Kraus der „gemeinen Entstellung“, der „bewußten Lüge wider besseres Wissen“ bezichtigt. Der Artikel schloß mit dem Vorwurf, daß Kraus „sich der absoluten Verlogenheit seiner Gehässigkeiten genau bewußt ist und daß er also, um es ganz deutlich zu sagen, mit voller Überzeugung gemein verleumdet hat“.

Karl Adler, dem Vater pietätvoll assistierend, geriet darob in seiner Zeitschrift „Der Querulant“ in pamphletische Raserei. Er schrieb einen in seiner Schärfe kaum mehr überbietbaren Angriff gegen Kraus, der die charakterliche und politische Wandelbarkeit des von seinen fanatischen Jüngern zum „großen Moralisten“ hochgepriesenen „Fackel“-Herausgebers enthüllen sollte.

Eine Probe daraus: Karl Kraus, „dieser allergeschickteste Heuchler, Fälscher und Lügner, der so intensiv heuchelt, fälscht und lügt, daß er oft sogar sich selbst glaubt, dieser Hinüber- und Herüber-Renegat, dieser routinierte Glaubenswechsler, der, Jude nur ‚durch den Zufall der Geburt‘, just in der Blütezeit (des Thronfolgers) Franz Ferdinands beim Katholizismus und just unter dem Regime Friedrich Austerlitz’ (Chefredakteur der Arbeiter-Zeitung), ‚Los von Rom!‘ rufend, zum zweitenmal bei der Konfessionslosigkeit landet; dieser Speichellecker der Thronfolgerkamarilla, der Franz Ferdinand als Hoffnung und Fortinbras Österreichs feiert und bei geänderter Konjunktur nicht müde wird, durch sein niederträchtiges ‚Couplet vom Papagei‘ Franz Ferdinand und seine tote Gemahlin unsinnig zu höhnen; wie? dieser servile Feigling, der, als Habsburg an der Macht saß, nicht nur aus Anlaß seines 70. Kaisergeburtstages Franz Joseph als ‚Muster eines konstitutionellen Monarchen‘ als ‚vollendeten Gentleman‘ und, dem Historiker Friedjung beipflichtend, eine der ‚bedeutendsten Regentengestalten‘ nannte, der aber sofort nach Habsburgs Sturz, als jeder ehrliche Feind vor dem gefallenen Gegner schweigend die Waffen senkte, demselben Franz Joseph unter wilden Exklamationen nachsagte, er habe ‚durch sieben Dezennien der Welt das Schauspiel eines als Thron kaschierten Leibstuhls geboten‘; wie? dieser unglaubliche Kraus . . . der, als die Demokratisierung der Monarchie noch Minderung der Kriegsgefahr bedeuten konnte, gegen Victor Adlers Wahlrechtsagitation mit lausigen Paradoxen Stimmung machte . . . wie? dieser schäbigste und verächtlichste Verleumder Victor Adlers sollte nicht die Stirn haben, nach dem Tode des Verleumdeten und dem verpfuschten Siege seines Lebenswerkes, ohne Widerruf jener erbärmlichen Verleumdung zu den anderen Marodeuren der ehemaligen Sozialdemokratischen Partei in Österreich sich an den Tisch der Macht zu setzen?!"

Karl Adler hielt die führenden Männer der Sozialdemokratischen Partei jeder Art von Verrat und dubioser Machenschaften für fähig, sein Haß gegen sie steigerte sich ins Irrationale. Jedes Gerücht, jeden noch so anzweifelbaren Klatsch im Umkreis der politischen Vorgänge nahm er für wahr, soferne sie die Parteispitze diffamierten. Allerdings wurden ihm auch echte Informationen von parteiinternen Kritikern aus den unteren Rängen des Apparates zugespielt. Als gefürchteter Querulant, dem der Zugang zu den liberalen Zeitungen versperrt war, schickte er seine in Leserbriefen verpackten Polemiken an rechtsgerichtete Blätter.

So erschien in der konservativen „Reichspost" seine Behauptung, daß der verhängnisvolle Rücktritt des Nationalratspräsidenten Renner am 4. März 1933, der zur Ausschaltung des Parlaments führte, von langer Hand vorbereitet gewesen sei: Die vertauschten Stimmzettel zweier sozialdemokratischer Abgeordneter, über die im Parlament ergebnislos debattiert wurde, seien ein mißglückter Trick gewesen, der angeblich von einem geheimen Parteigremium ausgeheckt worden war. Der Beweis für diese Behauptung wurde allerdings nicht erbracht.

So wenig man Karl Adler, den querulantischen Einzelgänger, als repräsentatives Beispiel für die Kraus keineswegs vorbehaltlos gegenüberstehenden „Herrenhof"-Besucher anzusehen vermochte, so sehr war man gerne bereit, ihm das Recht auf Narrenfreiheit einzuräumen, das man ihm schon deshalb gerne zubilligte, weil er davon oft anregend und belustigend Gebrauch machte. Sein sardonisch gewürzter Witz wurde ebenso geschätzt wie die absurden Expektorationen seiner wild wuchernden Phantasie. Er fand darin eine ausgleichende Ersatzbefriedigung für den unheimlichen Zyklus depressiver Anfälle, unter denen er von Jugend an litt.

Wie ein Trauma lastete auf ihm die Judenfrage. Seine Skepsis, sein Pessimismus, ob sie jemals gelöst werden könne, war vom Denken Otto Weiningers inspiriert, dessen Werke „Geschlecht und Charakter" und „Über die letzten Dinge" er als Pflichtlektüre betrachtete.

Eines Abends, als an unserem „Herrenhof"-Tisch die immer wiederkehrende Diskussion über das Phänomen des jüdischen Selbsthasses und seine theoretischen Exekutoren Karl Kraus, Otto Weininger und Theodor Lessing bereits heißgelaufen war, zog Karl Adler daraus eine sarkastische Bilanz:

Er schlug die Gründung einer radikalen Gegenbewegung vor, deren Ziel ein mit dem Junktim der Staatsbürgerschaft verbundenes Gesetz sein sollte, das alle Juden verpflichtete, ihr starres Festhalten an dem tragischsten Irrtum ihrer Geschichte aufzugeben, Jesus Christus mit zweitausendjähriger Verspätung endlich als ihren wahren Messias anzuerkennen und in ihrer Gesamtheit dem Katholizismus beizutreten.

„. . . und du glaubst, die Gojim werden sich das gefallen lassen?" wurde er gefragt. „No, wenn nicht", schlug er rasch zurück, „dann schmeißen wir die Gojim, die dagegen sind, aus der Kirche hinaus. Die sollen dann wieder den Mond oder den Wotan anbeten, der ihnen im Grunde eh immer lieber gewesen ist!"

Karl Adler entwickelte großen Charme, wenn er in guter Stimmung war und sich ungehemmt seinen gedanklichen Spekulationen hingab. Gelegentlich erzählte er Episoden aus seiner interessanten Familiengeschichte, aus denen hervorging, wie stark die Atmosphäre und der Lebensstil in der elterlichen Wohnung in der Gumpendorfer Straße — bei aller zurückhaltender Schlichtheit, wie sie der Auffassung eines Arbeiterführers entsprach — von typischen Elementen bürgerlicher Kultiviertheit mitgeprägt waren.

Die Adlers entstammten dem wohlhabenden jüdisch-liberalen Besitzbürgertum. Victor Adlers Vater war als erfolgreicher Immobilienmakler zu Reichtum gelangt und hatte seinen Söhnen ein stattliches Vermögen hinterlassen.

Victor Adlers Bruder, Heinrich, war gleichfalls Absolvent des traditionell-konservativen Schottengymnasiums, ein vielseitig gebildeter Mann, wissenschaftlich tätiger Agronom mit intellektuellen und künstlerischen Interessen, als Journalist beim „Fremdenblatt", dem Leibblatt Kaiser Franz Josephs, später in der „Wiener Allgemeinen Zeitung", die durch ihren Chefredakteur Julius Szeps dem Ballhausplatz nahestand, und zugleich in der „Neuen Freien Presse", dem Sprachrohr der Großbourgeoisie, eifrig tätig.

In dem lesenswerten, weil detailfreudigen Geschichtsbuch „Sozialdemokratie in Österreich" von Fritz Kaufmann wird Friedrich Adlers Charakter als eine „seltsame Mischung von Parsifal und Don Quijote" bezeichnet.

Mir scheint diese Beurteilung mit einigen Abstrichen auf beide Brüder zuzutreffen. In ihren politischen Ansichten waren sie weit auseinandergeraten. Karl bekannte sich leidenschaftlich zu einem eigenständigen Österreich, sein Bruder Friedrich dachte hingegen wie sein Vater in großdeutschen Kategorien und hielt, wie Kaufmann in seinem Buch erhärtet, sogar noch im Jahre 1946, als sich die große Mehrzahl der Österreicher von den einstigen Anschlußträumen gelöst hatte, an dem Verbleiben Österreichs innerhalb eines deutschen Staatenbundes fest. Die

Idee einer „österreichischen Nation“ lehnte er hartnäckig ab.

Während Friedrich Adler mit kämpferischem Elan der sozialistischen Idee bis zu seinem Tod verbunden blieb, hatte Karl sich frühzeitig innerlich davon losgelöst und dem Gedankengut der katholischen Soziallehre angenähert, die er als wohlfundierte Alternative zum Sozialismus betrachtete.

Gefühlsmäßig neigte er den Traditionen des alten Habsburgerreiches zu. Darin wurzelte auch sein Haß gegen Karl Kraus, den er der Mitschuld an der Zerstörung des Vielvölkerstaates bezichtigte.

Joseph Roth lauschte gerne den Anekdoten und familiären Erinnerungen Karl Adlers, wenn dieser beispielsweise von einer Audienz seines Vaters bei Kaiser Karl berichtete. Vom Kaiser befragt, habe sich Victor Adler verpflichtet gefühlt, seine schweren Bedenken über den Verlauf des Krieges und seine Zweifel am Bestand des Reiches offen darzulegen. „Der Kaiser tat mir leid, als ich ihm meine Ansicht sagte“, soll Victor Adler nachher im vertrauten Kreis seiner Familie gesagt haben, „er schaut aus wie einer von den sympathischen jungen Leutnants, die man auf der Kärntnerstraße trifft.“

Karl Adler entwickelte beim Erzählen solcher melancholisch-liebenswürdigen Geschichtchen einen so gewinnenden, treuherzigen Charme, daß keiner der Zuhörer auf den kränkenden Gedanken kam, ihre Wahrheit zu bezweifeln.

So gedrückt und komplexbeladen das Leben Karl Adlers über weite Strecken verlaufen war, so wenig gelang es seiner tüchtigen und lebenslustigen Frau Mila, das Zusammenleben durch ihr heiteres Temperament aufzuhellen. Nach kurzer Zeit ging die Ehe in Brüche. Mila fand eine Stelle bei der Länderbank und schlug sich mit ihrer Tochter tapfer durchs Leben.

Die folgende Geschichte hebt sich von der düsteren Chronik der Familie Adler wie das Satyrspiel nach einem antiken Schicksalsdrama ab und erscheint mir schon deshalb erzählenswert.

1938 war Mila mit ihrem Kind nach England geflohen und hatte nach quälenden Monaten in völliger Mittellosigkeit den Posten einer Aushilfskraft in einem vornehmen Juwelierladen in der Old Bond Street gefunden. Als ehemalige Bankbeamtin kamen ihr einige finanztechnische Kenntnisse zugute. Sie gewann so sehr das Vertrauen ihres Chefs, daß sie während der geschäftsschwachen Mittagszeit gelegentlich allein den Laden betreuen mußte.

Und nun fügte es eines Tages der Zufall, daß während dieser kurzen Pause vor dem Portal des Juweliers der Verkehr ins Stocken geriet. Ein elegantes altmodisches Elektromobil kam genau vor dem Juwelierladen zum Stillstand, und dem geschlossenen Coupé entstieg mit hoheitsvoll schlichter Grandezza Englands Königinmutter.

Mila stand sekundenlang fassungslos erstarrt vor der Königin, die ihren Wunsch vorbrachte: „Ich würde mir gerne einige Armbänder ansehen, die ich als Geschenk brauche." sagte die Königin, die merkte, daß Mila nur mit großer Mühe aus ihrem unbeholfenen Basic English ein paar Höflichkeitsfloskeln zustande brachte.

„Sie sind wohl eine Refugee? Woher kommen Sie?" fragte die Königin.

„Ich bin in Wien geboren", stammelte Mila.

„Oh, das ist eine bezaubernde Stadt", meinte die Queen, „ich besuchte mit meinem Mann Schloß Schönbrunn und verbrachte einige schöne Tage in Wien."

In einer Anwandlung mitleidiger Sympathie für den Flüchtling entschied sich Queen Mary für den Kauf einer Anzahl kostbarer Armbänder und Halsketten.

Entschieden hatte sich damit auch Milas künftiges Schicksal. Die freundlichen Abschiedsworte der Königin an Mila waren für deren Chef Anlaß, ihr ein Engagement auf Lebensdauer auzubieten.

Als Mila bald nach Kriegsende als Mitarbeiterin einer englischen Hilfsorganisation nach Wien kam, erzählte sie diese Geschichte und deren sentimentale Schlußpointe immer noch mit deutlichen Anzeichen innerer Bewegtheit: „. . . und als die Königin zur Tür schritt, um das Lokal zu verlassen, verlor ich vor Glück den Kopf. Mit Tränen in den Augen stürzte ich vor ihr auf die Knie und küßte ihr die Hand. Gott sei Dank, dachte ich in diesem Augenblick, daß es auf dieser Welt noch Königinnen gibt . . .“

Mila ist hochbetagt, mit ihrem Schicksal ausgesöhnt, in London gestorben.

Ganz anders, nämlich in der tragischen Verfinsterung, die ihn die meisten Jahre seines Lebens begleitet hatte, verlief das Ende Karl Adlers. Mit Hilfe seines Bruders war ihm 1938 die Flucht nach Frankreich geglückt, wo er mit achtundfünfzig Jahren starb.

In der von Friedrich Adler und seiner Frau Katja unterzeichneten, „New York 1945“ datierten Todesanzeige heißt es unter anderem: „Er mußte die letzten vierzig Monate seines Lebens im Hospital verbringen. So traurig dieses Schicksal war, so hat es ihn, wie wir aus den kurzen Nachrichten, die wir bisher erhalten konnten, schließen dürfen, vor noch Schlimmerem, vor den Gefahren, die nach der Besetzung Frankreichs drohten, bewahrt.„

Karl Adler starb im Dezember 1942 in Neuilly sur Marne.

Robert Musil war kein zünftiger Herrenhofgast. Er erschien mit seiner Frau Martha nur sporadisch. Der Tisch von Ernst Schönwiese und Franz Blei war sein eigentliches Ziel, doch pflegte er oft auch die Polak-Runde zu besuchen, die ihn als distinguierten Ehrengast mit deutlich bekundetem Respekt aufnahm. Die Themen der Gespräche war weit gestreut. Man diskutierte über Neuerscheinungen auf dem Buchmarkt, vor allem über Joyce, Proust und Svevo, den Piero Rismondo soeben ins Deutsche übertragen hatte, auch über Musils eigene fortlaufende Arbeit am „Mann ohne Eigenschaften".

Musil war damals noch keineswegs berühmt, er galt unter Kennern als Geheimtip. Trotz starker, aber eben nur vorübergehender Beachtung seines Romans „Die Verwirrungen des Zöglings Törleß" wurde sein Name in den zeitgenössischen Literaturgeschichten (Klabund 1929, Paul Fechter 1938) entweder gar nicht oder nur „mit einigem Abstand" von anderen österreichischen Autoren wie Hofmannsthal, Stefan Zweig, Arthur Schnitzler, Otto Stoessl und Leo Perutz erwähnt. Der „Mann ohne Eigenschaften" wurde in seiner epochalen Bedeutung nur von einer verhältnismäßig geringen Zahl von Lesern erkannt.

Zu seiner Verbitterung fühlte sich Musil von der Wiener Kritik unterschätzt oder bestenfalls in eine esoterische Ecke gedrängt. Er litt darunter, daß ihm von der maßgebenden konservativ-liberalen Presse, der „Neuen Freien Presse", dem „Neuen Wiener Tagblatt", dem „Neuen Wiener Journal", die ihm gebührende Anerkennung versagt wurde.

Politische Intransigenz, kleinlicher Konkurrenzneid, mangelnde Fairneß verstießen ihn als Linksliberalen und als Mitarbeiter der von der tschechischen Regierung unterhaltenen Tageszeitung „Der Tag" ins mißachtete Außenseitertum. Sein auf Distanz bedachtes Verhalten wurde als Arroganz und überheblicher Stolz ausgelegt, viele empfanden ihn als spröden Sonderling, der sich so gar nicht in die heiter gelösten Formen der üblichen Wiener Geselligkeit einzufügen vermochte.

Die tonangebenden literarischen Salons der Alma Mahler-Werfel, der „Hofrätin" Berta Zuckerkandl, der Gräfin Elsa Thurn, der Tänzerin Grete Wiesenthal blieben ihm verschlossen. Seine kritische Zurückhaltung wurde als störend empfunden.

Nur in wenigen Zirkeln Wiens fühlte er sich zugehörig. Im obersten Stockwerk des Palais Dietrichstein am Minoritenplatz war sein geliebtes Refugium das Heim des Kunsthistorikers Dr. Bruno Fürst, wo sich Schriftsteller, Museumsfreunde und Journalisten trafen. Die Frau des Hauses, Erna, die für eine penible Auswahl der Gäste sorgte, war Mitinhaberin des Verlages Thieme-Becker.

Zu den engeren Freunden des Hauses zählten Franz Blei, Alfred Polgar, Leonhard Frank, die Kunsthistoriker Dr. Ernst v. Garger, Dr. Ludwig Münz und der Architekt Max Fellerer.

Die gleiche Besetzung traf man in den Häusern der beiden Fabrikanten Hans Heller und Stefan Heller (Vater des „Poeten und Liedermachers" André Heller), bei Hans Heller um den politischen Journalisten und fanatischen Trotzkisten Willy (später William) Schlamm vermehrt. Die blendende Artistik seiner provozierenden Formulierungskunst ließ schon damals denkbar erscheinen, daß seine Gesinnung ins Gegenteil umkippen könnte, was nach dem Schock des Hitler-Stalin-Paktes tatsächlich geschah.

Damals wie auch in späteren Jahren machte man sich im Freundeskreis Sorgen wegen der prekären materiellen Situation, in die Musil immer wieder geriet. Die Einkünfte aus seinen Büchern und Stücken, aus der Mitarbeit in Zeitungen und Zeitschriften, aus dem mitunter überstrapazierten Mäzenatentum seines Verlegers Rowohlt reichten nicht aus, um den von Frau Martha geführten bürgerlichen Haushalt zu finanzieren. Einige Male fanden sich Freunde zu gemeinsam organisierten Hilfsaktionen zusammen. Musil nahm solche Spenden in gelassener Haltung als selbstverständlichen Tribut entgegen.

Auch die Polak-Loge im Herrenhof mobilisierte einmal wohlhabende Freunde für ein solches Mäzenaten-Unternehmen. Musils Verlangen war damals auf eine für längere Zeit bemessene Dauerrente gerichtet, die ihm eine sorgenfreie Arbeit an seinem Roman „Der Mann ohne Eigenschaften" ermöglichen sollte. Wir dachten an eine Monatsrente von vierhundert Schilling, die damals für einen Haushalt von zwei Personen ausgereicht hätte.

Mit viel Mühe hatten wir eine Summe von zweihundertachtzig Schilling zusammengebracht, die als Monatsrente für die Dauer eines Jahres garantiert war. Damit waren unsere Möglichkeiten erschöpft. Die Sammlung bestand aus den Einzelbeiträgen einer Reihe von Personen aus dem Freundeskreis von Ernst Polak, des Rechtsanwaltes Dr. Robert Brunner und des Arztes Dr. Alexander Hartwich. Die Spender wollten nicht genannt werden.

Mit zwiespältigen Gefühlen begab ich mich im Auftrag der Mäzene zu Musil. Er wohnte im 3. Bezirk, Rasumofskygasse 20. Ich weiß nicht mehr, wieviele Stockwerke hoch ich zu steigen hatte, doch erinnere ich mich deutlich an meine zaghafte Verlegenheit, als ich an der Türe läutete.

Martha Musil öffnete und geleitete mich durch mehrere Gemächer ins Arbeitszimmer.

Ein ungewöhnlicher Anblick. Keine übliche Studierstube, sondern die großzügig angelegte Wirkungstätte eines nüchtern und behutsam disponierenden Geistes. Eine zweckhaft ordnende Hand hatte hier alles auf den gemäßen Platz gestellt. Lange Bücherreihen an der Wand, dickleibige Nachschlagwerke, übersichtlich und griffbereit aneinandergereiht, eine Augenweide für den Beschauer — so hätt ich's auch gerne bei mir zu Hause, dachte ich mir —, ein Musterbeispiel obwaltender Akkuratesse.

Auf der riesigen Fläche des langgestreckten, kaum überblickbaren Schreibtisches herrschte penibelste Ordnung. Bücher mit heraushängenden Lesezeichen oder bereits aufgeschlagen, Mappen, Hefte, Manuskripte, Notizblock, Schere, Federhalter, haarfein gespitzte Bleistifte, alles pedantisch in Reih und Glied parat liegend. Man fühlte sich an den Manöverplan eines Generalstabsoffiziers erinnert. Über dieses Instrumentarium gebot auch der planende Sinn eines Technikers, das schöpferische Ingenium eines Konstrukteurs, dessen Tun Präzision und Exaktheit zur Voraussetzung hat.

Er bat mich, Platz zu nehmen. In holprigen Sätzen gestand ich unseren Mißerfolg. Er möge verstehen, daß es in krisenhaften Zeiten schwierig, ja geradezu unmöglich sei, Gönner zu finden, die bereit waren, sich für einen längeren Zeitraum zur Gewährung einer Dauerrente zu verpflichten. Der Betrag, den wir dennoch zustande gebracht hätten, entspräche zwar nicht unseren Vorstellungen, läge jedoch höher als das Existenzminimum und so hofften wir . . .

Da fiel mir Musil ins Wort: er bedaure, daß unsere Bemühungen vergeblich gewesen seien, er sei jedoch nicht bereit, einen Betrag zu akzeptieren, der einem Almosen gleichkäme.

Ich konnte meine Betroffenheit nicht verbergen. Musil verschanzte sich hinter seiner starren Ablehnung durch peinliches Schweigen, dann hinter dem Hinweis, daß auch seine Frau gegen die Annahme eines unzureichenden Betrages sei.

Danach sprachen wir aus Höflichkeit über einige Belanglosigkeiten, schließlich reichte er mir die Hand zum Abschied.

Die versammelte Polak-Loge hatte für Musils Verhalten wenig Verständnis.

Dagegen verlief eine später, im Jahre 1933 im Hause des Bankiers Dr. Alfred Ehrenfeld und seiner literarisch äußerst interessierten Gattin Stella unternommene Hilfsaktion so erfolgreich, daß die finanzielle Basis des Musilschen Haushaltes in den darauffolgenden Jahren, bis zu Musils Emigration im Jahre 1938 als gesichert anzusehen war.

Darüber berichtet Stella Ehrenfeld, die hochbetagt auf ihrem Landgut in England lebt, folgendes: Um Musil zu helfen, hatte sie den Beschluß gefaßt, eine Musil-Gesellschaft zu gründen, deren Aufgabe es sein sollte, die materiellen Voraussetzungen dafür zu schaffen, daß Musil in Hinkunft sorgenfrei an seinem Roman „Der Mann ohne Eigenschaften" weiter arbeiten könne.

Zu diesem Zweck hatte Stella Ehrenfeld am 22. Dezember 1933 den Kunsthistoriker Dr. Bruno Fürst mit seiner Frau Erna, den Kunsthistoriker Karl Graf Wilczek, den Generaldirektor der Dynamit-Nobel-Werke Erwin Philipp und Robert Musil mit seiner Frau Martha zu einem Abendessen eingeladen, um anschließend, in Gegenwart der Musils, alle Einzelheiten einer zweckmäßigen Hilfsaktion zur Sicherstellung des Musil'schen Haushaltes festzulegen.

Temperamentvolle Wortführerin war Frau Martha Musil, die ihre Ansprüche genau präzisierte: eine große Wohnung mit entsprechend komfortabler Einrichtung. Alle Bedürfnisse wurden genauestens besprochen und festgelegt, alles wurde zugesagt.

Auf die schüchterne Bemerkung eines der anwesenden Gönner, daß vielleicht die Installierung eines sogenannten Gesellschaftstelephons, weil dies billiger sei, genüge, reagierte Frau Musil so empört, daß unter den Anwesenden niemand mehr eine einschränkende Bemerkung riskierte.

„Ich erinnere mich genau", schrieb Stella Ehrenfeld in einem Brief an mich, „daß dieses Feilschen um Einzelheiten mir große Verlegenheit bereitet hat . . . Robert Musil selbst saß still und blaß wie ein Hofrat des Unterrichtsministeriums in einer Ecke, während seine Frau Martha ihre Ansprüche präzisierte."

So lautete der authentische Bericht von Stella Ehrenfeld über diese erfolgreiche Aktion einiger Freunde und Verehrer Musils, dem Schriftsteller über seine finanziellen Schwierigkeiten hinwegzuhelfen. Diese monatliche Unterstützung wurde Musil bis zu seiner Emigration in die Schweiz gewährt. Aus dem kleinen Kreis der Mäzene ist Stella Ehrenfeld eine der letzten, die heute noch am Leben sind. Sie lebt im Alter von siebenundachtzig Jahren auf ihrem Landgut in Surrey, England.

Ein Seiltänzer des Wortes

Mitunter kam es zu einer Starbesetzung unserer Stammtischrunde, wenn der eigentliche Präzeptor des Stammtisches, Ernst Polak, Franz Werfel, Anton Kuh, Friedrich Torberg und Gustav Grüner zugleich anwesend waren. Da kam es manchmal zu einem pointensprühenden Wettbewerb der Einfälle und Meinungen, die wie Bälle im Ping-Pong-Spiel gewechselt wurden, und zwar so rasant, als ginge es um die Erringung einer Weltmeisterschaft. Diese aphoristischen Gebilde und Sentenzen, die später in Büchern erschienen oder auch in den Wirbeln des Redeflusses untergingen, waren Augenblicksgeschöpfe, aus Temperament und Inspiration gezeugt.

Sie entglitten manchmal ins Absurde, in einen Wortrausch, bei dem sich Kuh in Widersprüche verwickelte, aus denen er aber immer wieder herausfand. Wenn ihm dies nicht glückte, verzieh man ihm schnell, denn er war immer anregend, aufregend, niemals langweilig. Seine Gedanken wurden oft als Denkraketen beschrieben, die wie feurige Leuchtkugeln sekundenlang in der Luft schwebten, rasch wieder verglühten und im Gelächter der amüsierten Zuhörer untergingen.

Bei seinen Stegreifvorträgen assoziierte man die Vision eines Seiltänzers, der jederzeit abstürzen konnte. Seine Sätze verwickelten sich durch plötzliche Einfälle oder eingeschobene Randbemerkungen zu unlösbaren Knoten, aber immer gelangte er zu einer explosiven Schlußpointe, die den Anfang des Satzes vergessen ließ. Ein Franzose würde sagen: Anton Kuh litt an dem *embarras de richesse* seines rhetorischen Talents.

Im Unterschied zu Karl Kraus muß man Anton Kuh zubilligen, daß er nie seine Meinungen geändert und immer seinen festen revolutionär-liberalen Standpunkt beibehalten hat, auch wenn er bei seiner Argumentation manchmal auf allzu abseitige Nebengeleise geriet.

In Anton Kuhs Essay „Juden und Deutsche" und in seinem gegen Karl Kraus polemisierenden Stegreifvortrag „Der Affe Zarathustras" finden sich aufschlußreiche Auseinandersetzungen über die Vieldeutigkeit des jüdischen Selbstverständnisses, über die Widersprüchlichkeit der Assimilation und die Flucht in den Nationalismus. Zu dem einst so intensiven Symbioseverhältnis zwischen Juden und Deutschen bemerkt Anton Kuh, „daß die Deutschen den Juden in der Schuld der zerschlagenen Einheit am nächsten, auch in der Hoffnung, sie wieder zu erlangen, am jüdischesten sind."

Er zitierte dazu gerne auch einen Ausspruch seines Prager Freundes Scarpi: „In Deutschland sind sogar die Juden dumm.“ (Scarpi war der Vater des bekannten Kulturkritikers und Essayisten François Bondy und Großvater des Regisseurs Luc Bondy.)

Anton Kuh, der als zünftiger Stammgast das „Herrenhof“ zu einer Spätblüte der antiken philosophischen Peripatetikerschule emporpries, hat mit spitzer Feder mehrere markante Figuren und Köpfe unter den angestammten Besuchern karikiert, sie in seiner unter dem Titel „Physiognomik“ im Jahre 1931 erschienenen Sprüchesammlung aufgespießt und damit wirklichkeitsnahe Beispiele von der heiteren Bosheit und bissigen Ironie überliefert, die für den herrenhöfischen Geselligkeitsstil kennzeichnend waren.

Im Vorwort seines Buches sagt er über diese Zeit: „Es war zwischen Torschluß und Anfang. Zwei Kulturen lösten einander ab. Der adelige Mensch wich dem gemeinen, der Geist streckte die Waffen, der Plebejer regierte das Zwischenreich.“ Er schrieb schon damals „aus dieser Abschiedsstimmung“, wie er betont.

Manchen Figuren entbot er seine boshaft witzige Reverenz, ohne sie beim Namen zu nennen. Länger als ein halbes Jahrhundert danach sei es gestattet, sie aus ihrer Anonymität zu lösen, zumal Anton Kuh in der Intimität der Polakrunde selbst enthüllte, wen er jeweils meinte.

Zunächst seine Charakterisierung des typischen Herrenhofbesuchers:

„Er sieht aus wie verhungert aus Unbeachtetheit. Gott hat ihm sein Gesicht als unverwendbar zurückgeschickt, wie die Redaktion seine Manuskripte.“

Der Vorwurf der Fettleibigkeit zielte auf die beiden Dichter Franz Werfel und Theodor Däubler: „Seht ihn an: Ausgefressen vor Berühmtheit. Er nimmt von jedem Essay, der über ihn erscheint, um zwei Pfund zu.“

Über den stets in strammer Haltung auftretenden Romancier Leo Perutz: „Er ist bei sich als Kopfträger angestellt. Trägt sein Haupt der öffentlichen Besichtigung entgegen wie ein Mannequin der Firma ‚Geist und Bedeutung'."

„Er tritt wie ein Abbé aus dem siebzehnten Jahrhundert auf, weil er noch niemandem die Uhr aus der Tasche gezogen hat." Gemeint war Franz Blei.

Über den Chefredakteur der Berliner Zeitschrift „Querschnitt", vorher Chefredakteur der „Wiener Bühne", Victor Wittner: „Er trägt seine Kopf stolz, als Hut. Wenn ich im Theater hinter ihm säße, würde ich zu ihm sagen: ‚Bitte legen Sie den Kopf ab!'"

Über den magyarischen Dramatiker Ladislaus Bus-Fekete: „Er sieht aus wie eine Kreuzung aus dem Polizeipräsidenten von Budapest mit einem, den er sucht."

Der Reiseschriftsteller Arnold Höllriegel, der mit seinem bürgerlichen Namen Richard A. Bermann hieß, und von dem behauptet wurde, daß er ein Hermaphrodit sei, rangiert in Kuhs Panoptikum als „Ein riesiger Liliputaner".

„Der gut gekleidete Literat: ein Gigolo, der nicht tanzen kann," hieß Walter Lieblein.

Unter dem diskreten Titel „Ein delikater Schauspieler" meinte er Fritz Kortner: „Sein Brustkasten ist ein Tresor der Gemeinheit. Darum preßt er ihn zusammen, entnimmt ihm durch geblähte Nüstern nur das Nötigste, schraubt die Urstimme zur Delikatesse. Wenn sich aber die Ordinärheit so zurückhält, was sagt der Kritiker? Die Persönlichkeit ballt sich."

„Billie ist Alibi-Inhaber von Beruf, wo etwas los ist, er hat ein Alibi. Er ist mit dem Alibi zur Welt gekommen, wonach er nicht dabei war, als es geschah." Damit war der heute berühmte Hollywoodregisseur Billy Wilder gemeint, als er noch Reporter bei dem Boulevardblatt „Die Stunde" war und seine Alibis meistens im „Herrenhof" verbrachte.

„Die Strahlende"

Es war ein *in memoriam*, gemischt aus Grimm und Wehmut, als Anton Kuh seinen kämpferischen Nachruf auf das Café Central mit der Feststellung verband, daß im November 1918, während auf dem Balkon des Landhauses in der Wiener Herrengasse die Republik Österreich ausgerufen wurde, im Wiener Geistesleben zugleich eine stürmisch-erneuernde Sezession stattfand.

Man kann es bei ihm nachlesen: „Bibiana Amon, die Strahlende, als Gretchen von Peter Altenberg entdeckt, aber nun schon zur Helena erblüht, stand auf der obersten der drei Eingangsstufen des „Central", blickte zum Gewühl beim Landhaus, sah ihren Geliebten mitten darin und rief: Gib acht, Anton! Die Revolution!"

Wenige Tage später „saß alles, was politisch und erotisch revolutionär gesinnt war" zwei Häuser weiter im kurz zuvor neu eröffneten Café Herrenhof — „Die Mumien blieben im Alten" und, fügte Kuh hinzu: „Die Scheidung war folgerichtig."

Wer aber war Bibiana Amon? Die „Strahlende", das Gretchen Altenbergs, die Helena nicht nur Anton Kuhs, sondern auch anderer Träger klingender Namen?

Gelegentlich taucht ihr Name in Memoiren auf, kaum noch in Fußnoten literarwissenschaftlicher Werke. Daß sie einstmals „dazu gehörte" und in der Welt der Schriftsteller, Literaten und Künstler eine wohlvertraute Erscheinung war, die sich in den geistigen Zirkeln von Berlin, Paris, Prag, München bewegte, geht auch daraus hervor, daß Franz Werfel sie unter dem Namen Angelika in seinem zeitdokumentarischen Roman „Barbara oder die Frömmigkeit“ verewigte. Rühmend berichtet Anton Kuh, wie sie sich kurz nach ihrem Debüt im Café Central auf die Empore des Arkadenhofes stellte, um ein Kapitel Dostojewskij vorzutragen. Temperamentsausbrüche solcher und ähnlicher Art machten sie populär. In Prag wurde sie die Freundin Gustav Meyrinks, in Berlin lebte sie eine zeitlang mit dem Bestsellerautor Bernhard Kellermann („Der Tunnel“) zusammen.

Ähnlich wie Ea von Allesch, der zeitweiligen Gefährtin Alfred Polgars und Hermann Brochs, wurde ihr die Ehre zuteil, in der Literaturgeschichte als Modell für Robert Musils Posse „Vinzenz oder Die Freundin bedeutender Männer“ zu figurieren. Die Parallele zu Ea von Allesch ergab sich auch aus dem Umstand, daß beide Frauen aus kleinen Verhältnissen stammten, beide als junge Mädchen von Peter Altenberg „entdeckt“ wurden und später zu Persönlichkeiten besonderer Eigenart und beachtlichen Formats geworden sind.

Ich hatte Bibiana Amon im Jahr 1923 im „Herrenhof“ kennengelernt. Sie war um etliche Jahre älter und glaubte mich in Schutz nehmen zu müssen vor der angeblichen Gefahr, durch häufigen Besuch des „Herrenhof“ einem geistig und moralisch aushöhlenden Marasmus zu verfallen. „Das ist die Metaphysik des Satans, die hier herrscht“, meinte sie. „Sie glauben den Sinn des Lebens in einer Paradoxie zu finden. Alles kommt aus der Verzweiflung über die eigene Ohnmacht, aus dem Versagen der eigenen Häßlichkeit und Verstümmeltheit. Du kommst in eine Hexenküche. Sie füsilieren Dich wegen einer Schuld, die Du nicht auf Dich geladen hast, Du kannst es bei Kafka nachlesen, er ist ihr Oberpriester.

Das Leben und das Herrenhof schließen einander aus. Bestenfalls sind sie arme Teufel, aus der Wüste ihrer Einsamkeit geflüchtete Neurotiker."

Diese Sätze schrieb sie mir in einem Brief, den sie mir eines Tages verschlossen in die Tasche steckte. Woher sie die literarischen Formulierungen hatte, vergaß sie hinzuzufügen. Möglicherweise stammten sie von einem ihrer schriftstellernden Liebhaber, der selbst an dem Herrenhof-Bazillus litt.

Sie selbst war ungebildet und verfügte nur über das Wissen der Elementarschule, doch besaß sie eine ungewöhnliche Aufnahmsfähigkeit und Ausdruckskraft, einen angeborenen sicheren Instinkt, der zusammen mit ihrer weiblichen Neugier und ihrem ausschließlichen Verkehr in Intellektuellenkreisen zu ihrer Eigenart beitrug.

Sie nahm Bildung und Wissen gierig in sich auf, verschlang alle Bücher, die man ihr empfahl, und aus dieser Halbbildung, die gewürzt war mit Unbefangenheit und Charme, produzierte sie gelegentlich kühne, provozierende Sprüche, die durch ihre Verrücktheit beeindruckten. Man war verleitet, diese aphoristischen Gebilde als geniale Erleuchtung aufzufassen.

Sie wechselte ihre Liebhaber mit ihrem jeweiligen Aufenthaltsort; man traf sie in Berlin, Prag, Paris oder bei den sogenannten Paradiessuchern im Tessin, wo sie überall als animierendes Element geschätzt wurde.

Zuletzt begegnete ich ihr 1937 bei einem Empfang im Österreichischen Pavillon der Pariser Weltausstellung. Dort zählte sie zum engeren Kreis der Architekten Josef Hoffmann und Clemens Holzmeister und lebte mit einem viel jüngeren französischen Bildhauer zusammen, der von André Gide gefördert wurde. Die Jahre waren an ihr spurlos vorübergegangen. Ihr extravagantes, wechselvolles Leben hatte ihr immer wieder neuen Auftrieb gegeben, ihre Veränderungen waren stets Erneuerungen. Sie fühlte sich als Pariserin, als wäre sie es von Geburt an gewesen, sie schwärmte von André Gide, der mit ihrem jungen Gefährten freundschaftlich verbunden war.

Als ich mehrere Jahre nach dem Krieg in Paris nach ihr forschte, konnte mir niemand sagen, was aus ihr geworden war. Ein gemeinsamer Freund aus Herrenhofzeiten, Paul Medina, der Pariser Korrespondent der „Frankfurter Allgemeinen Zeitung", wußte nur, daß sie den jungen Bildhauer von damals geheiratet und gemeinsam mit ihm Paris noch vor Ausbruch des Krieges verlassen hatte. Einem Gerücht zufolge, habe sie ihre Memoiren geschrieben und André Gide ein Vorwort dazu verfaßt. Trotz eifriger Recherchen gelang es mir nicht, etwas über ihr Ende zu erfahren. Auch eine Rückfrage im Pariser André Gide-Archiv und Bemühungen des Österreichischen Kulturinstitutes blieben erfolglos.

Eine Rimbaudfigur

„Eine Rimbaudfigur, eine kühne, vor nichts zurückschreckende Abenteurernatur" nannte der Zeichner George Grosz den für das chaotische Umsturz- und Aufbruchsdenken der ersten Jahrhunderthälfte typischen Schriftsteller und Revolutionär Franz Jung.

Zugleich ist sein Schicksal repräsentativ für den wirrverschlungenen Lebens- und Entwicklungsverlauf aktivistischer Linksintellektueller in dieser Epoche. Seine Lebensdaten gleichen der Bilderfolge eines politischen Horrorfilms, vermischt mit literarischen Eskapaden und Selbstbespiegelungen. In vielen seiner Bücher erscheint der Autor als seine eigene Romanfigur, als ein Mensch, dem sein „Ich" erst aus dem dramatischen Ablauf seiner meist unbewältigten Erfahrungen deutbar wird, aus der

Erkenntnis, daß er Täter und Opfer zugleich ist. Schaurig beeindruckend ist die bildhafte Formel, die er in seinem autobiographischen Roman „Der Torpedokäfer“ für die Sinnlosigkeit seines Wirkens findet: Er schildert die tödliche Mechanik des apparatähnlich starren, geflügelten Kerbtieres, das wie ein Geschoß gegen eine undurchdringliche Wand stößt, abstürzt, dann immer von neuem gegen die Wand anfliegt, immer wieder, sinnlos-triebhaft, bis zum tödlichen Ende.

Das Gleichnis verdeutlicht einprägsam wie kaum ein anderes die Donquichotterie vieler zeitverbundener geistiger Ideologien und Strömungen unseres Jahrhunderts, seine Häresien und Utopien, und die Ohnmacht der für sie kämpfenden Intellektuellen. Das wildbewegte Leben Franz Jungs repräsentiert in eindrucksvoller Beispielhaftigkeit die Schicksale vieler seiner Zeitgenossen.

Zu seinem zehnten Todestag, am 21. Jänner 1973, widmete ihm die Züricher Tageszeitung „Die Tat“ einen Nachruf, in dem die markantesten Daten und Taten seines Lebens angeführt sind: „Er schob Devisen für die Weltrevolution und ließ sich 1915 nach der Schlacht bei Tannenberg als Simulant in ein Irrenhaus einsperren. Als Mitglied des linksradikalen Flügels der deutschen Kommunistischen Partei reiste er 1920 zu Gesprächen mit Lenin nach Moskau und entführte im selben Jahr das deutsche Schiff „Senator Schröder“ nach Murmansk. Nach der Niederschlagung des mitteldeutschen Aufstandes 1921 floh er über Holland in die Sowjetunion, wirkte dort mehrere Jahre für die „Internationale Arbeiterhilfe“ und baute eine Zündholzfabrik. 1924 war er Handelsjournalist in London, 1928 führte Erwin Piscator in Berlin ein Drama von ihm auf, 1933, nach der Machtergreifung durch den Nationalsozialismus, hatte er in Deutschland Kontakte zum antifaschistischen Widerstand und zum Kreis um den deutschen Abwehrchef Canaris. Er wurde verhaftet, floh nach Budapest, wurde dort von den Pfeilkreuzlern zum Tod verurteilt, entkam aus der Todeszelle, wurde 1945 erneut gefaßt und in ein Konzentrationslager in Bozen eingeliefert, wo ihn die Amerikaner befreiten. 1948 ging er als Wirtschaftskorrespondent in die USA, kehrte 1960 nach Deutschland zurück, wo er sich als ständiger Mitarbeiter der konservativ-liberalen „Frankfurter Allgemeinen Zeitung“ betätigte und sehr beachtete konstruktiv-kritische Analysen zu wichtigen Wirtschaftsfragen verfaßte.“

Enttäuscht und resigniert hatte er gegen Ende seines Lebens den Glauben an eine verbesserungsfähige Sozietät der Menschen verloren und daraus seine makaber-verbitterte Bilanz gezogen. Jürgen P. Wallmann zitiert in seinem Nachruf ein letztes Schreiben Jungs, kurz vor seinem Tod verfaßt:

„Ich habe den Ehrgeiz überwunden, als Schriftsteller anerkannt zu werden, als Geschäftsmann, als Liebhaber — und wenn man das so will in dieser verrotteten Gesellschaft, selbst als anständiger Mensch; ich bin nicht anständig . . . Ich hasse meine Freunde, Sie und diejenigen, die sich weigern werden, mir in die Hölle zu folgen. Natürlich gehe ich zur Hölle, Ehrensache. Das ist der Platz, wohin ich gehöre.“

Bei all dem widersprach Franz Jung physiognomisch allen Erwartungen einer voreingenommenen Umgebung: Aus seinem Gesicht sprachen bewahrender Ordnungssinn, bürgerliche Redlichkeit und männliche Entschlossenheit, ein Eindruck, der von dem typischen Merkmal einstiger Burschenherrlichkeit, einer Duellnarbe auf der Oberlippe, unterstrichen wurde. Auch der revolutionär gesinnte Psychiater und Freudschüler Otto Groß hatte unter einem Säbelschmiß auf der Wange später zu leiden. Beide empfanden diese Narbe als Totemzeichen der verhaßten Vaterwelt, die sie leidenschaftlich bekämpften.

Jung war kein Kaffeehausliterat im Sinne einer steril ästhetisierenden Seßhaftigkeit. Gejagt von revolutionärer Unrast, hielt er sich nirgendwo lange auf. Als politischen Aktivisten trieb es ihn quer durch Europa, überall dorthin, wo er die Möglichkeit fand, mit Kommunisten, Anarchisten, esoterischen Gottsuchern und Weltverbesserern zu diskutieren, zu konspirieren und gelegentlich auch zu spekulieren, denn als studierter Volkswirtschaftler war er auch in Finanzgeschäften und an der Börse durchaus kompetent. Wo immer er weilte oder nur für wenige Wochen und Monate gastierte, beeindruckte er vor allem durch seine starke persönliche Emanation, durch die Ausstrahlung seiner geistigen Energien und eine bestechende Überzeugungskraft.

Im Café Herrenhof hinterließ er nach jedem Aufenthalt ausreichend Stoff für viele durchdiskutierte Abende und halbe Nächte. Hier zählten Franz Werfel, Anton Kuh, dessen Schwester Nina, Otto und Gina Kaus, sowie etliche Psychoanalytiker mit ihrem Anhang zu seinen engeren Kontakten. Man akzeptierte seine radikale Gesinnung, ahnte seine konspirative Tätigkeit und nahm dies alles in Kauf, weil er überdies eine unerschöpfliche Informationsquelle über Vorgänge und Zusammenhänge auf politischem, wissenschaftlichem und literarischem Gebiet war.

Als eine der faszinierenden, im Hintergrund agierenden Figuren dieser bewegten Epoche, die noch bis in unsere Gegenwart weiterwirkt, als Treiber und Getriebener, als ein Stück Lava des umwälzenden Zeitgeistes gewissermaßen, erscheint mir dieses abenteuerliche Schicksal zugleich wie ein aufschlußreiches Lehrbeispiel, durch das die Dämonie einer unaufhaltsam in Bewegung geratenen Welt greifbare menschliche Konturen erhält.

Nach langen Jahren des Vergessens beginnt sich das Interesse an Franz Jung nun neu zu beleben. Ein Hamburger Verlag hat sich zu einer zehnbändigen Werkausgabe seiner Schriften entschlossen, von der einige Bände bereits vorliegen.

Unser Räuberhauptmann

Wir waren die „Räuber“ und Adolf Josef Storfer unser Räuberhauptmann. Daß wir uns und ihn so nannten, hatte außer dem Titel nichts mit Schillers Drama gemeinsam. Die geistigen Turbulenzen der Sturm- und Drangzeit lagen uns bei den gemeinsamen Streifzügen durch das nächtliche Wien ebenso ferne wie das pubertäre Pathos des deutschen Idealismus.

Räuber nannten wir uns bloß deshalb, weil wir manchmal das Bedürfnis hatten, aus der inzestuösen und sauerstoffarmen Atmosphäre des Literatencafés auszubrechen und uns „in die Wildnis“, das heißt auf die freie Wildbahn außerhalb der geschlossenen Welt des „Herrenhof“ zu begeben, sei es durch bloßen Lokalwechsel, durch Teilnahme an Veranstaltungen, oder den Besuch von Theatern, Kabaretts und anrüchigen Spelunken, kurz überall dorthin, wo sich das eigentliche, das „normale“ Leben abspielte.

Storfer war unersättlich in seiner Lebensneugier, in dem Bedürfnis, mit dem vitalen Alltag in Berührung zu kommen, sich „unter das Volk zu mischen“. Er war zwar erheblich älter als der Durchschnitt der „Räuberbande“, übertraf aber alle an geistiger und körperlicher Agilität, die er sich nach einer strapaziösen und abenteuerlichen Laufbahn bewahrt hatte.

Trotz dieser gelegentlichen Eskapaden war er dem Kaffeehaus als Lebensform stärker und intensiver als wir alle, weil schon seit frühesten Kindestagen, verbunden.

Einmal sagte er, er habe Mutterbauchgefühle, wenn er mehrere Stunden lang im Café sitze, so stark empfinde er das Erlebnis absoluter Geborgenheit.

Das hatte bei ihm biographische Gründe. Er war im Jahre 1888 in Siebenbürgen als Sohn eines wohlhabenden Holzhändlers geboren worden und hatte im fünften Lebensjahr seine Mutter verloren, die mit einem feschen Husarenoffizier durchgegangen war.

Seither war das Kaffeehaus sein Zuhause; hier erledigte der Vater seine Geschäfte, hier nahmen beide die Mahlzeiten ein, hier machte der Sohn seine Hausaufgaben für die Schule. Die Wohnung war nur zum Schlafen da.

Im Gymnasium von Klausenburg war der ungarische Revolutionär und spätere Vorsitzende der kommunistischen Räteregierung in Budapest Bela Kun sein Mitschüler. Er selbst gab bereits als Schüler eine sozialistische Wochenschrift heraus.

Nach zwei Semestern in Klausenburg setzte er seine Studien über Philosophie, Psychologie und vergleichende Sprachwissenschaft an der Universität Zürich fort. Dort erwachte sein Interesse an der Psychoanalyse. Er kam mit der „Frankfurter Zeitung" in Verbindung, an deren Feuilleton er mitarbeitete. Sein journalistisches Debut beging er 1913 mit der erfolgreichen Berichterstattung über die kurze Regentschaft des Prinzen Wilhelm zu Wied in Albanien.

1914 meldete er sich als Kriegsfreiwilliger an die Front, diente in einem Infanterieregiment als Reserveleutnant, erlitt eine Schußverletzung an einer Hand und benützte die Zeit im Lazarett zur weiteren Ausarbeitung seiner von Sigmund Freuds Thesen aufgewühlten Gedanken. Kurz darauf verfaßte er die psychoanalytische Studie „Der Vatermord" (1916 im Wiener Verlag Deuticke erschienen), nachdem er bereits mit einer Arbeit über „Marias jungfräuliche Mutterschaft" die Aufmerksamkeit und Anerkennung seines Meisters Sigmund Freud gefunden hatte. Es folgte eine Lehranalyse bei Sigmund Freud.

Seine Verehrung für den „Meister“ war von da an grenzenlos. Sie führte zu einer nahezu totalen Abhängigkeit in geistiger und seelischer Beziehung. Er wurde von der Internationalen Psychoanalytischen Vereinigung zum geschäftsführenden Direktor des neu gegründeten „Psychoanalytischen Verlags“ in Wien bestellt. Er zeichnete mit Sigmund Freud gemeinsam als Herausgeber mehrerer in diesem Verlag erscheinender Zeitschriften, und gründete selbst die Zeitschrift für „Psychoanalytische Pädagogik“, die er mit dem Rest einer Erbschaft von rumänischem Grundbesitz finanzierte. Seine Begeisterung für die Lehre Freuds war so groß, daß er bereit war, sein privates Vermögen dafür zu opfern.

Umso schmerzlicher war für Storfer die Enttäuschung, als Freud später verlangte, daß sein Sohn eine führende Stellung im Verlag übernehmen solle, obwohl Storfer aus sachlichen Gründen dagegen war.

Wie berechtigt Storfers Bedenken waren, zeigte sich viele Jahre danach, als dieser Sohn sich in England einiger krimineller Delikte schuldig machte und verurteilt wurde.

Aus Protest gegen die in seinen Augen an Nepotismus grenzende Forderung seines Abgottes, trat Storfer von der Leitung des Verlages zurück. Er geriet dadurch in finanzielle Bedrängnis. Bis dahin hatte er großzügig gelebt und viel Geld für Geselligkeit, aber auch zur Unterstützung von Bedürftigen ausgegeben.

Dieser Hang zu tätiger Caritas hatte eine originelle spielerische Facette. Von der mythischen Legende Pygmalions inspiriert, gefiel er sich in der Rolle des Professor Higgins aus dem gleichnamigen Lustspiel von Bernard Shaw, wenn er junge Mädchen, die auf die schiefe Bahn geraten waren, zu retten versuchte.

Bei diesen systematisch betriebenen Experimenten gabelte er mitunter kuriose Schicksale auf, die durch sein Eingreifen erstaunliche Wendungen nahmen.

So hatte er eines Sonntags im Wurstelprater ein ärmlich gekleidetes Strichmädchen angesprochen, die ihm durch ihr ausdrucksvolles Gesicht und ihre graziösen Bewegungen aufgefallen war. Sie war die Tochter eines kleinen jüdischen Milchhändlers in der Praterstraße und hatte neun Geschwister. Er nahm sich ihrer an, bestand darauf, daß sie ein normales Leben begann, und brachte sie als Haushaltshilfe bei einer bürgerlichen Familie unter. Daneben mußte sie stenographieren und maschinschreiben lernen.

Das aber war zuviel von ihr verlangt. Nicht ganz ein Jahr verbrachte sie als Bürokraft in einer Rechtsanwaltskanzlei, dann wurde sie gekündigt, weil die Zahl der begüterten Klienten, mit denen sie rückfällig wurde, zu groß geworden war.

Jetzt wurde sie erst richtig flügge. Sie fuhr nach Paris, wo sich ihre Spur für einige Zeit verlor. Später hörte man einmal, daß sie im Café Rotonde am Montparnasse, dann im Café Flore in einem Schwarm von Journalisten und Bohémiens unter dem wienerischen Kosenamen „Mitzi“ aufgetaucht sei, während sie im Café Herrenhof immer nur „Mischa“ gerufen worden war. Eines Tages kehrte sie nach Wien zurück als damenhafte Gattin eines um mehrere Jahre jüngeren französischen Journalisten.

Damit sah Storfer seine karitativ-pädagogische Mission an Mischa erfüllt.

Nicht immer endeten seine menschenformenden Aktivitäten mit einem solchen bürgerlich-saturierten Happy-End. Es gab auch Experimente, die mißglückten. In solchen Fällen blieb er dann oft viele Jahre lang ein hilfsbereiter und selbstloser Mäzen der Mädchen.

Bei seinem freiwilligen Ausscheiden aus dem Verlag stand er schon in vorgerücktem Alter und mußte sein freizügiges Leben plötzlich einschränken. Dank seiner bohèmehaften Neigungen fiel ihm diese Umstellung nicht allzu schwer. Aus dem luxuriösen Appartement, das er bisher bewohnt hatte, zog er zu seinem Freund, dem Schriftsteller Josef Kalmer, in das Haus Alserstraße Nr. 45. Sein Leben finanzierte er als freier Mitarbeiter an Zeitschriften und Zeitungen. Dabei entsann er sich der sprachwissenschaftlichen Studien, die er in seiner Jugend an der Züricher Universität als Nebenfach betrieben hatte, und kam auf die originelle Idee, die Entstehung und Herkunft deutscher Wörter und Redensarten auf leicht faßliche und amüsante Weise nachzuerzählen und dabei trotz seiner kombinatorischen Phantasie (er beherrschte fünf Sprachen) den wissenschaftlichen Anspruch aufrechtzuerhalten. Manche dieser „Wort-Biographien" klangen geradezu abenteuerlich.

Daraus entstand ein Buch, das unter dem Titel „Wörter und ihre Schicksale" (Atlantik-Verlag, Berlin 1935) ein so starker Erfolg wurde, daß zwei Jahre später ein zweites, ebenso lehrreich und spannend geschriebenes etymologisches Buch mit dem Titel „Im Dickicht der Sprache" (Verlag Dr. Rolf Passer, Wien) erschien.

Obwohl Storfer seiner jüdischen Herkunft wegen nach dem März 1938 von Verfolgungen bedroht war, zögerte er zunächst, Wien zu verlassen. Er war von den massenpsychologisch motivierten Vorgängen und Phänomenen, die sich auf den Straßen und Plätzen Wiens ereigneten, so fasziniert, daß er ungeachtet aller Warnungen darauf bestand, noch möglichst lange als Augenzeuge Erfahrungen für die Wissenschaft zu sammeln.

Er glaubte im Nationalsozialismus eine epidemisch auftretende religiöse Irrlehre, verwandt den chiliastisch-millenarischen Bewegungen des Mittelalters zu erkennen, also gewißermassen den Rückfall in eine dem Massenzeitalter angepaßte, verflachte und geistlose Variante dieser

Lehre, bei der die metaphysische Dimension durch den populären Rassismus ersetzt wurde.

So etwa stellte sich seine Zeitdiagnose dar. Er teilte sie mit manchen anderen Intellektuellen, denen das rationale Denkinstrumentarium der Soziologie oder die Deutung des Marxismus nicht ausreichend erschienen. Gedankengänge ähnlicher Art waren in manchen Zirkeln und Runden verbreitet, in denen man bemüht war, die noch unerforschten Tiefen des Zeitgeistes auszuloten.

Als bereits fast alle jüdischen Freunde Wien verlassen hatten, war Storfer immer noch da. Seine viel zu spät unternommenen Versuche, auf der enervierenden Wanderung von Konsulat zu Konsulat endlich ein Visum zu erhalten, waren alle fehlgeschlagen.

Im Spätsommer 1938 hieß es, daß demnächst der letzte Dampfer für Emigranten von Hamburg nach Shanghai abgehen werde. Storfer war völlig mittellos. Im allerletzten Augenblick gelang es seinen Freunden, das Geld für die Schiffskarte und das chinesische Visum aufzutreiben. Storfer reiste ab. Außer ein paar Ansichtskarten kam lange Zeit keine Nachricht von ihm.

Ein paar Wochen vor Kriegsausbruch langte ein großes Kuvert aus Shanghai ein. Es enthielt die erste Nummer einer Zeitschrift mit dem Titel „Gelbe Post“, als deren Herausgeber und Chefredakteur Adolf Josef Storfer angegeben war.

Storfer hatte ein wahres Wunder zustande gebracht. In einem kurzen Vorwort verwies er auf die großen technischen und finanziellen Schwierigkeiten bei der Herstellung dieser Zeitschrift. Sie wurde von chinesischen Arbeitern gesetzt, die nicht die geringsten Kenntnisse der deutschen Sprache hatten.

Später erfuhren wir von einem Diplomaten, daß der Financier der Zeitschrift nicht genannt werden wollte, weil er der Vertreter der „Adlerwerke“, einer deutschen Automobilfirma, war.

1. JAHRGANG 刊月半報黃 HEFT 3

GELBE POST

ERSCHEINT AM 1. UND 16. JEDES MONATS

SHANGHAI. 1. JUNI 1939

AUS DEM INHALT DIESES HEFTES:

Bodenbesitz in Shanghai

Das Leben der chinesischen Bauern

Die Sünde, pünktlich zu sein

Was geschieht mit Shanghai, wenn in Europa Krieg ausbricht?

Japanische Fischerei

Der Konsul und die Geisha

Emigrantenspitäler in Shanghai

Chinesische Ärztegeschichten

Ballett gegen das Opium

Sigmund Freud über den Judenhass

Silbergeld in China

Preis des Heftes in Shanghai 30 Cents

Einzelpreise anderwärts und Abonnementspreise auf der nächsten Umschlagseite

Daraus ergab sich der paradoxe Tatbestand, daß die von einem österreichischen Juden herausgegebene Emigrantenzeitschrift mit Geld aus dem Nazireich finanziert wurde. Storfer verstand es sehr gut, unter dem Deckmantel der Neutralität, der sich die Zeitschrift verschrieben hatte, zwischen den Zeilen auf subtile Weise seine antinazistische Haltung spürbar zu machen. Als Dank dafür, daß wir ihm zur Ausreise verholfen hatten, sandte er uns seine Zeitschrift auf dem Umweg über die Schweiz.

In ihrem dritten Heft konnte die „Gelbe Post" mit einer literarischen Sensation aufwarten. Sie brachte die erste umfangreiche Veröffentlichung über den Inhalt des neuen Buches von Sigmund Freud „Der Mann Moses und die monotheistische Religion", in der Freud seine Erkenntnise über die Entstehung des Christentums und die Motive des Antisemitismus darlegte. Wegen der kühnen Thesen, die er zu diesem Thema aufstellte, fand das Buch in der ganzen westlichen Welt sensationelle Beachtung.

Freud führt darin aus, daß die jüdische Religion im ägyptischen Monotheismus ihren Ursprung habe und durch einen vornehmen Ägypter namens Moses zu den Juden gebracht worden sei, als dieser sie aus Ägypten hinausführte. Zur Erklärung des Judenhasses führt Freud die Tatsache an, daß der Antisemitismus besonders in jenen Völkern grassiere, die erst in späthistorischen Zeiten Christen wurden und oft mit blutigen Mitteln dazu gezwungen worden waren. Man könnte sagen, sie seien alle „schlecht getauft". Unter einer dünnen Tünche von Christentum seien sie geblieben, was ihre Ahnen waren, die einem barbarischen Polytheismus gehuldigt hatten. Sie hätten ihren Groll gegen die neue, ihnen aufgedrängte Religion nicht überwunden und ihn auf jene Quelle verschoben, von der das Christentum zu ihnen gekommen war. Die Tatsache, daß die Evangelien eine Geschichte erzählen, die unter Juden und eigentlich nur von

Juden handelt, habe ihnen eine soche Verschiebung erleichtert. Ihr Judenhaß sei im Grunde Christenhaß.

Die Nummer der „Gelben Post“, in der diese kühnen Deutungen des greisen Sigmund Freud zum erstenmal in deutscher Sprache erschienen sind, trägt das Datum 1. Juni 1939.

Wir sorgten dafür, daß der erregende Inhalt dieses neuen Buches einem weiteren Kreis von Freunden zugänglich wurde. Unsere Freundin Bobby Löcker fertigte rund dreißig Durchschläge an, die von den Adressaten ihrerseits weitergereicht wurden, so daß angenommen werden kann, daß mehrere hundert Menschen im nationalsozialistischen Deutschland davon Kenntnis erhielten.

Einige Exemplare der „Gelben Post“ bewahre ich heute noch als besonders kostbare Rarität auf.

Bald nach dem Erscheinen der dritten Nummer der „Gelben Post“ wurde Shanghai von den Japanern besetzt. Auf einem englischen Schiff gelang es Storfer in letzter Minute, nach Australien zu entkommen.

Vergeblich hatte er prominente Psychoanalytiker in Amerika um Hilfe gebeten. Als ein „Abtrünniger“ des Meisters war Storfer für dessen orthodoxe Anhänger suspekt geworden. Er blieb ohne Antwort.

In Australien fand er eine Stellung als Hilfsarbeiter in einer Knopffabrik. Dann versagte sein Herz. Er starb am 2. Dezember 1944.

Marquis Prosa

Schon in der Mittelschule hatte ich als eifriger Leser der liberalen Wiener Tageszeitung „Der Tag“ den Kritiker Alfred Polgar bewundert. Er rangierte für mich noch vor dem gleichfalls respektierten Kritiker Oskar Maurus

Fontana. Im Jahre 1927 als Reporter an die „Wiener Allgemeine Zeitung“ engagiert, lernte ich im „Herrenhof“ Polgar persönlich kennen. Er gratulierte mir zum Engagement, erzählte, daß er in der gleichen Redaktion als Gerichtssaalreporter und Parlamentsberichterstatter begonnen habe.

Großen Eindruck schien ich damals nicht auf ihn gemacht zu haben, denn er verwechselte mich bald darauf mit Friedrich Torberg, indem er mir zu dem Roman „Der Schüler Gerber“ gratulierte. Durch diesen faux-pas prägte ich mich seinem Gedächtnis ein und durfte ihn später manchmal in seiner Wohnung besuchen. Es war ein Atelier in der Stallburggasse, das im puritanischen Stil des Architekten Adolf Loos eingerichtet war, mit englischen Stühlen und bequemen Fauteuils. An der Wand hingen Bilder und Zeichnungen zeitgenössischer Maler, vom Plafond das Modell eines wunderschönen Segelschiffes.

Im gleichen Haus wohnten die gefeierte Operndiva Maria Jeritza, der Dichter Hugo von Hofmannsthal und der damalige österreichische Bundeskanzler Engelbert Dollfuß. Alfred Polgar lebte in einem noblen, aufwendigen Stil, der mit der üblichen Gage eines Redakteurs kaum zu vereinbaren war. Erst später erfuhr ich, daß Polgar über einige Mäzene verfügte, die immer wieder bereit waren, seine Schulden zu bezahlen. Zu seinen splendiden Unterstützern zählten der Verleger Ernst Rowohlt und der ungarische Dramatiker Franz Molnár, dessen Vorstadtlegende „Liliom“ von Polgar so großartig ins Wienerische transponiert wurde, daß das Stück von Wien aus über die Bühnen der ganzen Welt ging.

Molnár hat Polgar mit einer einmaligen Abfindung dafür bezahlt, aber später freiwillig immer wieder großzügige Beträge hinzugefügt. Polgar hat dann noch viele andere Stücke Molnárs bearbeitet, die Dialoge mit seinem

Sprachwitz gewürzt und damit zu ihrem großen Erfolg wesentlich beigetragen.

Auch Max Pallenberg, Fritzi Massary und der Schriftsteller Karl Vollmöller sind oft für seine Schulden aufgekommen. Im Café Herrenhof genoß Polgar den Ruf eines großen Lebenskünstlers. Neben Bewunderung gab es freilich auch Neid. Wegen der Kürze seiner Feuilletons bezeichnete man ihn als „Meister der kleinen Form". Molnár veranlaßte dies zu der Formulierung: „Polgar kommt mir vor wie ein Schnelläufer, der einen Streckenrekord über fünf Meter gewinnt".

Es sprach sich herum, daß Polgar seine geistreichen Prosastücke ebenso wie Friedell mit Hilfe eines Zettelkastens schrieb, der aus zahlreichen Pointen und Witzen bestand, die ihm bei Gesprächen im Kaffeehaus einfielen und nach penibler stilistischer Ausfeilung in seinen Kritiken und Feuilletons aufschienen.

Als wir einmal an unserem Stammtisch über Polgar diskutierten und nicht nur seine elegante Prosa bewunderten, sondern auch seine exquisiten Anzüge aus dem teuersten Schneideratelier Wiens, bemerkte Anton Kuh: „Polgar sieht nicht aus wie ein englischer Lord, sondern wie der Besitzer eines eleganten Herrenmodengeschäftes am Graben, der sich bemüht, wie ein englischer Lord auszusehen." Er war es auch, der ihn schließlich zum „Marquis Prosa" ernannte.

Ganz die Mama

Ein eifriger Besucher des Café Herrenhof war Friedrich Strindberg. Er stammte aus der Ehe August Strindbergs mit der Österreicherin Frida Uhl.

Söhne berühmter, schöpferisch erfolgreicher Väter haben es, wie viele Beispiele zeigen, nicht leicht, sich im Leben zurechtzufinden. Es scheint, als hole die Natur sich den Überschuß an Talent und Lebenskraft, den sie den Vätern zuteil werden ließ, von den Kindern wieder zurück. Ein bemerkenswertes Beispiel dieses genealogischen Phänomens war Friedrich Strindberg.

Er lebte einige Jahre als Journalist in Wien und nahm gelegentlich an unserer Loge teil. Als eines Abends das Gespräch auf seinen Vater kam, bat er überraschend, das Thema zu wechseln. Er werde zu oft darüber befragt, meinte er entschuldigend. Bei einer späteren Gelegenheit stellte er fest, daß er zwar urkundlich berechtigt sei, den Namen seines berühmten Vaters zu führen, da er noch vor der Scheidung seiner Eltern geboren wurde. Sein wirklicher Vater sei jedoch der Dramatiker Frank Wedekind. Dies habe ihm seine Mutter mitgeteilt, als er schon erwachsen war. Tatsächlich hatten seine Gesichtszüge starke Ähnlichkeit mit denen Wedekinds.

Auf die Frage, welchen der beiden Schriftsteller er für den wahren Vater Friedrich Strindbergs halte, antwortete Anton Kuh kurz und schlüssig:

„Friedrich Strindberg? — Er ist ganz die Mama!“

Zwischen Kahlenberg und Omar-Moschee

Abseits vom großen, durch ein Glasdach erhellten Mittelsaal, dem eigentlichen Zentrum des literarischen Treibens, tagte in einem dämmrigen Nebenraum die Stammtischrunde des Schriftstellers Leo Perutz (1884-1957). An den Längsseiten des Tisches war Platz für je zwei bis drei Personen, so daß der an der Tête Sitzende optisch in den Rang eines Vorsitzenden geriet.

Leo Perutz genoß diese Würde sehr bewußt. Pharao

gleich, saß er aufrecht und steif, den Rücken eng an die Stuhllehne gedrückt, mit rechteckig geknickten stämmigen Beinen, nahezu bewegungslos. Die Arme lösten sich aus dieser Haltung nur dann, wenn er zur Teetasse griff.

Dieser hoheitlichen Attitude entsprach seine Strenge bei der Auswahl der wenigen „zugelassenen“ Tischgenossen.

Dazu gehörten der Romancier und Lustspielautor Paul Frank als Mitverfasser seines Buches „Das Mangobaumwunder“, der Lyriker Josef Weinheber, der schriftstellernde Rechtsanwalt Walter Rode, Verfasser des Buches „Deutschland ist Caliban“, der Burgschauspieler Otto Schmöle, der Verleger E. P. Tal und der Reiseschriftsteller Arnold Höllriegel.

Fluktuierende Gäste gab es nur selten an seinem Tisch, die Auswahl unterlag strengen Voraussetzungen, die nach charakterlichen Eigenschaften, Persönlichkeitswerten und nach dem Bildungsgrad gemessen wurden.

Ein bis zwei Nachmittage der Woche waren für die Wissenschaft reserviert. Anstelle der erwähnten Stammgäste saßen Historiker (unter anderem Karl Tschuppik), Philosophen, Physiker, Mathematiker am Tisch. Es wurde über Politik, höhere Mathematik, Philosophie (Positivismus) und Zahlenmystik diskutiert.

Arnold Höllriegel hatte sich bei Perutz dadurch beliebt gemacht, daß er eine der zahlreichen rufmörderischen Skandalaffären, mit denen das berüchtigte Boulevardblatt „Die Stunde“ hemmungslosen Leserfang betrieb, zum Anlaß nahm, in die Redaktion zu eilen, um dort, mit einer Hundepeitsche bewaffnet, die schuldigen Journalisten zu züchtigen.

„Die Stunde“ hatte sich von einer kritischen Glosse Höllriegels betroffen gefühlt und damit gerächt, daß sie gewisse feminine Merkmale in Höllriegels Physiognomie zum Anlaß nahm, ihn als Hermaphroditen lächerlich zu machen. In einer Lokalnotiz hatte „Die Stunde“ vermerkt, man habe Höllriegel kürzlich dabei ertappt, wie er „mit sich selbst“ in ein Stundenhotel ging.

Wenige Tage später wurde in dem Bericht über einen gesellschaftlichen Empfang unter den prominenten Anwesenden ein „Herr Richard A. Bermann“ und daneben in Klammer (Er und Sie) angeführt.

Höllriegels Hundepeitsche blieb zwar unbenützt, weil keiner der anwesenden Redakteure sich zu der Missetat bekennen wollte, dennoch wurde Bermann-Höllriegel als heldischer Rächer seiner Ehre im „Herrenhof“ gefeiert.

Diese Art der Konfliktaustragung widersprach zwar dem grundsätzlich elastischen Ehrenkodex herrenhöfischer Lebensführung, doch billigte man Perutz in dieser Hinsicht eine Ausnahmestellung zu. Ein tätliches Rencontre mit seinem Rivalen Otto Soyka hatte ihn schon längst in den Ruf eines Mannes gebracht, der eine schnelle Hand beim Austeilen wohlgezielter Ohrfeigen führe.

Der Konflikt mit Otto Soyka hatte seine Ursache in einem Spiel, an dem sich fast alle Runden des Café Herrenhof beteiligten. Von der Feststellung ausgehend, daß fast jeder Mensch physiognomisch einem bestimmten Tier ähnlich sei, sollte man sich gegenseitig sagen, welcher Tiergattung man angehöre. Daraufhin kursierte im „Herrenhof“ der Ausspruch: „Der Soyka ist das Tier vom Perutz und Perutz ist das Tier vom Soyka“.

Perutz vermutete in seinem literarischen Erbfeind Soyka den Urheber des Spruches, eilte auf ihn zu und versetzte ihm eine schallende Ohrfeige. Nur mit Mühe gelang es dem Kellner, die Streithähne zu trennen.

In engeren freundschaftlichen Kontakt mit Perutz kam ich erst nach dem Krieg. Er war 1938 nach Palästina emigriert, aber dort nicht glücklich geworden. Bis zu seinem Tod (1957) verbrachte er die Frühjahrs-, Sommer- und Herbstmonate in Wien oder in Bad Ischl, der einstigen

Sommerresidenz Kaiser Franz Josephs. Er bezeichnete sich als „weltanschaulicher Altösterreicher" und lebte mit seinen Gefühlen und Gedanken in der Vergangenheit. Über die Neuordnung Mitteleuropas durch die Siegermächte war er unglücklich, er betrachtete sie als unnatürliche, erzwungene Ordnung. Ähnlich wie Joseph Roth sah er in der Zerstörung der Habsburgermonarchie die Wurzeln allen Unheils.

Jahre nach dem Krieg, im Herbst 1954, erschien er wieder im „Herrenhof". Hier hatte sich ein kümmerlicher Rest einstiger Herrenhofianer um den aus Amerika zurückgekehrten Friedrich Torberg versammelt. Man traf sich in den frühen Nachmittagstunden, nicht mehr am Abend wie einst. Diesem Kreis gehörten Alexander Lernet-Holenia, Ministerialrat Alexander Inngraf, Dr. Alexander Hartwich (damals Präsident der Österreichischen Ärztekammer), die hochgebildeten Literaturhabitues Marcel Faust und Peter Heller, Heimito von Doderer, der Germanist Prof. Heinz Politzer (soferne er in Wien zu Gast war), der Kunsthistoriker Dr. Ludwig Münz und der Verfasser an.

Um ein Dezennium älter, in den Anschauungen um ein Säkulum konservativer geworden, vertrat Perutz seine philosophischen und geschichtlichen Thesen nicht mehr mit der gewohnten, häufig arrogant wirkenden Unbeirrbarkeit und Insistenz von einst, als er noch den Vorsitz an seinem Stammtisch innehatte. Bei heiklen Gesprächen über Politik und sonstige bedrohliche Entwicklungen zog er vor, sich genüßlich in den Schlupfwinkeln alter anekdotischer Weisheit zu verbergen.

In den letzten Jahren seines Lebens schrieb er an einem seiner schönsten Bücher „Nachts unter der steinernen Brücke". Eine gefühlvoll erzählende Prosa, geflochten aus Wehmut, Weisheit und Sehnsucht, eine Wanderung durch das „Praga caput regni" des kaiserlichen Mystikers

Rudolf II., des legendären Rabbi Löw und seiner Ghettojuden.

Sein Daseinsproblem, so meinte Leo Perutz zu einem Freund, wäre erst dann gelöst, „wenn ich ein Haus besäße, von dessen vorderen Fenstern ich immer auf die Omarmoschee und von dessen hinteren Fenstern ich auf den Wiener Kahlenberg blicken könnte“.

Der letzte Kavalier und Grandseigneur

Kaum einer von den zahlreichen Schriftstellern, Künstlern oder sonstwie dem Geistesleben schöpferisch oder rezeptiv verbundenen Stammgästen des Café Herrenhof fiel so sehr aus der allgemein üblichen Klischeevorstellung vom Habitus eines Intelektuellen oder gar eines Bohémiens wie der Dichter Alexander Lernet-Holenia. Mit seiner schmalen, schlanken, hochgewachsenen Erscheinung, der lässig eleganten Kleidung, der strammen Haltung stand er in schroffem Kontrast zum Durchschnitt der nervös-betriebsamen oder kontemplativ in Gespräche versunkenen Typen, die das „Herrenhof“ bevölkerten: Ein „ritterlicher Poet“, ein „letzter Kavalier und Grandseigneur“ hatte sich in die wildweidende Herde wichtigtuerischer Kaffeehausliteraten und Journalisten verirrt. Diese nobilitierenden Prädikate nahm er hin, als hätte er legitimen Anspruch darauf. Legitim vor allem deshalb, weil er sie durch seine persönliche Erscheinung sinnfällig und überzeugend repräsentierte.

Er war ein Herr. Er war es in seiner inneren und äußeren Statur und er hatte keine Scheu, als solcher antiquiert zu wirken. Man mußte ihn bloß sehen, wenn er sich in seinem eigentlichen gesellschaftlichen Rahmen bewegte, wie er, der Kavallerieoberleutnant des Ersten Weltkrieges mit dem Dackel an der Leine über den Michaelerplatz auf Kohlmarkt und Graben zuschritt, die Nobel- und Präsentationsstraßen im Weichbild der einstigen kaiserlichen Metropole, die damals noch Schauplatz des täglichen Korsos waren, wo sich Wiens Hautevolée ihr Stelldichein gab.

Daß er auch in dem glanzlos demokratisierten Getriebe des turbulenten Großstadtverkehrs auffiel, hatte er nicht zuletzt seinem frühen Ruf als erfolgreicher Dramatiker, Kleistpreisträger und Verfasser von vielgelesenen, brillant geschriebenen Romanen zu verdanken.

Von diesem Nimbus zeigte er sich kaum berührt. Wie er es überhaupt verstand, von Menschen und Ereignissen, von den sogenannten Realitäten des Alltags, gebührenden Abstand zu halten.

Er gab viel auf Distinktion.

Doch wenn ihm dies aus irgendeinem Grund — und war der Anlaß noch so gering — nicht gelang, dann kam es mitunter zu Zornesausbrüchen von der Naturgewalt eines tektonischen Bebens. Vermittlungsversuche bei solchen Eruptionen blieben so lange wirkungslos, bis die sich mitunter sogar in Tätlichkeiten entladenden Affekte durch natürliche Abschwächung von selbst wieder abflauten. Hin und wieder überkam ihn eine infantil-bösartige Lust, Streit und Händel zu provozieren oder mit fintenreicher Phantasie im eigenen Freundes- oder Bekanntenkreis durch Verbreitung dubioser Gerüchte und anonymer Briefe Verwirrung zu stiften und Konflikte anzuzetteln. Dieses intrigante Spiel betrieb er mit sportlichem Eifer so weit, bis seine üble Laune befriedigt war.

Behörden und Zeitungen bombardierte er mit Zuschriften und Leserbriefen, wenn ihm etwas nicht paßte, egal ob es seine persönlichen Interessen oder die Öffentlichkeit betraf. Oft waren diese Briefe gespickt mit beleidigenden Sottisen und vagen Behauptungen, doch ebenso oft waren es blendend stilisierte und meisterhafte satirische Miniaturen. Von seinem Zorn mußte man das Schlimmste befürchten, von dem Zwiespalt und der Doppelbödigkeit seines Wesens waren Überraschungen im Guten wie im Bösen zu erwarten.

Er war ein konservativer Rebell, ein Widerspruch in sich selbst. Noch verschärft durch seine emotionelle Anfälligkeit und durch häufigen Wechsel seiner Anschauungen und Verhaltensweisen, wirkte sich diese Labilität und Unberechenbarkeit dank seiner launenhaften Bewertung von Menschen, Dingen oder Institutionen im persönlichen Verkehr oft peinlich aus.

Im Grunde sah er alles, unter dem Blickwinkel des Nutzens und Schadens, auf seine eigene Person bezogen. Fühlte er sich bedroht, dann schlug er wild um sich, von maßlosem Zorn überwältigt. Als ihn einmal ein Straßenarbeiter im Vorbeigehen versehentlich mit der Schaufel beschmutzte, stürzte er sich wie ein Rasender auf den Mann und traktierte ihn mit den Fäusten. Passanten stellten ihn zur Rede, es kam zu einer Rauferei, die erst endete, als die Polizei kam.

In einer seiner chaotischen Anwandlungen schrieb er wegen einer selbstverschuldeten Steueraffäre im Blitztempo ein Pamphlet gegen den Finanzminister in Romanform („Das Goldkabinett"). In die dubiose Skandalgeschichte, die sich in hohen Wiener Adelskreisen um einen entlehnten Familienschmuck abspielte, griff er nicht nur mit einem raffinierten Enthüllungstrick ein, sondern er gestaltete sie zu einem Kolportageroman („Die vertauschten Briefe").

In den Sechzigerjahren erregten die Memoiren des Schweizer Juwelenhändlers Alphonse de Sondheimer großes Aufsehen, der darin das abenteuerliche Schicksal der österreichischen Kronjuwelen erzählte, in das Mittelsleute Kaiser Karls auf verdächtige Weise verwickelt gewesen waren. Das Buch, das in packender Weise die Vorgänge bei der Abdankung des Kaisers schildert, war von einem zünftigen Schriftsteller, der nicht genannt wurde, im Auftrag Sondheimers geschrieben worden.

Es besteht für mich kein Zweifel, daß Lernet Holenia dabei in irgendeiner Weise seine Hand im Spiel gehabt hat. Als ich ihm meine Meinung auf den Kopf zu sagte, antwortete er bloß mit einem Achselzucken. Tags darauf schickte er mir das Buch mit dem geheimnisumwitterten Titel „Vitrine XIII" mit der augenzwinkernd geschriebenen Widmung: „Ich habe es nicht gewollt", unterschrieben: „Franz Joseph" und „Alexander" . . .

Aber hinter dieser Neigung zu Verdunkelungen und Aggressionen verbarg sich ein überaus sensibler Geist, ein ehrfürchtiger Diener des Wortes, ein vollendeter Meister im delikaten Umgang mit der Sprache, der Gedichte schrieb, die zu den schönsten und gewaltigsten im gesamten lyrischen Schaffen seiner Generation zählen.

Romane wie „Die Standarte", „Die Abenteuer eines jungen Herrn in Polen", „Der Baron Bagge", „Die beiden Sizilien" sind Werke hohen Ranges, die sich durch einen faszinierenden Stil, stupende Phantasie und Gedankenfülle auszeichnen.

In nahezu jedem seiner Romane gibt es in sich geschlossene, dreißig, vierzig Seiten lange Prosastücke, die den berühmtesten Werken der Weltliteratur gleichzusetzen wären, wie etwa der Krebsenzug in „Mars im Widder", die Wiederaufnahme des Pilatus-Prozesses durch heutige Priesteranwärter im „Graf von Saint Germain" oder der Brief des Oberleutnants Silverstolpe in „Beide Sizilien". Ein Verleger müßte sich finden, der alle diese höchstrangigen Meisterstücke in einem Band zusammenfaßt: Es wäre ein Buch, das in keiner Hausbibliothek fehlen dürfte. So manche seiner Gedichte aus der „Goldenen

Horde“ kommen nahe an die einsame Höhe des „Dreikönigszugs“ und des Hymnus „An Christus“ heran.

Bei allem, was er geschrieben hat, ist seine Autorenschaft schon nach wenigen Zeilen erkennbar. Der Rhythmus seiner Sprache, seine kunstvoll verschlungenen Satzperioden sind an den lateinischen Klassikern, an Klopstock und Kleist geschult und zu einer spezifisch Lernetschen Ausdrucksweise hochgezüchtet.

In seinem phänomenalen Gedächtnis, das er sich bis ins hohe Alter bewahrte, behielt er seitenlange Passagen aus Klopstocks „Messias“ und zahlreiche seiner Lieblingsgedichte von Goethe, Mörike, Claudius, Rilke und Gottfried Benn, mit dem er freundschaftlich verbunden war.

Auf Wanderungen in den Bergwäldern des Salzkammergutes rund um St. Wolfgang pflegte er öfters stehen zu bleiben und solche Gedichte in gedämpftem, ehrfürchtigem Tonfall zu rezitieren. Er tat dies stets mit Andacht und so starker innerer Anteilnahme, daß es dem lauschenden Gefährten schien, als würden diese alten, wohlvertrauten Texte von innen heraus neu zu leuchten beginnen und auf wunderbare Weise einen ungeahnten Sinn erhalten. Es waren feierliche Augenblicke, in denen er, der Schwierige, der sonst leicht aus der Balance geriet, zu innerer Ruhe und Ausgeglichenheit fand.

Wie ein Schatten lag auf seinem Wesen ein ganzes Leben lang die Ungewißheit über seine Herkunft. Das Geheimnis seiner Identität hat er mit geradezu manischer Hartnäckigkeit in Form seitenlanger genealogischer Betrachtungen und spekulativer Hinweise auf familiäre Zusammenhänge abgewandelt. Er schloß dabei auch die Götterwelt, die Sagen der griechischen Kroniden und Titanen mit ein, ebenso wie aus seiner genauen Kenntnis der „Edda“ die germanischen Mythen, von Wotan abwärts, dessen Enkel, Neffen und Nichten er alle namentlich aufzählen konnte. Sie alle gingen in seine Gedichte und Romane ein, sie belebten seine Gespräche über geschichtliche und religiöse Themen.

Auf einem unserer vielen gemeinsamen Spaziergänge berührte er einmal das Thema der Vaterschaft mit der überraschenden Mitteilung, daß sein legitimer Vater, der Linienschiffsleutnant der k. u. k. Kriegsmarine Lernet, wahrscheinlich von dem französischen Königshaus Anjou abstamme. Genealogische Nachforschungen rechtfertigten angeblich diese Vermutung. Ebenso wie sein Vater habe auch er selbst am unteren Teil seines Rückens eine seltsame kreisförmige Pigmentveränderung, den sogenannten „Anjoufleck", ein Merkmal, das sich auch an Bastarde vererbe.

Damit war das Stichwort gefallen, das ihn veranlaßte, ähnlich wie in seinen Romanen Leben und Schicksale von Bastarden zu erörtern, die ja auch in den Königsdramen Shakespeares eine so wichtige Rolle spielen. Ein namhafter Historiker, der sich speziell mit der habsburgischen Familiengeschichte befaßte, habe ihm erzählt, daß die habsburgischen Kaiser und Erzherzöge auffallend viele uneheliche oder außereheliche Kinder gezeugt hätten.

Von Trägern des Namens „Österreich" oder „Österreicher" sei mit großer Wahrscheinlichkeit anzunehmen, daß sie illegale Abkömmlinge des kaiserlichen Hauses seien. Kaiser Franz Joseph habe als Oberhaupt der Familie Habsburg verlangt, daß ihm alle derartigen Fälle gemeldet würden und daß für solche Nachkommen materiell entsprechend gesorgt werden müsse. Diese Tradition bestehe seit Jahrhunderten. Es wäre also durchaus denkbar, daß etwa der Schauspieler Axel von Ambesser, der eigentlich Axel von Österreich heiße, ohne es zu wissen, ein habsburgischer Abkömmling sei. Die Ahnenreihe wäre ja über den Urgroßvater hinaus niemals genau zu verfolgen.

Lernets Mutter hat sich ihm gegenüber niemals über diesen Punkt geäußert. Sie war eine in erster Ehe verwitwete Baronin Boyneburgk und hatte als geborene Holenia über ein großes Vermögen verfügt. Sie stammte aus einer alten reichen Familie, die in Bleiburg seit dem 18. Jahrhundert Bergbau betrieb. Sie war eine schöne, attraktive Dame, die an ihrem Sohn wenig Interesse hatte und ihn als Kind in einem Internat in Waidhofen an der Ybbs unterbrachte. Lernet, der während seiner gesamten Mittelschulzeit Vorzugschüler war, schrieb schon vor der Matura zahlreiche Gedichte, die an Rainer Maria Rilke weitergeleitet und von diesem mit anerkennendem Lob bedacht wurden.

Seine Erfolge als Dichter, Schriftsteller und Dramatiker führten ihn schnell aufwärts zu frühem Ruhm. Für sein Erstlingsstück „Ollapotrida" erhielt er von Bernhard Diebold den gewichtigen Kleistpreis.

Seine Mutter, deren gesellschaftlicher Verkehr sich auf die Schickeria von Graz beschränkte und die nur gelegentlich Zeitungen, kaum jemals aber Bücher las, erfuhr davon beim Bridgespiel. Sie besuchte den Sohn bald darauf in der Villa in St. Wolfgang, die sie ihm zur Verfügung gestellt hatte.

Es entwickelte sich, wie Lernet mir erzählte, folgender Dialog zwischen Mutter und Sohn: „. . . Ich habe gehört, du schreibst Bücher . . . ich habe mir eines ausgeborgt und gelesen (Pause), es war ganz interessant, aber sag mir, warum schreibst du nicht lieber so wie der Goethe?"

Das war das erste und letzte Mal, daß zwischen den beiden über Literatur gesprochen wurde.

Doch auch über das Thema der Vaterschaft wurde niemals gesprochen. Sie nahm die Wahrheit mit in ihr Grab, auf dem Friedhof von St. Wolfgang.

In den letzten Jahren seines Lebens sprach Lernet kaum mehr über Genealogie, Abstammung, Ahnen und Erbe. Suchen und Denken auf den labyrinthischen Wegen seiner Phantasie kamen zur Ruhe. Aus Gesprächen mit der Familie, aber auch aus seinen eigenen Äußerungen wurde deutlich, daß sein Vater mit großer Gewißheit Erzherzog Karl Stephan war, der Bruder des Erzherzogs Eugen und Nachkomme des Siegers über Napoleon in der Schlacht bei Aspern.

Die Nebelwand von Gerüchten und Legenden um seine Abkunft wird jedoch fortbestehen, er selbst hat sich darüber niemals eindeutig und klar geäußert. Sollte er dennoch seine wahre Abkunft gekannt haben, ruht dieses Wissen gleichfalls mit ihm im Grabe.

Eine zweite Heimat

Hilde Spiel bedarf keiner nachrühmenden Erläuterungen. Als engagierte Kritikerin, Essayistin, Herausgeberin, Übersetzerin, auch als Autorin des ausgezeichneten diskursiven Emigrantenromans „Lisas Zimmer" ist sie erfolgreich präsent. Schon damals , in den frühen Dreißigerjahren, als sportlich-attraktive Absolventin der „Schwarzwaldschule" zu freiem Denken erzogen, galt sie im „Herrenhof" als vielversprechende Literaturdebütantin.

Dankenswerter Weise gab sie mir briefliche Auskunft über ihre Jugendjahre im „Herrenhof":

„. . . Ich bin etwa mit siebzehn oder achtzehn Jahren ins „Herrenhof" gekommen, das ja im selben Häuserblock lag, an dessen Rückseite, in der Wallnerstraße Nr. 9, auf den oberen Stockwerken die Schwarzwaldschule untergebracht war. Wahrscheinlich kam ich durch den Fritz Thorn und den Torberg hin, die ich beide, Torberg noch als Kantor[1], als Wasserballer im Dianabad, durch die damalige Meisterschwimmerin Maria Puchberger, jetzige Baronin Ditfurth, ein oder zwei Jahre früher kennengelernt hatte.

Im „Herrenhof", das sehr bald zu einer zweiten Heimat wurde und in dem ich sehr häufig nachmittags oder abends saß, wenn ich nicht Ski fuhr oder im Schwimmklub trainierte, das ich vor allem (und zwar im zweiten, großen Saal) mit Thorn, mit Torberg, wann immer er in Wien war, mit Ernst Stern, dem Zeichner, Ringer und Privatphilosophen, mit Ernst Polak, der — obwohl wesentlich älter — gleich mir bei Moritz Schlick studierte, und mit Peter Hammerschlag, der mir jede Woche einen Schilling meines fünf Schilling betragenden Taschengeldes abnahm, als Tribut an seine verspätete Peter Altenberg-Existenz: Wie P. A. hatte er begüterte Eltern.

Andere Menschen, die an den Tisch kamen, waren Gustav Grüner, der Sohn Alfred Adlers (jetzt selbst Psychotherapeut in Amerika) mit seiner Freundin Lili Eltbogen, der Witzbold und Zuhälter Stappler, dieser oder jener Frischauer. Robert Neumann, der mein erstes Buch zu Zsolnay gebracht hatte, holte mich manchmal im „Herrenhof" ab. In einiger Entfernung habe ich den berühmten Dr. Sperber und Alexander Lernet-Holenia gesehen. Außerdem kam gelegentlich meine Freundin Annie Gadol ins „Herrenhof", die einen Kommunisten namens Manjo Peczenik heiratete, mit ihm emigrierte, vom Widerstand in Frankreich illegal nach Wien geschickt, entdeckt, verhaftet und kurz vor Kriegsende am Morzinplatz hingerichtet wurde."

[1)] Sein ursprünglicher Name lautete Kantor. Aus dessen zweiter Silbe und Berg, dem Mädchennamen seiner Mutter, entstand der nordisch anmutende Name des Schriftstellers Torberg.

Daran knüpft sich eine heiter rektifizierende Anekdote, die sich in der Botschaft des Königreiches Dänemark, bald nach Torbergs Rückkehr aus New York nach Wien, abspielte: Zu dem ersten offiziellen Empfang eines für Wien neubestellten Botschafters war die gesamte

Wiener Kulturprominenz geladen. Der Presseattaché stellte Seiner Exzellenz die nacheinander eintreffenden Repräsentanten des Wiener Geisteslebens namentlich vor. Als Torberg seine Verbeugung machte, fiel der Gattin des Botschafters der Namen anheimelnd auf: „Torberg", wiederholte sie, „der Name kommt auch in Dänemark häufig vor. Stammen Sie vielleicht aus Skandinavien?"

Ohne zu zögern stellte Torberg höflich bedauernd fest: „Es tut mir leid, Exzellenz, ich muß Sie enttäuschen. Meines Wissens stammt meine Familie aus Böhmen. Es sei denn, einer meiner Vorfahren wäre Schiffsrabbiner bei den Wikingern gewesen!"

Der Vorfall ist dem Leben und nicht der „Tante Jolesch" entnommen.

Rudolf Steiners Apostat

Bei der Rekonstruktion von Erlebnissen und Begegnungen mit Menschen, die für die Atmosphäre des „Herrenhof" charakteristisch oder bestimmend waren, traten auch Persönlichkeiten aus der Erinnerung hervor, die keineswegs zu den täglich Anwesenden zählten, sondern oft für längere Zeit, manchmal Jahre hindurch, abwesend waren, und die dennoch von den angestammten Herrenhofianern als vollwertige Mitglieder betrachtet wurden, weil sie auch in ihrer Abwesenheit als präsent empfunden wurden.

Zu ihnen zählte Ernst Wagner. Er war Bildhauer, Maler, Schriftsteller, Kulturphilosoph und Pädagoge zugleich, was besagen soll, daß bei seiner jeweiligen Betätigung auf einem dieser Gebiete die anderen Talente keineswegs brach lagen.

Er begann als Bildhauer. Der Aufenthalt auf einer dalmatinischen Insel mit ihrem Farbenreichtum brachte die Hinwendung zur Malerei, doch seine Vergangenheit als Plastiker ging in seinem malerischen Werk niemals verloren. Seine künstlerische Vielseitigkeit drängte auch zu sprachlichem Ausdruck. Er hatte zu allen schöpferischen Disziplinen Grundsätzliches zu sagen, wußte sie zu deuten und ihre Zusammenhänge mit der Welt des Geistes aufzuzeigen. Triebhaft brach sein Bedürfnis durch, zu lehren, sich jungen Menschen mitzuteilen. Er unterrichtete an der Kunstgewerbeakademie in Dresden (1929 bis 1936), wirkte an dem Lyzeum Eugenie Schwarzwalds in Wien und trat mit zahlreichen Vorträgen in fast allen Ländern Europas hervor.

In Dresden fand seine Lehrtätigkeit ein gewaltsames Ende. 1935 hatte er unter dem Titel „Wagemut im Schatten" ein kämpferisches Buch veröffentlicht, das einem Hymnus auf die als „entartet" gebrandmarkten Künstler gleichkam. Auch sonst war er als „höchst verdächtig und unerwünscht" aufgefallen. Die Veröffentlichung des Buches führte zu seiner fristlosen Entlassung. Es folgten Reisen mit längeren Aufenthalten in England, Frankreich, Italien und München.

Seine ganze Lebenshaltung, seine geistige Verwurzelung in religiösen Bereichen sowie seine Kunstauffassung standen in krassem Widerspruch zum Nationalsozialismus. Den stärksten Einfluß auf seine geistige Entwicklung hatte der Begründer der Anthroposophie Rudolf Steiner, dem er in seinen frühen Jahren persönlich eng verbunden war. Es kam zu einer längeren Zusammenarbeit mit ihm. Die Entwürfe für die Fenster des „Goetheanums" in Dornach stammen von Ernst Wagner. In seinen unveröffentlicht gebliebenen Memoiren schildert er in fesselnder Weise die Persönlichkeit Rudolf Steiners. Daß Steiner ein Hellseher war und die Fähigkeit besaß, übersinnliche Phänomene wahrzunehmen, davon war Wagner fest überzeugt, auch später, nachdem er sich aus dem Bannkreis Steiners gelöst hatte und aus kritischer Distanz über ihn urteilte.

Es störte ihn, daß sich bei vielen Anhängern Steiners

ein geistiger Dünkel entwickelt hatte, der sich durch anmaßende Berufung auf frühere Inkarnationen unverhohlen äußerte. Dazu erzählte Wagner als Beispiel: „Als ich dem Dr. P. einmal eine Behauptung lachend widerlegte, sagte dieser herablassend: ‚Sie scheinen nicht zu wissen, daß ich Hierophant in Memphis war‘, worauf ich trocken erwiderte: ‚Na, dann sind Sie ja schön heruntergekommen!‘“

Einige Vorfälle dieser Art und Gegensätzlichkeiten bei der Vorbereitung eines theosophischen Kongresses führten zu sukzessiver Entfremdung, schließlich zu totaler Loslösung von Steiner. Nicht nur für die ungezählten, heute über die ganze Welt verbreiteten Anhänger der Anthroposophie ist Wagners Auseinandersetzung mit Steiner eine packende Lektüre.

Wagner verkehrte lieber mit Dichtern, Schriftstellern, Journalisten, Psychologen, Okkultisten und Mystikern als mit Malern, wenn sie „Nur-Maler“ waren. „Für Abenteurer und Phantasten hatte er ein Faible“, fügt seine heute noch lebende Witwe, Frau Isa Wagner-Reiners, der ich viele wichtige Hinweise verdanke, hinzu.

Im „Herrenhof“ lernte Wagner einen Holländer namens Philip Metman kennen, der sich mit betontem Stolz als Autodidakt bezeichnete, aber über profunde Kenntnisse in der griechischen Mythologie, der Psychoanalyse und Psychotherapie verfügte und zugleich das System der antiken Astrologie beherrschte. Im Leipziger Bibliographischen Institut hatte er ein Buch „Mythos und Schicksal“ mit dem Untertitel „Die Lebenslehre der antiken Sternsymbolik“ veröffentlicht, das bei Fachleuten volle Anerkennung fand.

C. G. Jung war von dem Werk und von der Persönlichkeit des Autors stark beeindruckt. Er schätzte Metmans Tiefblick in noch wenig erforschte Seelenbereiche und seinen sicheren und therapeutisch wirksamen Umgang mit seelisch angeschlagenen Menschen, vor allem mit Schizoiden. Metman berief sich ausdrücklich auf die Erlaubnis Jungs, daß er in seinem Namen als tiefenpsychologischer Therapeut arbeiten dürfe. Seine Frau Eva, geborene Schlesinger, Berlinerin, ursprünglich Schauspielerin, sattelte auf Psychotherapie um und wurde auch beruflich die Partnerin ihres Mannes. Da sie Jüdin war, emigrierten beide nach London, wo sie äußerst beliebt und erfolgreich waren.

Es war eine glückliche Ehe, obwohl — oder weil — beide Partner eine harte Probe zu bestehen hatten. Noch in Berlin, etwa 1934, setzte sich Eva im Garten von Freunden auf eine Kinderschaukel. Metman trieb sie lachend hoch in die Luft, höher, noch höher — da krachte plötzlich ein Stützbalken, Metman warf sich schützend unter die Stürzende, sie blieb unverletzt, während ihm ein Bein zertrümmert wurde. Es mußte hoch am Oberschenkel amputiert werden.

Seine Einstellung zu diesem Unglück war, wie Freunde erzählten, bewundernswert. Die Therapie, die er vermutlich einem Patienten in der gleichen Lage empfohlen hätte, nämlich durch einen Akt heroischer Selbstüberwindung aus dem Unglück seelischen Gewinn zu ziehen, wandte er erfolgreich bei sich selbst an. Langsam bahnte sich bei ihm eine charakterliche Wandlung an; aus dem leichtlebigen Charmeur mit Bel Ami-Allüren wurde ein ernster, in sich ruhender, gefestigter Mensch. Freunde meinten: „Seit Metman nur noch ein Bein hat, steht er erst richtig mit zwei Beinen auf der Erde."

Der Zauberer

Deutlich erinnere ich mich an ein Zusammensein mit Ernst Wagner im „Herrenhof“, bei dem übersinnliche Phänomene zur Sprache kamen. Wir erörterten die merkwürdige Tatsache, daß im oberösterreichischen Innviertel und dessen näherer Umgebung erstaunlich viele Künstler und Schriftsteller ansässig waren oder von dorther stammten, in deren Wirken und Wesen irrationale, okkulte oder mystische Elemente eine besondere Rolle spielten. Ob dies auch damit zu tun haben konnte, daß sich in der Folklore dieser Gegend, in den überlieferten Sprüchen, die sich die alten Bäuerinnen zuraunten, und in manchen Gebräuchen angeblich Spuren des Mithraskultes, einer alten römischen Soldatenreligion, feststellen ließen?

Als Beispiele führte man Namen an: Hier lebte der in eine phantastische Welt von Hexen und Dämonen eingesponnene Zeichner Alfred Kubin, dort der von Blut und Boden inspirierte Dichter Richard Billinger, unweit von ihnen war der mit Strahlen hantierende Wunderdoktor Zeileis ansässig, der Betrüger Schapeller hatte hier den Schwindel mit der Gewinnung einer rätselhaften Erdkraft betrieben, und schließlich stammte ja auch der von dämonischen Gewalten besessene Adolf Hitler aus dieser Gegend.

Ernst Wagner meinte, für die Beantwortung solcher Fragen sei sein Freund, der Graphiker Carl Anton Reichel zuständig, der außerordentliche Kenntnisse über antike Mysterienkulte besitze, als „malender Gestalter visionärer Vorgänge“ gelte, und selbst Wert darauf lege, als Zauberer anerkannt zu werden.

Reichel war ein von Gerüchten und Geheimnissen umwobener Mann, der als rätselhafte Figur auch durch die Literatur geistert. In Gustav Festenbergs Roman „Der Zauberer“ steht er im Mittelpunkt. Eine wesentliche Rolle spielte er auch in dem Roman „Die gelbe Mauer“ von Hans v. Hammerstein-Equord.

Während des Kriegs lebte er in Wien in einem alten palaisartigen Haus an einem der schönsten kleinen Plätze Wiens, am Schulhof Nr. 4, wo auch Ernst Wagner mit seiner Frau wohnte. Reichel war mit der Schauspielerin Tony van Eyk verheiratet, die als junges Mädchen von Max Reinhardt in Berlin entdeckt worden war und als „Rautendelein“ ein sensationelles Debüt gefeiert hatte. Seltsamerweise hat sie später nie mehr eine Rolle bekommen, die diesen ersten Triumph bestätigt hätte.

Über Reichels Vorleben erzählte man sich verschiedene, abenteuerlich gefärbte Visionen. Als Maler und Kunstexperte hatte er sich in München auch in Kreisen des hohen Adels und reicher Gutsbesitzer bewegt. Es waren die Jahre, in denen Adolf Hitler als Volksredner große Erfolge feierte und sein Talent zur Steuerung und Beherrschung der Massen erkennen ließ. Angeblich soll Reichel von konservativen Zirkeln in Bayern beauftragt worden sein, die Verbindung mit Hitler herzustellen und, als Mittelsmann, diesen fortlaufend mit großen Geldsummen zu unterstützen. Als Reichel entdeckt habe, daß Hitler immer erst gegen Mittag aus dem Bett stieg, sei es zu Auseinandersetzungen gekommen, bei denen Reichel ihm energische Vorwürfe machte und ihn zu größerem Eifer ermahnte, widrigenfalls die finanziellen Unterstützungen in Hinkunft unterblieben. Hitler sei darüber in Wut geraten und habe jeden weiteren Kontakt mit Reichel abgelehnt. Nach seiner Machtergreifung habe Reichel Hitlers Rache gefürchtet und sei deshalb nach Österreich übersiedelt.

Die Ehepaare Wagner und Reichel pflegten enge nachbarliche Beziehungen. Frau Isa, Wagners Witwe, erinnert sich sehr genau an viele gemeinsam verbrachte Abende bei Reichels. Die Wohnung bestand aus mehreren prächtigen Räumen, in denen sich eine kostbare Sammlung chinesischer und tibetanischer Bilder und andere wertvolle Raritäten befanden. Die Reichels führten ein großes Haus, umgaben sich mit berühmten Künstlern, Wissenschaftlern und Adeligen. Gegen Ende des Krieges tauchte unter den Gästen auch der Komponist Hans Pfitzner auf, vom Hausherrn sein „böser Leibzwerg“ genannt.

Die Episode mit Hitler wurde nie erwähnt, obwohl sie von dem Romancier Festenberg und dem Chefdramaturgen der Wiener Oper Dr. Jarosch, die beide damals mit Reichel sehr befreundet waren, bestätigt wurde. Tatsächlich, erzählt Frau Isa Wagner, war Reichel der Kunstberater des Kronprinzen Rupprecht von Bayern gewesen. Für diese Tätigkeit wurde er mit einem großen Landbesitz in der Nähe der Stadt Wels in Oberösterreich belohnt. Als die Wittelsbacher fürchten mußten, einige Vertreter ihres Hauses könnten von der Gestapo verhaftet werden, hatte der bayerische Kronprinz auf seiner Flucht nach Florenz einige Zeit bei Reichel verborgen gewohnt. Reichel mußte dies später mit einer längeren Haft im Konzentrationslager Buchenwald büßen.

Daß er in den letzten Jahren seines Lebens in Wien vor Belästigungen durch die Gestapo verschont blieb, verdankte er dem virtuosen Verwirrspiel, das er um seine eigene Person herum inszenierte, seiner mystifizierenden Taktik, „halb spielerisch, halb ernsthaft Magie zu betreiben“, wie Isa Wagner mit nachbarlich-wohlwollendem Scharfblick feststellt. So gelang es ihm, die Sbirren der Polizei zu überlisten.

Sein Ruf als Zauberer drang bis zu den höchsten Spitzen der Partei, bis zu dem allmächtigen Photographen Heinrich Hoffmann, Adolf Hitlers frühestem Freund und Spezi, der aus seiner Kumpanei mit Hitler Kapital zu schlagen wußte und zum vielfachen Millionär geworden war. Als politischer Faiseur viel zu gerissen, um nicht auch in Rechnung zu stellen, daß eines Tages alles schief gehen könnte, begann er sich als zugänglicher Intervenierer und Helfer in der Not aufzuspielen und insgeheim Kontakte mit Verfemten aufzunehmen. Unsicher geworden, verfiel er wie auch andere Nazipotentaten den Tröstungen des Aberglaubens, suchte den Zauberer Reichel auf und ließ sich von ihm astrologisch beraten. Unter diesem Schutzherrn war Reichel vor dem Zugriff der Gestapo geschützt.

Reichel starb im Herbst 1944, siebzig Jahre alt, in seiner Wiener Wohnung. Wie weit seine Leidenschaft für Mystik, sein Streben nach der Initiation eines Hierophanten echt und ehrlich oder bloß eine snobistische Attitüde war, wird umstritten und der literarischen Phantasie überlassen bleiben, die sich ja zweimal schon seiner schillernden Persönlichkeit bemächtigt hat.

Dagegen stehen seine künstlerische Qualität als Zeichner und Graphiker und seine bedeutsame Rolle als Vorläufer der Wiener Schule des phantastischen Realismus unbestritten fest, wie eine umfangreiche Ausstellung von mehreren hundert Blättern in der Albertina (1970) überzeugend bestätigt hat. Walter Koschatzky und Ernst Fuchs haben ihn in dem Ausstellungskatalog durch ihre einfühlsamen Texte in das heutige Bewußtsein zurückgeholt.

Der Architekturphilosoph

Seinem Beruf nach hätte er sich als leidenschaftlicher Kaffeehausbesucher eigentlich im Café Museum etablieren müssen; dort verkehrten seine beiden Lehrer Josef Hoffmann und Oskar Strnad, deren Assistent er einige Jahre lang gewesen war, dort hielten sich viele seiner gleichaltrigen Architektenkollegen, auch Maler, Bildhauer, Kunstgewerbler und Vertreter verwandter Kunstgattungen täglich auf. Er jedoch zog das „Herrenhof“ vor, dessen geistige und menschliche Atmosphäre ihn ungleich stärker anzog,

Er teilte diesen Hang zum „Herrenhof“ mit Paris von Gütersloh, mit dem Maler Max Oppenheimer, Heinrich Sussmann und dem Kollegen Felix Augenfeld, die gleichfalls ein starkes Interesse an Gesprächen hatten, die über ihr engeres Fach hinausreichten, bei denen Literatur, Philosophie, Geschichte und alle übrigen in Bewegung geratenen Bereiche des Geisteslebens, sowie die brennenden Probleme der Gegenwart miteinbezogen wurden.

Bei Hans Vetter stand von allem Anfang an fest, worauf es ihm ankam. Er wollte sein fachliches Wissen um eine neue Dimension erweitern und bezeichnete sich selbst als Architekturphilosophen. Er betrachtete es als notwendig, das Studium der technischen und ästhetischen Gesetze künstlerischer Gestaltung und Formgebung auf deren geistesgeschichtliche, politische und soziale Zusammenhänge auszuweiten und nach den tieferen psychologischen oder religiösen Beweggründen des Kunstschaffens zu forschen. Bei der Beschäftigung mit den Problemen der Form und des Ausdruckes, meinte er, genüge nicht allein die Frage nach dem Wie, sondern es sollte auch die Frage nach dem Warum und Wozu gestellt werden.

Im Unterschied zur Mehrzahl der rein fachlich-technisch ausgebildeten Architekten verfügte Hans Vetter über eine weitgespannte Allgemeinbildung. Sein besonderes Interesse galt der Geschichte und Philosophie, er hatte die Schlosser'sche Weltgeschichte, Schopenhauer und Nietzsche und auch die Klassiker aus der Aufklärungsphase der griechischen Philosophie eifrig studiert.

Die eigenen Ideen und Erkenntnisse, die er aus diesem Wissen entwickelte, berauschten seinen Geist wie starker

Wein, was auch ganz seinem lebensfreudigen, bacchantischen Wesen entsprach. Die Intensität, mit der er seine Thesen verfocht, der Witz und die Phantasie, mit denen er sie vorbrachte, übertrugen sich suggestiv auf seine Gesprächspartner, Schüler und Zuhörer, so daß seine Gedanken gleichsam ein Stück ihres Wesens wurden. Es war ein Phänomen, das seinen Ursprung in dem animierenden Fluidum hatte, das er auch dann ausstrahlte, wenn er schwieg.

Das Motto der Würdigung, die ihm nach seinem Tode in einer Sonderausgabe der „Carnegie Review" (Nr. 20, Juli 1969) gewidmet wurde, bestätigt diesen Eindruck:

„Niemand, der einmal mit Hans Vetter zusammentraf, ist der gleiche geblieben, sei es als Student, als sein Kollege oder als sein Freund."

Hans Vetter, der einer traditionsreichen österreichischen Familie entstammte, hatte, als er im sechsundsechzigsten Lebensjahr an einem Herzversagen starb, einen dramatisch bewegten Lebensweg hinter sich. In seiner Ahnenreihe gab es einen rebellischen Priester, der im Jahre 1505 in Basel, auf dem Scheiterhaufen gefesselt, verbrannt wurde. Sein Großvater war kaiserlicher Gartenarchitekt im Schloß Schönbrunn gewesen, sein Vater, Hofrat Dr. Adolf Vetter, war der Initiator des „Österreichischen Werkbundes" und hatte bei dessen Gründungsversammlung im Jahre 1912 die Festrede gehalten. Obwohl er sich zur sozialdemokratischen Partei bekannte, avancierte er zum Sektionschef. Nach dem Ersten Weltkrieg wurde er mit der Leitung der Bundestheater betraut. In die Verwaltungsgeschichte der Monarchie ging er als der „erste rote Sektionschef" ein.

Hans Vetter absolvierte die Kunstgewerbeschule und wurde Assistent seiner beiden Lehrer Oskar Strnad und Josef Hoffmann. Er verfaßte ein stark beachtetes Buch über „Kleine Einfamilienhäuser" und war Chefredakteur der Wiener Architekturzeitschrift „Profil“. Im März 1938 wurde er seiner jüdischen Frau wegen aus der Lehrtätigkeit an der Kunstgewerbeschule entlassen und ging nach England, wo er ein Geschichtswerk unter dem Titel „English History at a Glance“ verfaßte, das in seiner originellen graphischen Darstellung einen schnellen Überblick über Englands Geschichte von den Anfängen bis zum Zweiten Weltkrieg gab. 1947 wurde er als Professor für Architektur an das Carnegie Institute of Technology nach Pittsburgh berufen.

Er war dreimal verheiratet. Seine erste Frau, Lida Guevrekian, war eine schöne armenische Perserin, deren Bruder ein hohes Amt in Teheran inne hatte. Seine zweite Frau war eine aus Warschau stammende ehemalige Schülerin, die dritte, Maria Malpi, war Sängerin und Musikprofessorin am Carnegie-Institut.

Nach dem Krieg nahm er freudig eine Berufung an die „Summerschool of Architecture“ in Salzburg an. Er hinterließ ein als Privatdruck erschienenes Gedichtbuch in deutscher Sprache, das ein in lyrischer Form gefaßtes Dokument seiner Architekturphilosophie darstellt, aber bisher keinen Verleger gefunden hat. Es enthält philosophisch-phantasievolle Gedichte über Möbel, Fenster, Türen, über Wohnzimmer und Kamine, über Spiegel und Badezimmer — kurz, über alle Objekte, mit denen ein Architekt zu tun hat. Er setzte sich mit deren Funktion und „platonischen Idee“ auseinander.

Hans Vetter war ein überaus fruchtbarer und phantasievoller Briefschreiber, ähnlich wie sein „Herrenhof“-Freund Friedrich Torberg. In fast jedem seiner Briefe klang wehmütig die Erinnerung an das „Herrenhof“ nach.

Aus der englischen Emigration schrieb er an die in Wien zurückgebliebenen Freunde „per Adresse Café Herrenhof“ nachfolgendes Gedicht:

Farbenlehre

Denke an die
Jahrmillionen,
während welcher
Wesen wohnen,

wo sie liebten,
wie sie starben,
ihre Leiden,
Wunder, Narben:
unsre Farben!

Das Wasser, den Himmel,
die endlose Schau
in Ursprung und Ewigkeit
nennen wir Blau.

Den Sand, den Strand,
das sichere Land,
das Feste der Welt
nennen wir Gelb.

Die Wiesen, die Felder,
die Büsche, die blühn,
das Wachsen der Wälder
nennen wir Grün.

Das Blut und das Feuer,
Geburt und Tod,
Leben, Liebe
und Geist sind Rot.

Drum tragen gemeinsam
das rote Mal:
der König, die Dirne,
der Kardinal.

Blindheit und Blendung,
Dunkel und Licht:
Schwarz und Weiß
färben nicht.

Zähle die Farben
1 bis 4,
die fünfte Farbe,
mein Kind, sind wir.

Der Gong

Daß das „Herrenhof" als Reaktion auf den von Anton Kuh gerügten kontemplativ-sterilen Rentnergeist des „Central" neben der erotischen Revolution und dem Aufbruch zum Aktivismus in geistigen Bereichen auch ein originelles Marionettentheater hervorgebracht hat, das einige Jahre starken Zulauf hatte, ist nur wenigen in Erinnerung, obwohl es mit seiner neuartigen Darstellungsweise und seinen technischen Verbesserungen am bisher gebräuchlichen Mechanismus des traditionellen Puppenspiels in dieser Kunstsparte neue Impulse gesetzt hat.

Der „Gong" spielte zunächst im großen Saal der Schwarzwaldschule, die im Gebäude des „Herrenhofs" untergebracht war, übersiedelte später in die Hofburg und dann an die „Robert-Stolz-Bühne" in der Annagasse (1924-1927).

Begründer, Ideenbringer und Organisatoren waren die beiden jungen Herrenhofianer E.K. (Emil Karl) Maenner und der Agronomiestudent Raphael Pollack. Maenner, von seinen Freunden immer nur EKA gerufen, war als persönlicher Freund des Dichters Ernst Toller in die Aktivitäten der episodären Münchener Räteregierung im April 1919 verwickelt gewesen. Es hieß, er sei einen Tag lang Finanzminister gewesen und habe die wenigen Stunden, die ihm zur Verfügung standen, dazu benützt, durch einen blitzartigen Erlaß das Briefporto abzuschaffen, weil er selbst als Student oft nicht genug Bargeld besessen hatte, um seine Briefe zu frankieren.

Er flüchtete nach Österreich. Da er künstlerisch vielseitig begabt war, suchte und fand er bald Anschluß an intellektuelle Zirkel Wiens. Fortan hielt die stets hilfsbereite Pädagogin Eugenie Schwarzwald ihre schützende Hand über ihn. Schließlich landete er als Mieter in den legendären „Grinzinger Baracken", die während des Krieges als Soldatenunterkünfte gedient hatten und dann von jungen Künstlern, Studenten und obdachlosen Bohémiens okkupiert wurden.

Es war ein seltsam gemischtes Völklein, das sich hier

zusammengefunden hatte. Viele stammten aus gutbürgerlichen Familien, die durch Krieg und Inflation verarmt waren, es gab auch solche, die bloß emanzipiert leben wollten oder wirklichkeitsfremde politische Programme ausheckten. Die meisten hielten sich tagsüber im „Herrenhof" auf, wo sie Anschluß an Gleichgesinnte oder zumindest ähnlich Denkende suchten. So lernten die beiden „Gong"-Erfinder einander kennen.

Die Existenz des „Gong" begann mit einem Faschingsfest. Ein begütertes Ehepaar, Robert und Anna Lang, Besitzer einer Metallwarenfabrik, wollten ihrem privaten Karneval eine besondere Note geben und die Gäste mit einem Puppenspiel überraschen. Raphael Pollack und E.K. Maenner erhielten den Auftrag. Sie animierten Freunde zu unbezahlter Mitarbeit, richteten im Tiefparterre des Café Herrenhof eine Werkstätte ein, bastelten Bühne, Puppen und Apparaturen und brachten die höchst erfolgreich improvisierte Premiere einer Kasperliade des Grafen Pocci zustande.

Der Erfolg war so groß, daß sich die Amateure bald darauf in zünftige Puppenspieler verwandelten. Die Gäste applaudierten begeistert, die Kritik war äußerst wohlwollend.

Neu war die technische Perfektion; die Puppen vermochten buchstäblich zu gehen und die charakteristischen Züge der einzelnen Rollen wurden durch die Expressivität ihrer Bewegungen überzeugend verdeutlicht.

Es entstand ein Ensemble von etwa dreißig Mitgliedern, die meisten kamen aus der Wiener Kunstgewerbeschule. Man spielte unter anderem eine Barockoper und Grabbes „Scherz, Satire, Ironie und tiefere Bedeutung", stand in Verbindung mit dem französischen Maler Fernand Léger und dem deutschen Komponisten Stockhausen, war im Begriff, Stücke von Aristophanes und Ivan

Goll herauszubringen, als nach drei Jahren der finanzielle Zusammenbruch eintrat.

Das Ensemble zerstob in alle Winde, der Bildhauer Beni Ferenczi ging nach Ungarn zurück, der musikalische Leiter Erwin Leuchter wurde als Musikdirektor nach Buenos Aires berufen, der Plastiker Holger Kapel ging nach Dänemark, der Figurenführer Stefan Reinitz fand eine Betätigung in Südamerika und Raphael Pollack beendete sein Studium an der Hochschule für Bodenkultur. Auch für E.K. Maenner fand sich ein neues Betätigungsfeld.

Raphael Pollack begann 1927 seine wissenschaftliche Laufbahn in Amerika, die über Universitäten, Forschungsinstitute, Planungszentren zu führenden Positionen in der Industrie, in der Agronomie und in öffentlichen Organisationen führte. Er arbeitete als Fachschriftsteller, Manager, Journalist, geschäftliche Reisen führten ihn in fünfzehn Staaten, er beherrschte zehn Sprachen in Wort und Schrift und „some Arabic", wie er bescheiden hinzufügt.

Seine universelle Begabung verband sich schon in seinen Jugendjahren mit vielen sympathischen charakterlichen Vorzügen. Er war ein unprätentiöser Vielwisser, ein wandelnder Nachschlagekatalog von hochgradiger Zuverlässigkeit.

Auf seltsame Weise war in seinem Wesen eine Substanz nach außen wirksam, die ständig Strahlen der Güte, der Freundschaft und des Wohlwollens aussandte. Sie hat ihm, zurückwirkend, schon in seinen Jugendjahren die Kraft verliehen, die Tragik zu überwinden, die auf dem Schicksal seiner Familie lag.

Raphaels Vater war einer der prominenten Zahnärzte Wiens. Wohnung und Ordination lagen an einem der markantesten Punkte im Herzen Wiens, im behäbigen Nobelquartier Schottenhof an der Freyung. Zu seinen

Patienten zählten Mitglieder des kaiserlichen Hauses. Wenn der Kaiser während des Sommers in Ischl weilte, verlegte auch Dr. Pollack seine Ordination dorthin. Obwohl er selbst in den elitären gesellschaftlichen Schichten erfolgreich etabliert war, sorgte er sich um die fragwürdige Situation des Judentums, die Probleme der Assimilation und des wachsenden Antisemitismus. Er befaßte sich intensiv mit dem Gedankengut Theodor Herzls und dessen Plänen zur Errichtung eines eigenen Judenstaates. Daß sein Sohn Raphael an der Hochschule für Bodenkultur studierte und während der Ferienmonate als Landarbeiter praktizierte, entsprach dem väterlichen Wunsch, möglicherweise eines Tages mit der Familie nach Palästina auszuwandern. Tragische Umstände führten jedoch zu seinem vorzeitigen Tod.

Woran der Vater gescheitert war, das hat sich im Schicksal des Sohnes positiv erfüllt: Raphael hat im Staat Israel seine zweite Heimat gefunden und lebt, immer noch seiner herrenhöfischen Jugendjahre als eines verlorenen Paradieses gedenkend, mit seiner Familie in Haifa.

Glück mit Mao

Zu den jüngeren Adepten der Polakrunde zählte der gynäkologische Assistent der Wiener Poliklinik Dr. Paul Singer. Seine Rangerhöhung vom normalen Kaffeehausbesucher zum Gast an dem Tisch der Prominenz verdankte er nicht nur seiner wohltuend eleganten Erscheinung, sondern auch dem Ruf, daß er sich schon als Schüler des Sperlgymnasiums, aus dem eine stattliche Reihe geistiger Kapazitäten hervorgegangen ist, durch kluges und kämpferisches Agieren hervorgetan habe. Sein Mitschüler und zugleich sein politischer Gegenspieler war Siegmund

Schlamm, der später als politischer Schriftsteller mit wechselnden Vornamen — zunächst Willi, dann William — ebenso berühmt wie umstritten war. Sie saßen in derselben Klasse des „Sperleums".

Im Jahre 1919, in der Quinta, war Schlamm als Primus der Klasse Kopf des Schülerrates geworden, dessen oberste Instanz der kommunistisch-militante Oktavaner Schüller war. Als Schüller den gesamten Lehrkörper öffentlich angriff, trat der bürgerlich-liberale Singer zum Gegenangriff an. Durch eine oratorische Meisterleistung erreichte er ein Mißtrauensvotum gegen Schüller, der abgesetzt wurde. Singer stellte als Gegenkandidaten den Sohn eines kleinen böhmischen Schneiders am Praterstern namens Wenzel auf, der einer der sieben „arischen" Knaben unter den insgesamt fünfundvierzig Schülern seiner Klasse war. Wenzel wurde mit Zustimmung der Majorität der jüdischen Schüler zum neuen Oberhaupt des Schülerrates gewählt.

Die Kunde von Paul Singers Triumph, den er seiner weisen Zurückhaltung verdankte, nicht sich selbst als Gegenkandidaten aufzustellen, drang vom „Sperleum" bis ins Café Herrenhof, in dem es eine erkleckliche Anzahl von inzwischen arrivierten Sperlianern gab.

Schlamm, der ursprünglich Trotzkist war, wandelte sich während des Krieges zum erzkonservativen Konsulenten des „Time"-Herausgebers Henry Luce, avancierte zum führenden Kopf der radikal rechts orientierten Zeitschrift „Fortune" und kehrte als engagierter Kämpfer für den Kapitalismus nach Deutschland zurück, wo er mit seinen aggressiven Polemiken gegen die Linke Aufsehen erregte. Als Chefredakteur und Herausgeber der politischen Zeitschrift „Zeitbühne" schlug er seinen Wohnsitz in Salzburg auf. Die „Zeitbühne" wurde im vierten Jahrgang, nach dem Tode Schlamms 1975, eingestellt.

Singer unterschied sich von anderen Gästen des Café

Herrenhof durch seine aus dem gewohnten Rahmen fallenden Hobbies. Neben seiner intensiven Befassung mit der angelsächsischen Kultur im allgemeinen eiferte er dem dandyhaften Lebensstil des englischen Lords Brummel nach. Außerdem begann er als Student mit seinem keineswegs übermäßigen Taschengeld altchinesische Bronzen zu sammeln, die man damals relativ billig kaufen konnte, wenn man über die entsprechende Kennerschaft verfügte.

Alles, was ihn interessierte, betrieb er mit bewundernswerter Konsequenz. Auch über die zeitgenössische Literatur in England und Amerika besaß er expertenreife Kenntnisse. Sigmund Freud war sein Halbgott. Als Tennisspieler rangierte er über dem Durchschnitt. Er heiratete die Schauspielerin Eva Geyer, Tochter des Direktors des Theaters in der Josefstadt, und praktizierte als Arzt in schwarzverglasten Ordinationsräumen, die von einem modernen jungen Wiener Architekten entworfen waren. Dementsprechend wuchs die Zahl der Patientinnen, die fast durchwegs der eleganten Wiener Schickeria zugehörten. Dr. Singer war auf dem Weg zum erfolgreichen Wiener Modearzt, als Hitler in Wien einzog.

Im Hochhaus erschien ein SA-Trupp, der nach jüdischen Mietern forschte. Da die Gefahr der Verhaftung bestand, hielten sich Dr. Singer und seine Frau bei befreundeten Mitbewohnern des Hochhauses auf, unter anderem nächtigten sie in der Atelierwohnung des Architekten Max Fellerer, der als Direktor der staatlichen Kunstgewerbeschule schon am ersten Tag nach dem Einmarsch deutscher Truppen in Wien aus politischen Gründen abgesetzt worden war.

Einige Monate später gelang es Singer, ein Einreisevisum nach England zu bekommen und einige wertvolle Stücke seiner Sammlung mitzunehmen. Eines der für Emigranten kostenlos zur Verfügung gestellten Auffangquartiere, in dem das Ehepaar Aufnahme fand, gehörte

Delphine Reynolds, die später den „Magus des Herrenhof", Dr. Ernst Polak heiratete. (Ich erwähne dies, weil es mir als mirakulöses Beispiel für das schicksalhafte Zusammenwirken von Zufall und Bestimmung erscheint).

Noch vor Ausbruch des Krieges kam er nach Amerika und konnte in New York als Frauenarzt Fuß fassen. Trotz der prekären Umstände, unter denen er als Emigrant zeitweise zu leiden hatte, gelang es ihm, mit seinen geringen Mitteln seine Sammlerleidenschaft fortzusetzen. Immer wieder entdeckte er bei kleinen Antiquitätenhändlern in entlegenen Vorstädten New Yorks kostbare Einzelstücke altchinesischer Kunst, die er billig erhielt, weil ihr wahrer Wert dem Händler mangels entsprechender Fachkenntnis nicht bewußt war.

Und dann kam eines Tages die spektakuläre Überraschung, daß der Vater der chinesischen Revolution, Mao Tse Tung, ein strenges Ausfuhrverbot für alte chinesische Kunst erließ. Die Preise im Westen kletterten daraufhin in exorbitante Höhen.

Paul Singers Sammlung umfaßte mehr als dreitausend Objekte frühchinesischer Kunst, durchwegs archäologisches Material, das vom Neolithikum bis zur Epoche der Sung-Dynastie reichte. Sie ist auf diesem Gebiet die zweitgrößte Sammlung in der westlichen Hemisphäre. Mengenmäßig übertroffen wird sie nur von jener des Dr. Arthur Sackler, Sohn eines Rabbiners aus Brooklyn galizisch-altösterreichischer Abstammung, selbst Arzt und Psychiater, der reich wurde durch Advertising für eine Heilmittelfirma mit Filialen in der ganzen Welt. Die drittgrößte Sammlung ist im Besitz des schwedischen Königshauses.

Singer gilt als wissenschaftliche Kapazität auf seinem Spezialgebiet, wurde ehrenhalber zum Konsulenten des Metropolitanmuseums ernannt, und ist der Verfasser zahlreicher Artikel in Fachzeitschriften. Der Wert seiner

Sammlung wird heute auf dreißig Millionen Dollar geschätzt. Sie ist zur Gänze in seiner Wohnung aufgestellt. An den Wänden hängen Bilder und Zeichnungen von Klimt, Schiele und Kokoschka und eine Madonnenstatue der Donauschule, sowie Autographen des Prinzen Eugen und des Fürsten Metternich.

Sein Lieblingsstück ist ein kaiserliches Sigillum aus Wachs, das in einer vergoldeten Kapsel mit dem darauf eingravierten Siegel steckt. Es stammt aus dem Nachlaß eines russischen Prinzen Scherbatow. Dieser hat es, wie Singer behauptet, „vom alten Prohaska geschenkt bekommen" und: „über den alten Prohaska laß ich nichts kommen", fügt er hinzu.

Der „alte Prohaska" war der herrenhöfische Kosenamen für Kaiser Franz Joseph I., der bekanntlich unter anderem auch König von Jerusalem war.

Wo es begann

„Von Wien aus hat alles seinen Anfang genommen", erklärte der Psychotherapeut Jakob Moreno Levy, als er hochbetagt auf seinem Sterbebett in New York lag und rückblickend sein Leben resümierte. Das „alles", von dem er heimwehleidend Abschied nahm, umfaßte ein Lebenswerk von erstaunlichem Ausmaß. Es reichte vom hymnischen Enthusiasmus der expressionistischen „Oh Mensch!"-Lyrik über Gedichte, die gedanklich in kosmischen Sphären schwebten und Gottvater als Synonym für das eigene Ich in Anspruch nahmen, bis zu seinem Weltruhm als Begründer der unter dem populären Etikett „Psychodrama" bekannt gewordenen Gruppenpsychotherapie.

Geistiger Nährboden seiner dichterischen und wissenschaftlichen Betätigung als junger Arzt waren die bahnbrechenden Schlußfolgerungen, die Sigmund Freud aus der Erforschung unbewußter Regionen der menschlichen Seele zog, und andererseits die allgemeine Verbrüderungsatmosphäre nach dem Ersten Weltkrieg, die im ekstatischen Pathos des Expressionismus ihren Ausdruck fand. Daher auch Moreno Levys Freundschaft mit Franz Werfel, Franz Theodor Csokor, Albert Ehrenstein und dem „Aktivisten" Robert Müller.

Im Gegensatz zu Freud glaubte er die Probleme des einzelnen Individuums nicht durch die direkte analytische Therapie lösen zu können, sondern durch Bewußtmachung der Rolle, die der Mensch innerhalb der Gemeinschaft spielt.

Zu diesem Zweck gründete er ein Stegreiftheater in der Maysedergasse in der Inneren Stadt, nicht weit vom Café Herrenhof, wo er die Mitarbeiter an seiner Zeitschrift „Daimon" um sich versammelte. Neben Alfred Adler, der sich gleichfalls von der orthodoxen Lehre Sigmund Freuds losgelöst hatte, gehörten seinem Kreis auch die beiden Schauspieler Karl Forest und Peter Lorre sowie der von Rudolf Steiners Anthroposophie inspirierte Psychoanalytiker Philipp Metman an.

Forest ragte als Charakterdarsteller am Deutschen Volkstheater über den Durchschnitt des Ensembles weit hinaus. Seine weitgesteckten Interessen und Kenntnisse auf geistigem Gebiet färbten auf seinen eigenartigen Darstellungsstil ab und verliehen seinen Rollen eine zusätzliche Dimension. Seinem bürgerlichen Familiennamen Obertimpfler haftete die Hypothek einer hinterwäldlerischen Abkunft an, doch teilte er diese Belastung mit einer der schönsten Frauen Wiens, seiner Schwester Lina, die mit dem berühmten Architekten Adolf Loos verheiratet war.

Die Obertimpflers stammten aus Südtirol und waren

durch die mit ihnen verschwägerte Familie Speckbacher auch mit dem Freiheitskämpfer Andreas Hofer verwandt. Sie besaßen das legendäre Café Casa Piccola in der Mariahilferstraße, dessen Geschichte über die Biedermeierzeit weit hinausreichte. 1809 hatte hier Napoleons Kriegsrat getagt, 1820 trafen sich in einem versteckten Nebenraum die italienischen Geheimbündler „Carbonari", die für Italiens Befreiung von der habsburgischen Herrschaft kämpften.

Zum Star der Levy'schen Stegreifbühne war der spätere Hollywood-Star Peter Lorre geworden. Er hieß ursprünglich Lazy Löwenstein und stammte aus einem kleinen Städtchen in der Slowakei. Als junger Bankbeamter hatte er durch die Inflation bald seinen Posten verloren und daraufhin bei Forest Schauspielunterricht genommen. Dafür sprach eine seltsame physiognomische Begabung.

Im Normalzustand glich sein Gesicht einer zur Maske erstarrten häßlichen Grimasse, die aber mit Hilfe einer einzigartigen Gesichtsmuskelakrobatik zu blitzartigen Verwandlungen fähig war. Seine Ausdruckskraft war immens, sie reichte vom verklärten Antlitz eines tibetanischen Bettelmönchs bis zur Fratze des dämonischen Lustmörders.

Schon als Adept an verschiedenen Tischen des Café Herrenhof brillierte er gelegentlich mit seiner kabarettistischen Begabung. Er war als entlarvender Blitzparodist berüchtigt und berühmt für die boshaften Sprüche, Kalauer und gereimten Zoten, die er am laufenden Band produzierte. Manche davon kursieren in Schauspielerkreisen heute noch.

Als Gustaf Gründgens sich mit seiner Kollegin Marianne Hoppe vermählte, konterte Lorre mit dem immer noch oft zitierten Vierzeiler: „Hoppe Hoppe Gründgens/die kriegen keine Kindchens/und kriegen sie mal Kindchens/dann sind sie nicht von Gründgens."

Auch der Text einer fingierten neuen Hausordnung für die Berliner Reinhardtbühne stammte von Peter Lorre: „Um peinlichen Verzögerungen während des Aus- und Umkleidens in Hinkunft vorzubeugen, wird ab sofort die bisherige Einteilung in separierte Damen- und Herrengarderoben aufgehoben."

Für Levys heilpädagogische Bühne war Lorre ein idealer Akteur, der mit seiner dialektischen Phantasie und Improvisationsgabe die mitspielenden Dilettanten beziehungsweise Patienten zu spontanen, heilsamen Reaktionen motivierte. Später, als der Siegeszug des Tonfilms begann, spezialisierte sich Lorre — dazu prädestiniert durch seine dämonisch-hintergründig wirkende Physiognomie und die unheimlich hervorstechenden Basedowaugen — auf die Darstellung von kriminellen Typen und erlangte in der Rolle des Triebmörders in dem zu einem Markstein der Filmgeschichte gewordenen Tonfilm „M" (Regie Fritz Lang) Weltruhm. Seine Lebensgefährtin war die mit Karl Kraus eng befreundete Schauspielerin Cäcilie Lvovsky. Nach dem Weltkrieg verfiel er dem Morphinismus und verlor durch Erpressung sein gesamtes Vermögen.

Im Gegensatz zu Lorre, der ein tragisches Ende fand, erreichte Moreno Levy die weltweite Anerkennung seines ingeniösen Lebenswerkes, das sich überdies noch in einer Reihe praktischer Erfolge verwirklichte, im Zustand eines altersweisen, philosophisch fundierten Glücksgefühls. Der von ihm entwickelte „Spontaneitätstest"[1] wurde im Zweiten Weltkrieg von der amerikanischen Armee bei der Ausbildung von Offizieren und Elitetruppen angewendet, später wurden damit die Astronauten auf ihre Tauglichkeit zu blitzschnellem Reagieren in Momenten der Gefahr geprüft.

Das „Psychodrama" bestand seine Probe auf den Brettern der Carnegie Hall in New York und fand die Zustimmung des Dramatikers Arthur Miller sowie des Nobelpreisträgers Saul Bellow. Und letztlich war, wie Moreno Levy am Ende seines Lebens melancholisch feststellte, das Café Herrenhof der „Tatort", wo all das seinen Anfang genommen hatte.

[1] In einem Essay von Paul Pörtner, der sich mit dem Schaffen Moreno Levys eingehend befaßt, wird auf die von ihm entwickelte Methode der „Soziometrie" verwiesen, die zur Erforschung des Verhaltens einzelner Individuen in der Gruppe dient und von der Hypothese ausgeht, daß die Intensität des Kontaktes zwischen den Mitgliedern einer Gruppe meßbar ist. Er führte den Begriff der Spontaneität ein, worunter die Reaktion auf eine neue, überraschende Situation zu verstehen ist. Er gelangte auf diese Weise zu dem Begriff „Spontaneitätstest".

Die Raimund-Runde

Im Café Raimund dominierte ein Kreis von Stammgästen, der sich gewissermaßen als elitäre Filiale von dem sozialen Durcheinander anderer großer Zentren der Wiener Kaffeehauskultur bewußt abhob.

Hier residierten Egon Friedell und Lina Loos, geborene Obertimpfler, die noch in hohem Alter mit Schönheit begnadete Frau des den Jugendstil verdammenden Architekten Adolf Loos.

Nach Trennung der Ehe hatte sich Lina Loos auch von dem zelotischen Puritanismus des eifernden Architekturasketen, der unter anderem die Ringstraßenhäuser verabscheute, gelöst. Wie einen regenerierenden Kuraufenthalt genoß sie nun die heiter-gelassene Lebensphilosophie und den geistreich-relativierenden Witz des Epikuräers Friedell, mit dem sie aufs engste befreundet war.

Franz Theodor Csokor, damals Dramaturg am Deutschen Volkstheater, war häufiger Gast dieser Runde, deren stabile Mitte sich aus dem Theaterkritiker Ludwig

Ullmann, dem auf Schopenhauer spezialisierten jungen Schriftsteller Walther Schneider und dem Volkstheaterdirektor Rudolf Beer zusammensetzte. Beer konnte als legitimer Vorläufer des späteren Burgtheaterdirektors Haeusserman gelten, weil er ebenso wie dieser die Gabe besaß, mit seinen zahlreichen Witzen aus dem Stegreif pfeilschnell mitten ins Ziel zu treffen.

Dann gab es noch als täglichen Gast den splendiden Theaterhabitué und kommerzialrätliches Wohlbehagen um sich verbreitenden „Häusl-Stein", so genannt, weil er der Pächter der einnahmenträchtigen Garderoben und Toiletten fast aller Wiener Privattheater war. Dementsprechend war er in der Lage, auch bei Häusern, deren Vorstellungen mit Freikarten vollgestopft werden mußten, aus der physischen Not des Gratispublikums solide finanzielle Gewinne zu erzielen. Dafür mußte er allerdings auch bei Mißerfolgen von Stücken und defizitären Repertoireaufführungen mit saftigen Krediten aushelfen.

Sein Beiname „Häusl-Stein" ergab sich nicht nur aus der odiosen Assoziation der wienerischen Vulgärbezeichnung für WCs, sondern bezog sich auch auf den Besitz eines respektablen Landhauses in Purkersdorf, wo sich die Café Raimund-Runde an sommerlichen Wochenenden zusammenfand.

Der weibliche Anteil der Raimund-Runde bestand aus den ständig anwesenden Schauspielerinnen Paula Janower, Aida Stuckering, Elisabeth Markus und der allerdings nur gelegentlich erscheinenden Hofrätin Berta Zuckerkandl, deren Verwandten das von Josef Hoffmann erbaute Nobelsanatorium in Purkersdorf gehörte.

Gelegentlicher Gast war der Schauspieler Karl Forest, der Bruder von Lina Loos. Es war mit der Schauspielerin Traute Carlsen verheiratet, die am Wiener „Deutschen Volkstheater" vor allem als sogenannte Salondame brillierte. Ein gerne gesehenes Mitglied der Tafelrunde war auch die Charakterdarstellerin Lily Karolyi, eine enge Freundin des Ehepaares Ludwig und Irene Ullmann.

Fast ganz in Vergessenheit geraten ist der ehemals erfolgreiche Burgtheaterautor Hans Sassmann, der ein gelernter Federnschmücker war, Vertreter eines Gewerbes, das in der Makartzeit, als die feinen Damen riesige und reich beladene Hüte trugen, seine Blütezeit hatte.

Die Raimund-Runde ging auch in die österreichische Literatur ein durch zwei interessante Bücher von Lina Loos — ihre Autobiographie „Buch ohne Titel" und ihren Briefwechsel mit Csokor, der unter dem romantischen Titel „Du silberne Dame Du" herauskam, in denen das ganze gesellschaftliche und künstlerische Panorama des Wiens der Jahrhundertwende ausgebreitet ist.

Lina Loos (1882—1950) begann ihre Laufbahn als Diseuse in Berlin. Nach der Trennung von Adolf Loos ging sie nach New York, wo sie mit Erfolg die Luise in „Kabale und Liebe" spielte. Bei Ausbruch des Weltkrieges im Jahre 1914 kehrte sie nach Wien zurück und wurde an das Raimund-Theater, später an das Volkstheater engagiert. Man traf sie unter den ständigen Gästen der Wiener literarischen Salons, bei Berta Zuckerkandl und Alma Mahler. Peter Altenberg schrieb hymnische Briefe an sie. Amüsant ist ihr lebhafter brieflicher Verkehr mit Egon Friedell, aufschlußreich die aus dem Exil an sie gerichteten Briefe von Franz Theodor Csokor und der schriftliche Niederschlag, den ihre Freundschaft mit August Strindbergs Tochter Kerstin gefunden hat.

Die Herren Oberkellner

Die Oberkellner im Café Central und Café Herrenhof zählten zu der Elite ihres Berufes und sahen aus wie Kammerdiener aus einem Lustspiel von Hofmannsthal. Einem von ihnen, dem „Herrn Hnatek“, hat Friedrich Torberg in einem seiner Bücher ein schönes Denkmal gesetzt. Aber daneben gab es noch die nicht weniger noblen Oberkellner, die Herren Weingartner, Reithofer und Albert Kainz, und als ganz besonderes Original sei noch Johann Czerny („Jean“) erwähnt, über den bereits die Schriftstellerin Helga Malmberg in ihren Memoiren liebevoll geschrieben hat.

Er war schon mit vierzehn Jahren als Piccolo im Café Central tätig und übersiedelte später dann ins Café Herrenhof. Er hatte noch Karl Kraus, Peter Altenberg und Victor Adler im „Central“ bedient, und er war es auch, der öfters mit Leo Trotzkij im Schachzimmer Gespräche führte.

In den letzten Jahren vor Beginn des Ersten Weltkrieges erschien Trotzkij, der damals noch Bronstein hieß, seltener im Kaffeehaus. Als dann in Petersburg die russische Revolution ausbrach, war es der Oberkellner Czerny, der lachend ausrief: „Der Rädelsführer ist vielleicht der Herr Bronstein aus dem Schachzimmer!“

Dieser Ausspruch ist später berühmt geworden und wurde als Anekdote oft umgedichtet und mit dem Namen Trotzkij versehen. Gelegentlich wird behauptet, daß es Graf Czernin, der Außenminister der Monarchie gewesen sei, der diesen Ausruf getan hätte. Ich will das bei dieser Gelegenheit ein für allemal richtig stellen: Es war nicht der Graf Czernin, sondern es war der Oberkellner Johann Czerny, den ich selbst noch sehr gut gekannt habe. Er war übrigens der Bruder des verdienstvollen Pressesprechers des österreichischen Innenministers Oskar Helmer, Regierungsrat Ernest Czerny.

Namenstafel der Stammgäste

Während Friedrich Torberg sich noch den Kopf zerbrach, um für die untergegangene Welt der Käuze und Originale, die er um die Symbolfigur der Tante Jolesch gruppierte, die adäquate literarische Form zu finden, saßen wir eines Abends beisammen und dachten an unsere gemeinsamen Jahre im Café Herrenhof zurück, das ja der eigentliche Schau- und Tummelplatz der Menschen war, über die Torberg erzählen wollte.

Beide waren wir zwar schlechte Schüler, aber äußerst lerneifrige Herrenhofadepten gewesen. Nun wetteiferten wir im Aufzählen der Namen aller Herrenhofinsassen, die, dreißig Jahre später, noch in unserem Gedächtnis hafteten. Ein Ansturm von Reminiszenzen, Episoden und Begegnungen mit Menschen brach über uns herein, nicht nur die Namen von prominenten und wichtigen Freunden, sondern auch die von Nebenfiguren, von den Rang- und Glanzlosen, die ihr Metier des bloßen Dabeisitzens, Lesens und Zuhörens mit bemerkenswerter Zähigkeit betrieben hatten.

In ihrer Summe machten sie alle gemeinsam die mentale Atmosphäre und den Nimbus des „Herrenhof" aus. Ungeachtet der egalisierenden Wirkung jeder alphabetischen Reihung folgt nachstehend die Liste der von uns beiden wahrgenommenen und in der Erinnerung weiterlebenden Stammgäste. (Ausgenommen sind die im Buch bereits erwähnten).

Hans Adler, Lyriker und Lustspieldichter; Walter Angel, Journalist; Béla Balázs, Schriftsteller; Paul Baudisch, Schriftsteller; Siegfried Bernfeld, Psychoanalytiker; Hugo Bettauer, Schriftsteller; Robert Bogyansky, Schriftsteller; Ferdinand Bruckner (alias Theodor Tagger), Dramatiker; Elias Canetti, Schriftsteller; Egon Dietrichstein, Journalist; Klaus Dohrn, Schriftsteller; B.F. Dolbin (alias Pollak), Zeichner und Karikaturist; Felix Dörmann, Lyriker und Librettist; Ernst Ely (alias Levy), Journalist; Franz Elbogen, Bergwerksbesitzer, Kabarettist; Paul Elbogen, Schriftsteller; Wilhelm Ellenbogen, Politiker; Albert Ehrenstein, Lyriker; Alfred Ehrenzweig, Schriftsteller; Max Ermers, Kunstkritiker; Ernst Fischer, Politiker und Schriftsteller; Alfred Flechtheim, Kunsthändler; Hans Flesch-Brunningen, Schriftsteller; Rudolf Forster, Schauspieler; Paul Frank, Schriftsteller; Eduard Frischauer, Rechtsanwalt; Fritz Frischauer, Kaufmann; Leo Frischauer, Finanzmann; Paul Frischauer, Schriftsteller; Willy Frischauer, Journalist; Carl Götz, Schauspieler (Alfred Polgar schrieb einmal über ihn: „Wo er hintritt, wächst Gras."); Max Graf, Musikkritiker; Oskar Maria Graf, Schriftsteller; Willy Guttmann, Industrieller; Jakob Hegner, Verleger; Peter Heller, ohne Beruf; Thomas Heller, Antiquar; Percy Hirschfeld, Bankbeamter; Johannes Ilg, evangelischer Pastor; E. Jeanneret, Journalist; Franz Jolesch, Fabrikant; Jacques Kapralik, Zeichner und Karikaturist; Paul Keri, Journalist; Fritz Kessler, Journalist; Fritz Kortner, Schauspieler; Leopold Kulczar, Politiker; Leo Lania, Journalist; Paul Lazarsfeld, Sozialforscher; N. Lackenbacher, Gewerkschafter; Leo Lederer, Journalist; Eugen Lenhoff, Journalist; Valeriu Marcu, Schriftsteller; Georg Mazur, Kaufmann; Walter Mehring, Schriftsteller; Thomas Mendelsohn, Meteorologe; Soma Morgenstern, Journalist; Adelbert Muhr, Schriftsteller; Alexander Neuer, Individualpsychologe; Robert Neumann, Schriftsteller; Otto Neurath, Soziologe; Erwin Nistler, Maler; Balder Olden, Schriftsteller; Rudolf Olden, Journalist; Hans Oplatek, Industrieller; Friedrich Oppenheimer (Pseudonym: Friedrich Heydenau), Schriftsteller; Max Oppenheimer (abgekürzt: MOPP), Maler; Max Paulsen (Pseudonym:

Peter Petersen), Burgtheaterdirektor; Robert Pick (Pseudonym: Valentin Richter), Schriftsteller; Egon Pisk, Journalist; Sigismund von Radecki, Schriftsteller; Otto Ranschburg, Kunsthändler; Joachim Ringelnatz, Schriftsteller; L. W. Rochowanski, Kunstkritiker; Arthur Ernst Rutra, Schriftsteller; Hans Saxl, Buchhändler; Sil Vara (Silberer), Schriftsteller; Hugo Sonnenschein (Pseudonym: Sonka), Schriftsteller; René Spitz, Psychoanalytiker; Rudolf Spitz, Kabarettist; Arthur Schütz, Ingenieur und Erfinder des „Grubenhunds"; Paul Stefan, Musikkritiker; Hans Tabarelli, Journalist; Fritz Thorn, Journalist; Konrad Ward, Journalist; Fritz Wolf-Ferrari, Tänzer; Hans Zeisel, Soziologe; Philipp Zeska, Schauspieler.

Aus der weiblichen Hemisphäre:

Rosl Albinger, Modistin; Edith Barakovich, Photographin; Steffa Bernhard, Schauspielerin, Tochter des Chefredakteurs der „Vossischen Zeitung" Georg Bernhard; Sibylle Blei, Tochter Franz Bleis; Raja und Selma Brenner, zwei kunstbeflissene Mädchen aus Litauen; Gerty Brunner, Weltmeisterin im Bridgespiel; Rosalia Chladek, Tänzerin; Frieda Czopp, von Karl Kraus geförderte junge Dame; Lili Dillenz, Tochter des Steinbruchbesitzers und Karikaturisten Carl Hollitzer; Grete Eidlitz, Schriftstellerin; Lili Eltbogen, ohne Beruf, später mit dem Individualpsychologen Kurt Adler verheiratet; Sonja Fiala, Sekretärin; Herta Fischinger, Mannequin, später verheiratete Baronin Wassilko; Dolly Frankl, Schriftstellerin; Hansi Germé, Tänzerin; Karin von Hoeft, eine literaturbeflissene Dame; Lou Jolesch, in zweiter Ehe mit dem Komponisten Hanns Eisler und in dritter Ehe mit dem Politiker und Schriftsteller Ernst Fischer verheiratet; Mimi Josef, Gattin des Karikaturisten Carl Josef; Greta Keller, Schauspielerin und später weltberühmte Flüster-Diseuse;

Gertrud Kraus, Tänzerin; Auguste Kuh, Mutter Anton Kuhs; Maria Lazar, Journalistin; Gerti Landeis, Tochter des französischen Handelsdelegierten; Steffy Landeis, Schauspielerin, später unter dem Namen Stephane Roussel Korrespondentin des „Paris Soir" in Bonn; Louise und Rosl Papanek, Töchter des Herausgebers des Wiener „Interessanten Blattes"; Marietta Ranschburg, Freundin des Dramatikers Franz Molnàr; Mitzi Rohan, Verkäuferin; Fini Rüdiger, Schauspielerin; Wanda Specht, Witwe nach dem Schriftsteller Richard Specht; Fritzi Thumin, Jugendfreundin Friedrich Torbergs.

Oben links: Dr. Ernst Polak, um 1935.
Oben rechts: Delphine Reynolds, Ernst Polaks zweite Frau.

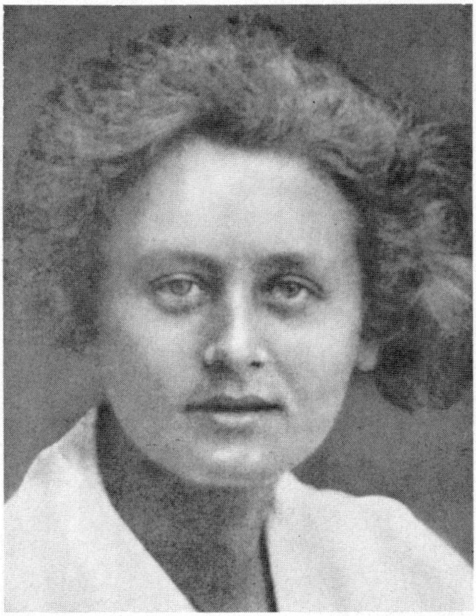

Ernst Polaks erste Frau Milena Jesenska, die Briefpartnerin Franz Kafkas.

Friedrich Torberg (*links*), Alexander Lernet-Holenia (*rechts*) und Milan Dubrovic im Café „Herrenhof", wenige Tage vor dessen Schließung im Jahre 1961.

Johann Czerny, genannt Jean, Oberkellner im „Central" und später im „Herrenhof".

Karikatur Anton Kuhs von J. Kapralik, um 1930.
Anton Kuh, in einem „Schanigarten“ sitzend, um 1930.

Robert Musil, ein bisher unveröffentlichtes Photo aus dem Privatbesitz des Verfassers.

Leopold Weiss alias Muhammad Asad, um 1930.

Oben: Der Psychoanalytiker Adolf Josef Storfer mit Milan Dubrovic bei einer Bootsfahrt in der Wachau, um 1930.
Unten: Von Peter Altenberg „entdeckt“: Bibiana Amon, um 1920.

Grete Wiesenthal um 1920

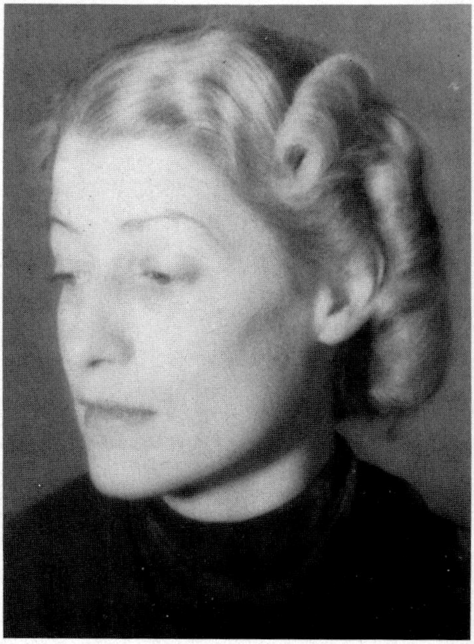

Hilde Polsterer,
Malerin und Designerin,
um 1950.

Oben links: Zeno von Liebl in Ulanenuniform während des Ersten Weltkriegs. *Oben rechts:* Der Philosoph und Physiognomiker Rudolph Kassner.
Unten links: Dr. Alexander Inngraf, um 1950.
Unten rechts: Der Maler und Anthroposoph Ernst Wagner, um 1940.

Dr. Emil Löbl, bis 1938 Chefredakteur des „Neuen Wiener Tagblatts“, um 1930.

Das Setzerteam des „Neuen Wiener Tagblatts“: Chefmetteur Eduard Wondracek (*1. von rechts*), Chefmetteur Dostal (*2. von rechts*), Druckereidirektor Rudolf Assmann (*3. von links*) und der Verfasser (*3. von rechts*).

Tante Berta, die Hofrätin

Auf der höheren, elitären Etage der Gesellschaftshierarchie Wiens gab es eine Anzahl distinguierter Zentren, die dem kulturellen Leben eine spezifische Note verliehen: die maß- und tonangebenden Salons, die nach einem Stil geführt wurden, der bewußt an die Tradition dieser einst ruhmreichen großbürgerlichen Institutionen anknüpfte und ehrgeizig bemüht war, die Erinnerung etwa an den gesellschaftlichen Stil Karoline Pichlers und Josephine Wertheimsteins wachzuhalten.

Die spektakulärsten von ihnen, schon durch die illustre Hausfrau von einer besonderen Aura umgeben, waren die Salons der Hofrätin Bertha Zuckerkandl in der Oppolzergasse, Alma Mahler-Werfels auf der Hohen Warte, der Tänzerin Grete Wiesenthal am Modenapark, der Gräfin Elsa Thurn in der Salesianergasse und der Pädagogin Eugenie Schwarzwald in einem reizenden, palaisartigen Gartenhaus, das sich in der Josefstädter Straße hinter den eintönigen Fassaden grauer Mietshäuser verbarg.

Ich hebe hier nur die namhaftesten Salons hervor, neben denen es noch eine Reihe anderer, ständiger, doch mit bescheidenerem Aufwand arrangierter Sammelpunkte gab, die weniger glanzvoll, aber nicht weniger wichtig in ihrer geistigen und gesellschaftlichen Funktion waren.

Da gab es zum Beispiel auf einem Platz in Währing, wo noch während des Krieges das Erzherzog-Karl-Ludwig-Denkmal stand, jetzt Richard Kralik-Platz, die Villa des Schriftstellers und Historikers Richard von Kralik (Vater des Germanisten Dietrich von Kralik und des einstigen „Presse“-Musikkritikers Heinrich von Kralik) als Zentrum eines Kreises streng katholischer Observanz. Nicht weit davon, in Döbling, Springsiedelgasse 28, galt das von dem Architekten Josef Hoffmann erbaute Haus des Staatsrechtlers Professor Edmund Bernatzik (Vater des Afrikaforschers Hugo Bernatzik) wieder als ein Hort betont liberalen Geistes.

Eine liberale Atmosphäre herrschte übrigens auch in den meisten übrigen Refugien des geistig bewegten Bürgertums jener Zeit: so in der gleichfalls von Hoffmann errichteten Villa des Malers Carl Moll (Stiefvater Alma Mahler-Werfels) auf der Hohen Warte (heute im Besitz des Miteigentümers der „Kronen-Zeitung", Kurt Falk) und in den Häusern der sogenannten „Josef-Hoffmann-Siedlung" im Kaasgraben; sie wurden vom Komponisten Egon Wellesz, den beiden Sektionschefs Adolf Drucker und Adolf Vetter und den Familien Bodstieber, Michel und Küpper bewohnt. Der heute längst vergessene schriftstellernde Offizier Robert Michel, in seiner Jugend auch mit Leopold von Andrian und Hugo von Hofmannsthal befreundet, verkehrte viel im Hause Wellesz, während die Nachbarskinder vor allem das Schwimmbassin im Michelschen Garten frequentierten. Ein geselliges Haus mit literarischem Einschlag und einem geistig interessierten größeren Freundeskreis führten auch der Schokoladefabrikant Hans Heller in der Belvederegasse und die Schriftstellerin Gina Kaus im einstigen „Philipphof", dem Sitz des noblen Jockey-Clubs vis à vis der Albertina.

Ein Haus, in dem noch heute an dieser Tradition festgehalten wird, ist die alte Biedermeiervilla Wien 18., Khevenhüllerstraße 6 des Ehepaares Erwin und Erika Neubauer. Es genießt schon deshalb historischen Ruf, weil hier im Revolutionsjahr 1848 die Verschwörer der „Akademischen Legion" Zuflucht fanden und später Sigmund Freud hier oft den Sommer verbrachte. Einzug in die Literaturgeschichte wird das Palais der Bankiersfamilie Ehrenfeld in der Marokkanergasse finden, da hier im Jahre 1933 die Dame des Hauses, Stella Ehrenfeld, die — wie bereits ausführlich geschildert — die Robert-Musil-Gesellschaft gründete, um dem Autor, der sich damals in einer prekären Lage befand, die Weiterarbeit an seinem Werk zu ermöglichen.

Allen diesen Salon-Sibyllen des damaligen Wien war das Talent gemeinsam, „Gesellschaft" zu inszenieren, Menschen zusammenzuführen, die profiliert, gescheit, redefreudig oder besonders begabt und bemerkenswert waren. Sie ließen sich durch Wissenschaft, Literatur, Kunst und Journalistik dazu animieren, einige Stunden des Zusammenseins in wechselseitiger Loyalität bei anregendem Gedankenaustausch zu verbringen.

Gemeinsam war den „Damen des Hauses" auch die für ihr Amt erforderliche Vitalität, die Gnadengabe, durch ihre bloße Anwesenheit und persönliche Ausstrahlung animierend zu wirken, Gegensätze auszugleichen, neue Verbindungen zu knüpfen, richtige Tisch- und Sitzordnungen zu arrangieren, um dadurch kalkulierbare Animositäten und Empfindlichkeiten im voraus auszuschalten, mit einem Wort: das Metier der idealen Gastgeberin perfekt zu beherrschen. Wenn die Einladungslisten zum Teil die gleichen prominenten Namen aufwiesen und die stets unvermeidbare Statisterie aus Snobs, Karrieristen und bloßen „Adabeis" überall als nichtssagender Ballast empfunden wurde, so hatte doch jedes dieser gastlichen Häuser sein separates Stammpublikum.

Dank seines Ansehens als kulturelles Machtzentrum ebenso wie als versöhnungsfördernder Treffpunkt gegnerischer Politiker rangierte ganz obenan der Salon Berta Zuckerkandls, der zunächst in einer Döblinger Biedermeiervilla in der Nußwaldgasse, dann im Hause Oppolzergasse 6, einige Stockwerke über dem Café Landtmann, etabliert war.

Zur Zeit einer historischen Wende im geistigen Leben Wiens attackierte die temperamentvolle junge Journalistin mit ihren kämpferischen Artikeln in den führenden Zeitungen Wiens das alteingesessene, konservative Bürgertum, sofern es an einem sterilen Akademismus festhielt und mit schöpferischem Elan in künstlerisches Neuland aufbrechende junge Genies wie Josef Hoffmann, Adolf Loos, Oskar Kokoschka, Dagobert Peche, Kolo Moser oder Müller-Hofmann als lästige, subversive Abweichler verfemte. Berta Zuckerkandls antikonformistische Geisteshaltung, ihr oppositioneller Instinkt, wurzelten in einem unbeirrbaren Fortschrittsglauben, der für das liberale jüdische Großbürgertum ihrer Generation so kennzeichnend war.

Diesen Optimismus hielt sie auch aufrecht, als Österreich seine schlimmsten Stunden erlebte, als das alte Reich zusammenbrach, der „Staat, den niemand wollte", im Elend versank, von Attentaten, Bankenkrachs und Bürgerkrieg zerrüttet wurde. Der Vielvölkerstaat Altösterreich war ihre Heimat, ihre große Liebe gewesen, und er lebte für sie im Torso der kleinen Donau-Alpen-Republik gewissermaßen unberührt weiter fort.

Für die wichtige Rolle, die Berta Zuckerkandl in Wien spielte, war sie durch ihre Familie geradezu prädestiniert. Ihr Vater, Moriz Szeps, war der Begründer und Chefredakteur des liberalen „Neuen Wiener Tagblatts", Intimus und Berater des Kronprinzen Rudolf, und ihr Bruder, Julius Szeps, Chefredakteur der „Wiener Allgemeinen Zeitung"; ihr Gatte war der berühmte Anatom Hofrat Emil Zuckerkandl, ihre Schwester war mit Paul Clemenceau verheiratet, dem Bruder des französischen Staatsmannes Georges Clemenceau, genannt „der Tiger". Zu ihrem engeren Freundeskreis in Paris zählten der Politiker Paul Painlevé, der Bildhauer Auguste Rodin, der Komponist Maurice Ravel, der Dramatiker Paul Geraldy und die

Dichterin Comtesse de Noailles, die von einem rumänischen Vater und einer griechischen Mutter abstammte und ebenso wie „Tante Berta“ einen glanzvollen literarischen Salon führte.

Nicht allein in den Künsten, sondern auch in vielen anderen Bereichen hinterließen „Tante Bertas“ impulsives Engagement, ihre nützliche Betulichkeit sichtbare Spuren. So hatte sie 1917 bei den Versuchen der Wiener Regierung, einen Separatfrieden mit Frankreich zu erlangen, ihre vorfühlende Hand im Spiel. Eine große patriotische Tat gelang ihr 1922, als sie durch hartnäckig betriebene Privataudienzen beim französischen Finanzminister Caillaux mit dazu beitrug, daß Österreich in seiner verzweifelten Lage die rettende Völkerbundanleihe erhielt. Das weltweit gespannte Netz ihres Freundeskreises und die intime, gelockerte Gesprächsatmosphäre hoben den Salon der „österreichischen Madame Récamier“ über andere umschwärmte „Gesellschafts“-Zentren weit hinaus.

In meiner Adabei-Funktion als journalistischer Lehrling bei der „Wiener Allgemeinen Zeitung“ lernte ich „Tante Berta“ im Jahre 1927 kennen. Sitz der Redaktion war das Fürst-Liechtenstein'sche Elbemühlhaus Grünangergasse 2. Im vierten Stockwerk, hoch über dem stampfenden Lärm der Druck- und Setzmaschinen, lag die altmodische, elegante Wohnung des früheren Chefredakteurs Julius Szeps, in der noch seine Witwe lebte, umweht vom Ruf der Familie, die einst zur kronprinzlichen Kamarilla gehört hatte.

Wir, die redaktionellen Benjamine der „Allgemeinen“ — der Theaterkritiker Walther Schneider, der Reporter-Eleve Karlhans Sternheim, Sohn des Dramatikers Carl Sternheim, und ich selbst als frisch engagierter Allround-Journalist — lauschten gern den Tratschgeschichten vom kaiserlichen Hof, wenn uns Mme. Szeps während der Mittagspause zu einem Asti-Spumante-Aperitif einlud.

Es war ein prickelndes Gemisch aus der k.u.k. Gerüchteküche und konspirativen Details, die Mme. Szeps zu delikaten Geschichten zusammenbraute und mit ihrem indiskreten Charme zum besten gab.

Diese Tratsch-Matineen erhielten einen zusätzlichen Reiz, wenn gelegentlich auch Tante Bertha zu einem vormittäglichen Plausch bei der Schwägerin vorbeikam. Die „Hofrätin" — so lautete die würdigere Variante zu dem Rufnamen „Tante Berta" — empfand für uns Nachzügler des einst mächtigen Meinungsimperiums der Familie Szeps kollegiale Sympathien; wir avancierten automatisch in die Reihe ihrer Protegés. Als ich bald darauf zum „Neuen Wiener Tagblatt" überwechselte, das ja gleichfalls einst zur Domäne der Familie gezählt hatte, wurde ich oft zu Tante Bertas Empfängen und Soireen eingeladen und erhielt damit Zutritt zu den obersten Rängen des damaligen gesellschaftlichen Lebens.

Hier lernte man fast alle wichtigen Persönlichkeiten kennen und gewann Einblick in den verborgenen Mechanismus und in diskrete Interna des politischen, wirtschaftlichen und kulturellen Geschehens, die sich nur dem Blick des Eingeweihten erschlossen. Aus solcher Mitwisserschaft den Kern verwendbarer Information zu destillieren, in dieser hohen Kunst des Journalismus war Berta Zuckerkandl mein meisterliches Vorbild.

Ihrer Gunst verdanke ich meine Beziehungen zu einer der seltsamsten Persönlichkeiten unter den „geheimen Mächtigen" der Ersten Republik, zu dem Rechtsanwalt Dr. Gottfried Kunwald. Er war Präsident der Biedermannbank, eines Finanzinstituts mittlerer Größe, das sich unter seiner klugen Führung aus den verheerenden Finanzkatastrophen des jungen Staates, der totalen Inflation, dem Sterben der Großbanken, heraushalten konnte. Als Ratgeber war er im Einvernehmen mit Berta Zuckerkandl am Zustandekommen der großen Völkerbundanleihe beteiligt; damit hatte er auch das besondere Vertrauen von Bundeskanzler Seipel gewonnen, so daß zwischen diesem ungleichen Paar eine tiefe Männerfreundschaft entstand.

Daß der Name Kunwald, Seipels mächtiger „grauer Eminenz“, der breiten Öffentlichkeit verborgen blieb, lag an einem schweren körperlichen Defekt des Rechtsanwaltes, der halb gelähmt war und sich kaum fortbewegen konnte. Auf einem riesigen, athletisch gebauten Körper ruhte ein scharfgesichtiger Kopf mit Kaiserbart, hoher Stirn und ausdrucksvollen Augen. Er war eine imponierende Erscheinung, wenn er auf dem Stuhl vor seinem Schreibtisch saß.

Er konnte nicht aufrecht stehen, weil seine Beine verkrüppelt waren und wie leblose Rudimente an seinem Körper hingen — eine angeborene Mißbildung: die Nabelschnur hatte sich während der Schwangerschaft um seine Beine geschlungen und deren Entwicklung verhindert. Er vermochte sich nur auf zwei Krücken und auf ein metallenes Hüftmieder gestützt fortzubewegen, mit fast horizontal vorgebeugtem Rumpf.

In späteren Jahren saß er vor dem Schreibtisch auf einem selbstkonstruierten, aus Seilen und Stangen bestehenden Gerüst, das er mittels eines drehbaren Hebels meterhoch hinab- und hinaufschieben konnte, um sich selbst eines der Bücher von den Stellagen zu holen, die zu Hunderten ringsum die Wände des Arbeitszimmers bedeckten.

Mitunter ließ er sich in einem Fiaker spazieren führen. „Seine politische Porzellanfuhr“, raunte man dann am Ballhausplatz, wenn Kunwalds Schimmelgespann mit geschlossenem Coupé beim Kanzleramt vorfuhr und Seipel zustieg. Der Nimbus des Geheimnisvollen, der die Person Kunwalds umgab, steigerte sich zu phantastischen Gerüchten; so hieß es etwa, daß Seipel angeordnet hätte, bestimmte wichtige Akten des Finanz- und Handelsressorts müßten vor ihrer Erledigung Kunwald zur Einsichtnahme vorgelegt werden.

In Kunwalds Wohnung in der Schulerstraße Nr. 1 war Seipel viele Jahre hindurch wöchentlich ein- bis zweimal abends zu Gast. Es hieß, daß hier unter vier Augen Entscheidungen fielen, die Seipel nachher oft mit seiner ganzen Autorität gegen Widerstände aus der eigenen Partei durchsetzen mußte.

Später, unter Dollfuß, ging Kunwalds Einfluß stark zurück. Finanzminister Kienböck, sein großer Gegenspieler, obsiegte mit seinem starren Festhalten an der Politik hoher Goldreserven und dem Mythos vom „harten Alpendollar". Vergeblich hatte Kunwald vor dieser Politik gewarnt, er sah in der daraus resultierenden Arbeitslosigkeit die Ursache für das Anwachsen des Nationalsozialismus.

Seipel, der „Prälat ohne Milde", zu dem ihn seine Gegner gestempelt hatten, erwies sich als Gast im Salon Zukkerkandl oft als freundlich-umgänglicher Causeur, der sich an Witzen und Gesprächspointen erfreuen konnte und selbst gern heitere Anekdoten beisteuerte. In solchen Augenblicken verklärte sich sein Cäsarenantlitz zu einem Ausdruck innerer Güte und Nonchalance. Ich selbst war einmal Zeuge einer solchen Szene.

Tante Berta hatte zu Ehren des Sohnes des französischen Ministerpräsidenten Painlevé, der in Wien einen wissenschaftlichen Vortrag hielt, einen großen Empfang veranstaltet, zu dem auch Bundeskanzler Seipel eingeladen war.

Im Parlament war es vormittags wieder einmal zu einem Kampf zwischen den beiden „Giganten", Seipel und Otto Bauer, gekommen, der vom obligaten Chor beleidigender Zwischenrufe begleitet war. Solche Szenen waren im Parlament immer häufiger geworden. Pessimisten verstanden sie als unheilvolle Signale kommender Katastrophen.

Diese politische Gewitterschwüle war auch in den mit Blumen reich dekorierten Salon der Hofrätin eingedrungen und lag drückend über der erwartungsvollen Stimmung der Gäste. Plötzlich erschien Seipel in der Tür. Mit dem rechten Arm umfing er die Schulter des um einige Köpfe kleineren Stadtrates Julius Tandler, der mit seinem Nietzsche-Schnauzbart dem Anblick des ungleichen Paares eine groteske Note verlieh. In diesem Augenblick jedoch wirkten beide vereint als Symbolbild demokratischer Eintracht und Loyalität.

Seipel blieb demonstrativ bemüht, diesen Eindruck zu unterstreichen. Er trat auf den jungen Painlevé zu und begrüßte ihn mit dem freundlichen Kommentar: „Hier darf ich Ihnen Herrn Professor Tandler, einen der besten Männer unseres Landes, vorstellen. Er ist ein großer Wissenschaftler und ein Mann der Tat, der als Begründer der Kinderübernahmsstelle der Gemeinde Wien für die ganze Welt Vorbildliches getan hat." So etwa lauteten seine Worte, die die Anwesenden verblüfften und demonstrativen Applaus auslösten.

Für Berta Zuckerkandl und ihren Freund Dr. Kunwald war Österreichs Geschichte mit Seipels Tod zu Ende. Als Mitglied der letzten Regierung im Kaiserreich und als erfolgreicher Sanierer der nachfolgenden kleinen Republik war Seipel für beide der Garant der Kontinuität gewesen, der Mann, der an eine Renaissance der Donaukonföderation glaubte und an Österreichs historischen Auftrag, auf dieses Ziel hinzuarbeiten. Ihre Kritik an seinen Nachfolgern Dollfuß und Schuschnigg verband sich mit wachsendem Zweifel am Weiterbestand Österreichs. Als Berta Zuckerkandl erkannte, daß die letzten Reste ihrer Hoffnungen zunichte wurden, fuhr sie nach Frankreich, später ging sie nach Algier ins Exil.

Kunwald war unter den ersten Österreichern, die am Morgen nach Hitlers Einmarsch verhaftet wurden. Von seinem heute als Musikkritiker des „Daily Telegraph" in London lebenden Neffen Peter Stadlen erfuhr ich die makabren Einzelheiten seines Todes. Kunwald wurde nach seiner Festnahme noch am selben Abend als haftunfähig in seine Wohnung, Schulerstraße Nr. 1, entlassen. Es war der Vorabend seines 70. Geburtstages. Neben dem Bett im Schlafzimmer standen zwei SS-Soldaten Wache. Es gelang, sie zu überreden, sich im Nebenzimmer vor der Tür aufzustellen. Diesen Augenblick benutzte Kunwald, um Gift zu nehmen.

Knapp vorher hatte er hastig mit einem Bleistift einige Abschiedsworte auf ein Stück Papier gekritzelt. Der letzte Satz lautete: „Meinem Feinde Kienböck möge Gott verzeihen, ich kann es nicht!"

Die Welt der Grete Wiesenthal

Ein komfortables Wiener Miethaus, am Modenapark Nr. 6, war in den schicksalsträchtigen Dezennien von 1930 bis Ende der Sechzigerjahre ein Zentrum des gesellschaftlichen und intellektuellen Lebens, zugleich eine Adresse, die weltanschauliche Geborgenheit, Zuflucht für das freie Gespräch und jene vertrauenerweckende Intimität zu bieten vermochte, ohne die geistiges Leben nicht gedeihen kann.

Die gastfreundliche Hausfrau war die einst gefeierte Tänzerin und später schriftstellerisch eifrig tätige „Frau Professor" Grete Wiesenthal.

Es war ein repräsentabler Wohnsitz, eher Residenz als Wohnung im gängigen Sinn, von dem Architekten Otto Niedermoser mit großem Einfühlungsvermögen in das sensible Wesen der Hausfrau eingerichtet. Mittelpunkt des weiträumigen Domizils war der angenehm proportionierte große Salon, dessen Wände mit hellgrauen, faltenreich fallenden Seidenvorhängen drapiert waren. Eine biblische Szene, von dem Maler und Freund des Hauses Müller-Hofmann in einem großflächigen Gemälde mit El Greco-haft leuchtenden Farben geschildert, verlieh dem Raum einen Hauch sakraler Würde. Zwei Plastiken, zwischen den Sitzgarnituren postiert, eine schwarze Buddha-Büste und die edle Figur eines schlanken Epheben betonten das feierliche Ambiente.

In diesem fast bühnenhaft anmutenden Dekor bewegten sich die Gäste, ehe sie in einem lockeren Halbrund um den hohen Lehnstuhl der Hausfrau Platz nahmen. Eine Szenerie, die heute einer schnell dahinschwindenden Zahl einstiger persönlicher Freunde in Erinnerung geblieben ist, während der Name Grete Wiesenthal und der Ruf, der sich mit ihm verbindet, in eine Ferne zu entschwinden droht, wo Ereignisse und die beteiligten Menschen sich zur Legende verklären.

Grete Wiesenthal war schon im Kindesalter von der Aura besonderer Auserwähltheit umwoben, als frühreife Elevin des k.k. Hofopernballetts. Ein Gnadenakt Fortunas ließ Gustav Mahlers Entdeckerblick auf das damals siebenjährige Mädchen fallen, als er nach einer Idealbesetzung für die „Stumme von Portici" Ausschau hielt. Das Debut wurde zum Auftakt einer sagenhaften Karriere. Durch zahllose Tanzabende, oft gemeinsam mit ihren Schwestern Else und Martha oder mit Toni Birkmeyer als Partner, durch Auftritte in fast allen Metropolen Europas und der Vereinigten Staaten Amerikas, gelegentlich auch als Choreographin und Regisseuse, Mitarbeiterin Max Reinhardts, Heinz Hilperts und Oscar Fritz Schuhs, wurde sie gewissermaßen zur Erneuerin des Wiener Walzers, der durch ihre Grazie, ihren tänzerischen Esprit vom

Status naiver Volkstümlichkeit in den Adelsstand reiner, absoluter Tanzkunst erhoben wurde.

Die Wurzeln ihrer Kunst reichten weit zurück bis in die inspirative Epoche der Jahrhundertwende. In ihren tänzerischen Ausdeutungen, die zärtlich umweht waren von dem morbiden Duft des *fin de siècle,* spiegelte sich bereits der graziöse Linienschwung des Jugendstils und ließ seine ornamentalen Konturen erkennen.

Untergang und Aufbruch trieben ihr wechselvolles Spiel, die Opern „Salome" und „Elektra" hatten ihre heftig umstrittenen Uraufführungen. „Ver Sacrum" erschien, Kokoschka zeichnete seine Vision der „Träumenden Knaben", Schönberg komponierte die „Gurrelieder" und „Pierrot lunaire", Gustav Klimt, Josef Hoffmann, Kolo Moser alarmierten die Wiener mit ihren bahnbrechenden Schöpfungen. Sie arrangierten eine Gartenbühne zur Aufführung einer Dichtung von Max Mell „Die Tänzerin und die Marionette", in der Grete Wiesenthal ihren ersten Durchbruch erzielte. Bald darauf folgte ein Triumph im Kabarett „Fledermaus" mit dem „Donauwalzer".

Die Kritiker überboten einander an Lob. Peter Altenberg brach in einen Hymnus aus: Er hatte auf ihrem Antlitz „die Seele erschaut, ohne die es kein bedeutendes Tanzen gibt zur Höherentwicklung von Erdenschwere zum Engelflug".

Bald darauf, nach einer Raimundaufführung, verdammte Egon Friedell die „subalternen Künste wie Sprechtechnik und dergleichen" und hielt diesen die adelige Kunst der Wiesenthal entgegen: „Ihre Hände, jede Biegung ihres Körpers reden eine hundertmal edlere Sprache als alle Verse Raimunds und selbst Goethes und Shakespeares".

Vielsagend in seiner Präzision lautete das Urteil des Kritikers und Feuilletonisten Alfred Polgar über Grete

Wiesenthal, das neben ihrer Kunst auch das Menschliche ansprach: „Eine Frau von vollkommenem, durch Zeit und vieles Schicksal überschleierten Liebreiz, ein Ausnahmemensch, unverrückbar sicher im Schutz seiner äußeren und inneren Kultur. Nichts hat ihr das diebische Leben weggenommen von der Gabe, Gott und den Menschen angenehm zu sein."

Was Polgar als innere Kultur hervorhob, ergab sich aus der besonderen Art von Religiosität, die in ihrem Gemüt tief verwurzelt war, zugleich aber mit ihrem freien, undogmatischen Denken in Widerstreit geriet. So hatte sie Schwierigkeiten, ihr natürliches, instinktives Gottesbewußtsein mit konfessionellen Lehrmeinungen und Glaubenssätzen in Einklang zu bringen.

Starken Einfluß übte auf sie der aufgeklärte Pantheismus Goethes. Kritik oder Zweifel an dem von ihr als Halbgott verehrten Olympier wies sie mit Betroffenheit und ungewohnter Schärfe zurück. Damit widersprach sie sich allerdings selbst. Eine ungeschriebene Hausordnung gebot nämlich, sich dem von der Hausfrau vorgegebenen Stil einer duldsamen Gesprächsführung anzupassen, persönliche Ansichten zwar mit Festigkeit darzulegen, aber auch dem Gegenpart die Chance zu geben, mit Andacht gehört zu werden. In der tugendhaften Fähigkeit des Zuhörenkönnens war sie ein Vorbild.

Da saß sie, hoheitsvoll aufgerichtet auf ihrem hohen Lehnstuhl, die gütigen, verständnisvollen Augen auf das Gesicht des Sprechenden geheftet, als wollte sie ihn mit Auge und Ohr erst ganz in sich aufnehmen, ehe sie aus sich selbst heraustrat. Sie horchte, forschte, sog die Worte wägend und prüfend in sich ein, mit ihrem Blick zugleich in das Innere ihres Gegenübers dringend, um dessen Beschaffenheit möglichst total zu erfassen. Der jeweilige Gesprächspartner sollte das Gefühl bekommen, von allen ringsum im Augenblick der Gescheiteste zu sein.

Hilflos fast verstört, erlosch jedoch ihr Antlitz, wenn Lautstärke und Tempo von Frage und Antwort ungebührlich exzedierten. Dann verlor sich ihr Blick über die Gäste hinweg im weiten, leeren Raum der Langeweile.

Um die Homogenität der jeweiligen Gesprächsrunden zu gewährleisten, wurde die Auswahl der Teilnehmer mit großer Sorgfalt getroffen. Grete Wiesenthal ging es nicht darum, um der Geselligkeit willen Einladungen zu veranstalten. Ihre Motive beim Zusammenführen von Menschen entsprangen allein ihrem Künstlertum, ihren intellektuellen Neigungen und ihrem Bedarf an Wissen und Anregungen. Die Anteilnahme an den Problemen der Kunst, der Wissenschaft, der Politik war weit gespannt, wobei der Zusammenhang mit dem religiösen Wandel, der sich in ihrer Epoche vollzog, im Vordergrund stand. Sie sah die geschichtlichen Katastrophen, die sie miterlebte, in naher Verflechtung mit den untergründigen Veränderungen und Krisen auf geistigem Gebiet und wußte sich mit ihren Freunden darin einig, daß die Rettung aus den Miseren des Jahrhunderts und seiner apokalyptischen Untergangsstimmung nicht von Reformen im materiellen Bereich, sondern von spirituellen Impulsen zu erwarten sei.

Seit früher Jugend, von ihren eigenen familiären Gegebenheiten her und später im Zusammenhang mit der Familie ihres Mannes, des Malers Erwin Lang, war sie den miteinander befreundeten, oft sogar verschwägerten Kreisen der kulturellen Szene Wiens eng und schicksalhaft verbunden. Zum Verwandtschafts-Clan der Familie Lang zählten die Barone Schey (deren Palais im Zentrum der erfolgreichen Fernsehserie „Ringstraßensymphonie" stand), die durch ihr großzügiges Mäzenatentum bekannte Juweliersfamilie Köchert, die unter anderen den Komponisten Hugo Wolf und den Dichter Richard Billinger unter ihre fördernden Fittiche nahm. Auch Hedwig Kunwald, die Gattin des Bankpräsidenten und ständigen Beraters von Bundeskanzler Seipel, Dr. Gottfried Kunwald, war eine geborene Lang.

Auf tragische Weise gelangte die Familie Lang zu literarischem Ruhm durch Heinz Lang, der sich in die Schauspielerin Lina Loos hoffnungslos verliebte und vom Dichter Peter Altenberg zum Selbstmord animiert wurde. In Arthur Schnitzlers polemischer Tragikomödie „Das Wort" hat dieses aus leichtfertigem Zynismus ausgelöste Drama seinen literarischen Niederschlag gefunden.

Grete Wiesenthal zählte auch zum engsten Freundeskreis Hugo von Hofmannsthals, der für sie zwei Tanzlibretti schrieb. Nach seinem Tode blieb sie mit dessen Witwe Gerty, dem Sohn Raimund, der Tochter Christiane eng verbunden und verbrachte nach Kriegsende stets einen Teil des Sommers als Gast der Familie auf deren Schloß Prielau bei Zell am See. Hofmannsthals Enkelin Arabella wohnte längere Zeit in Wien bei Grete Wiesenthal, um die deutsche Sprache „gemildert durch Wienerisch" zu erlernen. Die Perversität der Epoche zeigt sich in dem Umstand, daß durch Flucht und Exil der Enkel des Dichters Hofmannsthal, Octavian, inzwischen Engländer geworden ist.

In ihre Jugend zurück reichte auch die freundschaftliche Verbundenheit mit den Dichtern Rudolf Alexander Schröder, Max Mell, Franz Theodor Csokor, Felix Braun, Carl Zuckmayer und dem Philosophen und Physiognomiker Rudolf Kassner. Diese innigen Kontakte bewährten sich über die von Krieg und Barbarei geprägten Jahre hinaus.

Während der NS-Ära war Grete Wiesenthal stets hilfsbereit zur Stelle, wann und wo immer es nötig war. So wurde ihr Haus zu einem der getarnten Zentren oppositioneller Aktivitäten, einem Refugium für Verfolgte und

Gefährdete, die hier in einem Kreis von Gutgesinnten Unterstützung fanden.

Eine von mehreren Hilfsaktionen betraf Dr. Emil Geyer, den einstigen Direktor der „Neuen Wiener Bühne" in der Wasagasse (1912 — 1922), später als Vertreter Max Reinhardts Direktor des Theaters in der Josefstadt. Sein tragisches Schicksal sei besonders festgehalten, nicht nur, weil es einen mit dem Wiener Kulturleben höchst aktiv und erfolgreich verbundenen Mann betrifft, sondern auch wegen mancher bizarrer Einzelheiten, die für die ganze Epoche kennzeichnend waren.

Geyer, der eigentlich Goldmann hieß, entstammte einer wohlhabenden jüdischen Familie und war schon in früher Jugend dem Theater verfallen. Den Namen Geyer hatte er sich als Künstlernamen gewählt, weil er als Student ein fanatischer Verehrer Richard Wagners war, in dessen rauschhaft-mystischer Musik, der komplizierten Orchestersprache und deren „leitmotivischem Gedeigez" er, wie er wörtlich feststellte, deutliche Spuren spezifisch jüdischer Denkweise zu entdecken glaubte. Wagners Stiefvater, den Schauspieler Ludwig Geyer, hielt er für einen camouflierten Abkömmling jüdischer Ahnen und der Umstand, daß Wagner in dem Judenviertel von Leipzig geboren wurde, bestärkte sein Wunschdenken, daß Ludwig Geyer, der jahrelange Hausfreund und spätere Ehegatte von Richard Wagners Mutter, der wirkliche Vater des Lieblingskomponisten Adolf Hitlers sei.

Emil Geyer war ein überaus gebildeter und belesener Mann mit starken geistigen Interessen. In der Bibliothek seiner Wohnung in der Siebensterngasse fand man neben sämtlichen Werken Friedrich Nietzsches und Knut Hamsuns die rund siebzig Bände umfassenden, „Acta sanctorum", die große Heiligen- und Märtyrergeschichte der katholischen Kirche, davor stand eine große Nietzsche-Büste.

Neben dem Theater galt sein Interesse auch den bildenden Künsten. Er besuchte die Maler in ihren Ateliers, förderte junge Talente und war ein eifriger Sammler. In seiner Wohnung hingen Werke von Kandinsky, Pechstein, Klimt und Schiele, die 1938 einer Razzia von SA-Leuten zum Opfer fielen. Er mußte seine Wohnung verlassen und fand provisorische Unterkunft als Untermieter in einem Haus in der Krugerstraße. Trotz dieser Erlebnisse weigerte er sich, Wien zu verlassen. Sein Schwiegersohn und Max Reinhardt, der ihn als Leiter für seine in Hollywood gegründete Schauspielschule gewinnen wollte, schickten ihm vergeblich das nötige Affidavit und die Schiffskarte.

Seine Situation wurde immer schwieriger. Um das Odium von Almosen zu vermeiden, veranstaltete Grete Wiesenthal in ihrer Wohnung Vorlesungen Emil Geyers, wobei die Bemessung des Eintrittsgeldes den geladenen Gästen überlassen blieb. Solcherart kamen Beträge zustande, die es Geyer ermöglichten, ein bescheidenes Leben zu führen.

Um jeden Preis wollte er die NS-Ära miterleben, weil sie in vieler Hinsicht seine Prophezeiungen über den Lauf der Welt zu bestätigen schien. Er glaubte, Hitlers Herrschaft werde bloß ein Intermezzo von kurzer Dauer sein; es werde dann von einem Militärregime abgelöst werden und schließlich zum endgültigen Sieg des Sozialismus führen. Der Sozialismus werde sich zu einer vom ökonomisch-materialistischen Denken losgelösten, aufklärerisch-wegweisenden politischen Philosophie entwickeln, die einem letztendlich die gesamte Menschheit umfassenden Humanitätsbewußtsein zum Durchbruch verhelfen werde.

An einem der literarischen Nachmittage bei Grete Wiesenthal erläuterte er seine religiös inspirierte, schon im Diesseits erfüllbare Heilserwartung. Er stützte sich dabei auf die damals viel gelesenen Bücher von Le Bon und Ortega y Gasset über Massenpsychologie und Massenherrschaft und die in weiten Teilen der Welt in Bewegung geratenen gesellschaftlichen Strukturen mit ihrer Tendenz zum Kollektivismus.

Literarisch sah er diese Entwicklung in einem ursächlichen Zusammenhang mit der weltweiten Wirkung der Bücher Knut Hamsuns nach der Jahrhundertwende. Er selbst, erklärte er, habe in seiner Jugend unter der damals grassierenden „Krankheit des Hamsunismus" gelitten, die dazu verleitet habe, sich mit Hamsuns narzißtischen Romanhelden — er zielte vor allem auf die Figur des Johan Nagel in den „Mysterien" — zu identifizieren.

Es handle sich durchwegs um symbolträchtige Gestalten aus einer sich selbst entfremdeten, zu völliger Verlassenheit verurteilten Menschheit. Diese glorifizierende Mythisierung von Schicksalen in einer durch Überindividualisierung ermüdeten Kultur müßte, so meinte Geyer, in der nachfolgenden Generation eine Sehnsucht nach Gemeinschaft auslösen, nach „Bildung, Führung, Einpassung in die Zelle, die Gruppe, den Kreis, in das Volk, in den Staat", wie sie totalitäre Systeme als doktrinäre Heilsbotschaft anbieten.

Von dieser Vision eines „starken neuen Gemeinschaftsgefühls" und dem Problem, wie dieses für eine freie Demokratie als festigendes Element zu nützen sei, war Geyer so fasziniert, daß er bei Gesprächen im Hause Wiesenthal immer wieder darauf zu sprechen kam.

Ich sah ihn zum letzten Mal, als er bei einem der erwähnten „Benefizvorträge" eine seiner Lieblingsdichtungen, den „Tod des Tizian" von Hofmannsthal las.

Bald darauf erfüllte sich sein tragisches Schicksal. Er hatte versucht, auf heimlichen Wegen zu Fuß nach Ungarn zu gelangen. Im Grenzgebiet wurde er von einer SS-Streife entdeckt und verhaftet. Wenige Tage danach übergab ein SS-Mann der Portiersfrau des Hauses in der Krugerstraße wortlos die Urne mit seiner Asche.

Man mußte damit rechnen, daß das Haus am Modenapark wegen der dort obwaltenden regimefeindlichen Atmosphäre unter Verdacht stand. Aber Grete Wiesenthal hielt trotzdem daran fest, den Verkehr mit Menschen zu pflegen, die durch ihre Abkunft gefährdet oder aus politischen Gründen dem Argwohn des NS-Regimes ausgesetzt waren.

Die Hausfrau selbst hatte sich in krasser Weise verdächtig gemacht. Richard Coudenhove-Kalergi, der damals mit der jüdischen Schauspielerin Ida Roland verheiratet war, hatte sie für einen Abend zu sich gebeten, an dem eine größere Zahl von Gästen teilnahm, um den regimekritischen Vortrag eines Priesters zu hören. Unter den Anwesenden gab es Personen, die, hätte man sie entdeckt, sogleich als Verschwörer festgenommen worden wären.

Tags darauf erschien ein SA-Trupp bei Grete Wiesenthal, der sie unter Drohungen aufforderte, die Namen der Anwesenden bei dem Vortrag bekanntzugeben. Frau Maritza, die Jahrzehnte hindurch treu dienende Gefährtin der Hausfrau, denkt heute noch mit Schrecken an das Verhör zurück, obwohl dieses glimpflich endete. Grete Wiesenthal hatte sich mit der stärksten Waffe aus ihrem stets paraten Arsenal von Täuschungskünsten zur Wehr gesetzt: ihrem unbezwingbaren Charme. Mit unschuldsvoll verwundertem Lächeln beteuerte sie, außer dem Hausherrn niemand von den Teilnehmern gekannt zu haben. Die Männer zogen erfolglos ab.

Auf der Suche nach politischen Gegnern hätte die Gestapo an manchen Nachmittagen oder Abenden bei Grete Wiesenthal billige Erfolge zu erzielen vermocht. Aber polizeiliches Durchgreifen hatte manchmal dort seine Grenzen, wo limitierte Freiräume für Andersdenkende bewußt in die Sicherheitsstrategie der Geheimpolizei einkalkuliert waren. Von den Wiesenthalbesuchern waren keine spektakulären Aktionen zu erwarten, ihre Art des Widerstandes gegen das Regime vollzog sich ohne Gewalt. Der Widerstand bestand darin, das Leben von Verfolgten, Geächteten, in den Untergrund Geflüchteten zu sichern, das Leben von moralisch Intaktgebliebenen und Gutgesinnten für eine bessere Zukunft zu bewahren.

Trotz dem subversiven Geist, der hier vorherrschte, konnte man sich bei Grete Wiesenthal unter dem Aushängeschild gewisser prominenter Namen einigermaßen sicher fühlen. Heinz Hilpert, Leiter des Deutschen Theaters in Berlin, zugleich Direktor des Wiener Josefstädter Theaters, zählte zu der sakrosankten Kulturelite, obwohl er an seinen berühmt-berüchtigten Sonntagvormittagen im Josefstädter Theater Vorlesungen hielt, die von kritischen Textstellen wimmelten. Da es sich zumeist um Zitate aus klassischen Werken der deutschen Literatur und Philosophie und auch um religiöse Texte handelte, war Hilpert schwer angreifbar. Sogar das offizielle Parteiorgan „Der völkische Beobachter" tat sich schwer mit einer Glosse, worin die Polizei aufgefordert wurde, sich für das begeisterte Stammpublikum dieser stets ausverkauften Matineen zu interessieren.

Das Rezept jeder Tyrannei, die Zügel zeitweise zu lokkern, bewährte sich auch in diesem Fall. Es geschah daher nichts. Hilperts Stellvertreter im Josefstädter Theater war Alfred Ibach, sein Dramaturg Benvenuto Hauptmann, der Sohn des Dichters. Beide zählten zu den bevorzugten Dauergästen des Salons Wiesenthal und trafen sich hier ständig mit einem Fähnlein Gleichgesinnter, zu denen als besonderer Freund des Hauses der literarisch interessierte Industrielle Gustav Kapsreiter, ein nobler Mäzen gehörte, ferner der Bankier Fritz von Maurig (nach dem Krieg Mitbegründer und Förderer der Tageszeitung „Die Presse") und die Journalisten Oskar Maurus Fontana, Zeno von Liebl und L.W. Rochowanski.

Im Sommer 1942 erfuhr Benvenuto Hauptmann, daß Baldur von Schirach, Hitlers Reichsstatthalter, anläßlich des 80. Geburtstages von Gerhart Hauptmann in Wien eine Festwoche veranstalten wolle, obwohl Hauptmann bei Hitler längst schon in Ungnade gefallen war und von der NS-Propaganda als „Exponent jüdischer Literaturpazifisten" und „Gewerkschaftsgoethe" verfemt wurde.

Wien war damit zum Schauplatz der Dauerfehde zwischen Schirach und Goebbels geworden. Mit der Organisation dieser Hauptmann-Woche hatte Schirach seinen Generalkulturreferenten Walter Thomas betraut.

Mit Thomas hatte es eine besondere Bewandtnis: Er hatte bald nach seiner Amtsübernahme zu erkennen gegeben, daß seine persönlichen Ansichten weitgehend von der offiziellen Kulturpolitik abwichen, und dies bald danach durch eine Reihe kühner Aussprüche und Handlungen, unter anderem durch persönlichen Einsatz für verhaftete Juden, unter Beweis gestellt. Während sämtliche Theater in Deutschland von Goebbels angewiesen waren, Huldigungen für Gerhart Hauptmann zu unterlassen, trumpfte Schirach ostentativ mit einer Serie von sechs Festaufführungen verschiedener Werke Gerhart Hauptmanns auf. Es sollte zugleich eine aufwertende Würdigung Wiens als Gegenpol zu Berlin sein, doch die Wiener witterten, daß hinter diesem *ad majorem Vindobonae gloriam* in Wahrheit der zynische Machtkampf der beiden rivalisierenden Paladine Hitlers ausgetragen wurde.

Schirach arrangierte das Fest mit renaissancefürstlicher Großzügigkeit und lud auch Richard Strauss dazu ein. So konnte er Abend für Abend und Seite an Seite mit den beiden altersmüden, in Deutschland verbliebenen Kulturtitanen den applaudierenden Respekt des Publikums auch auf sich lenken. Allerhand Gerüchte umschwirrten das

Spectaculum. Es hieß, Schirach habe sich die Zusage des trinkfesten greisen Dichters mit fünfzig Flaschen französischem Champagner erkauft und jene von Richard Strauss mit dem Versprechen, beim Kreisleiter von Garmisch-Partenkirchen — dem Wohnsitz des Komponisten — zu Gunsten seiner jüdischen Schwiegertochter zu intervenieren.

Thomas, der Kulturreferent, erklärte sich außerstande, diese ominösen Gerüchte zu dementieren. Dagegen erzählte er, daß Ewald Balser, der bei der Festaufführung des Burgtheaters die Rolle des tragisch gescheiterten Landsknechtführers Florian Geyer spielte, nach seinem Auftritt den Ausspruch getan habe: „Eines trennt beide, Florian Geyer und Adolf Hitler: Der eine hat Demut. Er erkannte die Fügung Gottes. Der andere aber lebt in Hoffart und er wird in Hoffart sterben."

Als Höhepunkt der Festwochen war der 15. November 1942 ausersehen, ein Tag, in dessen Verlauf jedoch deutlicher denn jemals vorher die Zeichen des nahenden Endes erkennbar wurden, noch untermalt durch die schauerliche Ironie, die aus dem zynischen Gehaben der Herrschenden sprach. Als bewußten Affront gegen Gerhart Hauptmann feierte die Reichsregierung in Berlin den am gleichen Tag geborenen Vorkämpfer für den Antisemitismus in der deutschen Literatur, Adolf Bartels. Parallel dazu brachten die illegalen Sender alarmierende Nachrichten über die zerbrechende Front im Osten und die eingeschlossene Armee des Generals von Paulus in Stalingrad.

Die Zeichen mehrten sich, daß die Peripetie, der große Umschwung im Drama des Dritten Reiches gekommen war. Der Mythos von Hitlers Unbesiegbarkeit begann sich aufzulösen.

Diesen Abend wollte der Dichter nur mit wenigen Menschen teilen. Abgehoben von dem chaotischen Hintergrund einer zerfallenden Zeit wünschte sich Gerhart Hauptmann, „der letzte Dichterfürst klassischen Gepräges“, wie er auf der Höhe seines Ruhmes genannt worden war, besinnliche Stunden der Stille, des Alleinseins mit seiner Frau Margarethe, dem Sohn Benvenuto, der Schwiegertochter Barbara und den ganz nahen Freunden Gustav Kapsreiter und Alfred Ibach. Grete Wiesenthal war für Gerhart Hauptmann zur Symbolfigur Wiens geworden.

Auf Fragen nach dem Inhalt der Gespräche an diesem Abend gab es keine Antwort. Andeutungen der Hausfrau konnte man entnehmen, daß es Stunden gehobener rückblickender Besinnung gewesen waren, weitab vom Inferno des aktuellen Geschehens. Mehr sagte sie darüber nicht. Sie war auch eine Virtuosin der Verschwiegenheit.

Es lag nahe, über den seltsamen Zufall nachzudenken, daß Hauptmann, der einmal von „Wiesenstein“, dem Haus in seiner schlesischen Heimat, als der „mystischen Schutzhülle seiner Seele“ gesprochen hat, nun am Ausgang seines Lebens, bedrängt von Altersmüdigkeit und der auf die Katastrophe zurasenden Zeit, im Wiener Haus Wiesenthal Zuflucht und Geborgenheit gefunden hatte.

Mit ihrem festgefügten Sinn für Kontinuität fühlte die sechzigjährige Grete Wiesenthal sehr bald nach Kriegsende die Verpflichtung, ihre große Fähigkeit zur Zusammenführung von Menschen unterschiedlichster, auch gegensätzlicher Provenienz zu mobilisieren und ihnen in einer Atmosphäre privater Vertraulichkeit Gelegenheit zu freimütig-engagierten Auseinandersetzungen zu geben.

Manche Freunde von einst waren aus dem Exil heimgekehrt, andere aus dem Krieg oder aus politischer Haft. Es waren Persönlichkeiten, die durch ihre Stellung und Tätigkeit besonders befähigt und willens waren, dem spirituellen Leben Wiens neue Impulse zu geben, das Denken und Fühlen der Menschen nach den Irritationen und Verführungen einer Ära der Propaganda und Suggestion wieder in sinnvolle Bahnen zu lenken. Zwangsläufig ergab sich daraus ein gestärktes Interesse an religiöser Thematik.

Um nur einige von den vielen Namen zu nennen, die sich hier aus Kunst, Literatur und Politik zusammenfanden: Carl Zuckmayer mit seiner unter dem Namen Alice Herdan schriftstellernden Frau, seiner Tochter Winnetou und deren Mann, dem Lyriker Michael Guttenbrunner, Alfred Polgar, Rudolf Kassner, Felix Braun, Ernst Lothar, Franz Theodor Csokor, Max Mell, Alois Dempf, August M. Knoll, Friedrich Heer, Leo Gabriel, Otto Mauer, Otto Schulmeister, Egon Seefehlner, Franz Salmhofer, Heimito von Doderer, Egon Hilbert, Prälat Lex, Bernhard Degenhart, Toni Birkmayer, die Schwestern Gunda und Lisi Krippel, Käthe Gold, Aenne Michalsky und Imma von Bodmershof.

Grete Wiesenthal ist mit vierundachtzig Jahren 1970 gestorben. Noch im hohen Alter lag der Abglanz ihres Ruhmes auf ihrem mädchenhaft faltenlosen Antlitz. Im Jahr 1985 wird sie als Hundertjahrjubilarin gefeiert werden. Für viele ein überraschendes Datum, denn heute noch lebt eine ganze Schar ihrer Freunde in dem Bewußtsein, vor kurzem noch im Haus am Modenapark ein- und ausgegangen zu sein.

Herzmanovskys Debut

„Wer hätte damals nach dem Krieg, als Du mir in Form der Originalausgabe ein erstes Lebenszeichen sandtest — wer hätte damals gedacht, daß Dein Wohltun solche Zinsen tragen würde? Doch höchstens Du und ich! Sonst wären wir ja auch nicht die, die wir sind. Und in diesem Sinne bleiben wir herausgegeben und bearbeitet."

Wien, 1957 F.T.

So lautet die Widmung, die Friedrich Torberg mir in den frisch aus der Druckerei gekommenen ersten Band der von ihm herausgegebenen und bearbeiteten „Gesammelten Werke“ von Fritz von Herzmanovsky-Orlando schrieb. Der Band enthielt die Neuauflage der 1928 in dem kurzlebigen, kaum bekannten Wiener Verlag Artur Wolf erschienenen skurrilen Erzählung „Der Gaulschreck im Rosennetz“.

Bei der Originalausgabe, die ich Torberg als feierliches Dankesopfer für beiderseitiges Überleben vieler böser Jahre nach New York gesandt hatte, handelte es sich um eines der wenigen Exemplare des „Gaulschreck“, die nach dem Debakel des Verlages dem Schicksal entgangen waren, eingestampft oder verramscht zu werden.

Ich hatte den „Gaulschreck“ 1929 bei einer Bücherauktion der Pfandleihanstalt Dorotheum erworben, nachdem ihn der Chefdramaturg des Burgtheaters Erhard Buschbeck rühmend erwähnt und für eine gelegentliche Besprechung im „Tagblatt“ empfohlen hatte. Im Burgtheater hatten sich auch die beiden Schauspieler Raoul Aslan und Karl Eidlitz für Herzmanovsky eingesetzt, der einmal ein Stück eingereicht hatte, zu dessen Aufführung man sich allerdings nicht entschließen konnte. Das Stück hätte einer zünftigen Überarbeitung bedurft, lautete das Urteil der Regisseure, denen es zur Inszenierung angeboten worden war. Angeblich hatte man dafür den Dramatiker Hans Sassmann und einige Lustspielautoren des Georg Marton-Verlages ins Auge gefaßt, aber keiner von ihnen wollte sich der Mühe unterziehen.

Für das „Herrenhof“ wurde der „Gaulschreck“ von Gina Kaus entdeckt. Sie war von dem skurrilen Witz und der abstrusen Phantasie Herzmanovskys so fasziniert, daß sie einen eigenen Abend bei sich zu Hause arrangierte, um ihm Gelegenheit zu geben, aus seinen noch ungedruckten Werken zu lesen. Um den Erfolg zu garantieren, hatte sie eine größere Anzahl von Freunden eingeladen, von denen sie wußte, daß sie einen besonders entwickelten Sinn für die Kunst geistreichen Blödelns besaßen, jener speziellen Spielart amüsanter Geistesbetätigung, die im „Herrenhof" mit größtem Eifer betrieben wurde.

Das Blödeln war zeitweise zum Sport geworden, mit dem Nebenzweck, die Denkmuskeln für elegante Wortgefechte oder den Wettstreit um ernsthafte Probleme zu trainieren. Gescheites Blödeln wirkte ansteckend und war in literarisch infizierten Kreisen Wiens geradezu epidemisch verbreitet. Hans Weigel hat dieser Seuche ein amüsantes Büchlein gewidmet.

Friedrich Torberg, der es im Blödeln zur Virtuosität gebracht hatte, war geradezu prädestiniert, dem eigenartigen Zauber Herzmanovsky-Orlandos total zu erliegen und später der Prophet und Vollender seines torsohaften Werkes zu werden.

Der Abend bei Gina Kaus war für das literarische Schicksal Herzmanovskys, seiner Jünger und Verkünder entscheidend. Er brachte den Durchbruch zu wachsender Anerkennung. Durch den begeisterten Applaus Alfred Polgars war Herzmanovsky für alle Zukunft als herrenhoffähig anerkannt.

„Er war genial, so lange er unter Diktat stand", schrieb Polgar später und attestierte ihm eine direkte Verbindung mit überirdischen Mächten.

Bei dieser ersten kuriosen Herzmanovsky-Soiree in Ginas Appartement, der weitere Veranstaltungen folgten, waren die Zuhörer nicht nur über die Fülle kauziger Einfälle und Formulierungen entzückt. Angesichts der sympathischen persönlichen Ausstrahlung des pfiffig dreinblickenden molligen Männchens waren wir nur allzu gerne bereit, über etliche leerlaufende Passagen und die oft dilettantisch anmutende Verspieltheit, vereinzelte Anklänge an stupiden studentischen Bierulk, wohlwollend hinwegzuhören. Es war rührend, die innere Bewegtheit des nach Bestätigung lechzenden literarischen Außenseiters und seine kindlich-naive Freude am Applaus mitzuerleben.

Außerdem zeigte sich an diesem Abend ein merkwürdiges Phänomen. Man sah, wie bei den größtenteils linksliberal und antidynastisch orientierten Zuhörern snobistische Regungen zutage kamen. Zehn Jahre nach dem Untergang der Monarchie, trotz Karl Kraus und seinen oft bösartigen Verunglimpfungen der habsburgischen Potentaten, schwelgten auch notorische Fackelleser wie die Dame des Hauses selbst in nostalgischen Gefühlen, wenn der Vortragende die „letzte verglühende Abendröte über dem herrlichen Barockgobelin Altösterreich“ (Herzmanovsky über Herzmanovsky) in flammenden Bildern heraufbeschwor.

In Wien hatte sich bald ein allerdings noch sehr beschränkter Kreis von Anhängern um ihn herum gebildet. Als Treffpunkt bevorzugte Herzmanovsky altmodische Beisln, in denen es Bier vom Faß gab, was bei den weltanschaulich gefestigten Kaffeetrinkern des „Herrenhof“ als verdächtiger Atavismus und Rückfall in barbarische germanische Urzeiten angesehen wurde.

Sein Stammlokal war „'s Müllerbeisl“ in der Seilerstätte. Dort fand er sich oft schon zur Vesperstunde ein. Die grübelnde Versponnenheit, die seinem Wesen im Alltag eigen war, verwandelte sich schon nach dem ersten Krügel Pilsner in eine ungezügelte, fast ekstatische Lust am Fabulieren und Spintisieren, wobei sich kurios verschnörkelte Geschichten und Einfälle zwanglos und sprunghaft aneinanderreihten. Der anekdotische Vorrat an Erlebtem und Erfundenem war unerschöpflich. Oft spielten die bizarren Vorgänge bloß in den imaginären Bereichen seiner Einbildungskraft, oder sie umkreisten die zeremonielle habsburgische Hofhaltung, die komplizierten Abstufungen der cis- und transleithanischen Adels- und Beamtenhierarchie. Auch exotische Länder und Kulturen waren oftmals einbezogen.

Er fühlte sich auserwählt und eingeweiht als begnadeter Hüter und Bewahrer einer aus Byzanz überlieferten Geheimlehre, deren Weisheiten und Erkenntnisse sich dem rationalen Denken verweigerten. Von solchen esoterischen Vorstellungen war er derart bedrängt und besessen, daß er außerstande war, sich davon zu lösen. Stieß er auf Zweifel oder gar Widerspruch, dann geriet er so sehr in Erregung, daß seine Wangen glühten. Schon aus Höflichkeit waren seine Gesprächspartner daher schnell zu resignieren bereit. Dann verschanzte er sich, wie erlöst, hinter der milden Nachsicht des Besserwissenden.

Allmählich wandelte er sich als Person zum Begriff: „herzmanovskysch" wurde zu einer Gebrauchsvokabel, gleichsam als österreichische Variante zu der Bezeichnung „hoffmannesk", wenn man grotesk, skurril, abstrus meinte, mit einem Stich ins Dämonische, in das zwischen den Göttern und den Menschen waltende Unerklärbare. Man war geneigt, seine eigenwilligen Kommentare zu politischen und kulturellen Ereignissen widerspruchslos hinzunehmen, weil er vorgab, den wahren Sinn und Lauf der Welt zu kennen.

Herzmanovsky war ein wohlhabender Mann. Aus seinen Erzählungen ging hervor, daß er sich einige Zeit als Architekt betätigt hatte und mehrere Häuser besaß; ein großes Objekt im Messezentrum von Leipzig, eine Villa am Traunsee und eine zweite Villa in Malcesine am Gardasee.

Noch vor Hitlers Einmarsch in Österreich verschwand er spurlos aus Wien. Es hieß, ein rassisches Manko in der langen und komplizierten Reihe seiner aus Wien, Mähren und Venetien stammenden Vorfahren habe ihn veranlaßt, Wien vorsichtshalber den Rücken zu kehren.

Mit dem kärglichen Rest von Herzmanovsky-Fans waren auch einige Exemplare des „Gaulschreck“ in Wien verblieben. Als Relikt aus freundlicheren Tagen machte das Buch dank dem Zusammenhalt und Katakombengeist der Gutgesinnten während des Krieges im Stillen die Runde, es bildete sich in Wien eine neue kleine Herzmanovskygemeinde, zu der auch der geistesverwandte Literatur- und Musikkritiker Otto F. Beer zählte.

Bald nach Kriegsende gelang es dem einstigen Chefredakteur der von Hitler verbotenen „Frankfurter Zeitung“ Rudolf Kircher in Meran eine deutschsprachige Wochenzeitung von hohem Niveau, „Der Standpunkt“, ins Leben zu rufen. Sie war für die Dauer einiger wichtiger und entscheidender Jahre die einzige überregionale, parteiunabhängige, liberale Publikation im deutschsprachigen Raum, die nicht unter der Zensur einer Besatzungsmacht stand und daher prädestiniert war, dem gesunden Menschenverstand Gehör zu verschaffen.

Der Redaktion gehörten unter anderen die beiden Österreicher Louis Barcata (der spätere Romkorrespondent der „Presse“ und Mitbegründer der „Wochenpresse“) und Otto F. Beer als Leiter des Kulturressorts an. Wiener Korrespondent des „Standpunkt“ war der heutige Präsident des österreichischen PEN-Clubs Erik Graf Wickenburg, dessen Honorar damals aus entsprechenden Mengen von Gorgonzola und Belpaese bestand, die ins darbende Wien gesandt wurden.

Durch einen glorreichen Zufall wurde der auf Schloß Rametz in Meran zurückgezogen lebende Herzmanovsky von Beer entdeckt. Rasch entwickelte sich zwischen den beiden ein intensiver freundschaftlicher Verkehr. Es war die Initialzündung für alles, was später mit Herzmanovsky und für Herzmanovsky geschah. Beer sandte Avisos von der Wiederentdeckung Herzmanovskys mit entsprechenden Kommentaren an alle Freunde, an Zeitungen und Zeitschriften, die durch den Krieg und den Kahlschlag der Literatur in der NS-Ära an tauglichen Manuskripten Not litten.

Freudig bewegt lud ich Herzmanovsky zur Mitarbeit an der neuerstandenen „Presse“ ein, er schickte ebenso froh Kurzgeschichten und Kapitel aus entstehenden Romanen, die sogleich in der „Presse“ erschienen. Es entwickelte sich ein reger Austausch von Briefen, die ich bis heute aufbewahrt habe.

Ich war überrascht, daß er die schwierigen Jahre, die hinter uns allen lagen, kaum erwähnte. Er beschwerte sich bloß über seine materiellen Verluste: daß die Schuttmassen seiner zerstörten Objekte in Leipzig ohne seine Bewilligung und auf seine Kosten geräumt worden seien, daß die Villa am Traunsee von der Waffen-SS ausgeraubt und die Villa in Malcesine durch US-Soldaten von vielen Gegenständen (Schaden 1,800.000 Lire) „befreit“ worden sei, und er nun um die Wiedergutmachung raufen müsse. „Ich komme mir vor wie der Fliegende Holländer in einem Meer von Fäkalien“ stellte er fest.

Gleich darauf erzählte er, daß er (ebenso wie Rudolf Kassner) in frühen Kinderjahren das seltene Glück gehabt hatte, die immer noch schöne Ulrike von Levetzow kennenzulernen. Ferner, daß er mit seiner Frau einmal bei Lucrezia Borgia zur Jause eingeladen gewesen sei. Dabei habe deren sehr herzige Tochter Carlotta, als sie in den Gesichtszügen der Gäste eine leichte Verstörung feststellte, erklärt, sie könnten beruhigt sein, seit fast fünfhundert Jahren werde im Hause Borgia ein einwandfreier Kaffee serviert. Das habe sich in Recoaro abgespielt, eine Stunde von Venedig entfernt.

Dann teilte er mit, daß er in Südtirol kürzlich das ganze Schloßarchiv der Familie Ceschi di Santa Croce mit tausenden Urkunden und kaiserlichen Erlässen aus der Zeit von 1525 bis 1700 erworben habe.

Schließlich berichtete er Details von seinem alten Freund Hofrat Paschinger aus Linz, „einem der sonderbarsten Käuze der Jahrhundertwende“, fügte er hinzu. Nach seinen Worten besaß dieser heitere Greis einen Zylinderhut, in dessen Fond eine Miniatur eingelassen war, „die einen sehr intimen Körperteil der unvergeßlichen Therese Krones zeigte“. Dieser Hut habe ihm nicht nur zum Schutz gegen Witterungseinflüsse, sondern hauptsächlich zur Anknüpfung neckischer Liebesabenteuer gedient — eine Apparatur, die er „einem sehr zugeknöpften und ausgesprochenen Pechvogel in Eroticis“, einem hohen k.k. Staatsbeamten, warm empfohlen habe. Dabei sei nichts als Unheil herausgekommen, fügte er gewissenhaft hinzu.

Auch die Eleonore Duse habe er in dem Stück „Casa paterna“ von Sudermann gesehen: „Es war ein schrecklicher Eindruck: Ich lief im zweiten Akt vom teuer bezahlten Sitz davon. Wie dieses Weib mit der blechernen Kanalröhrenstimme zu dem Ruhm gekommen ist, verstehe ich nicht“, schrieb mir Herzmanovsky.

In einem anderen Brief, in dem er sich bei mir „für freundliche Förderung und Wohlwollen“ bedankte, erzählte er von mehreren Abenteuern, die er gemeinsam mit dem Autor des „Golem“, Gustav Meyrink, als dieser noch unter seinem bürgerlich-banalen Namen Meyer als Bankier tätig war, in Prag zu bestehen hatte. Gemeinsam hätten sie einen hypereleganten polnischen Attaché namens Wassilinsky dazu verleitet, in einer eisigen Schneenacht mitten auf der Karlsbrücke einen „Krakowiak“ zu tanzen, wobei sie auf den „offenbar Irrsinnigen“ die Polizei hetzten, was zu bösen Folgen im Ministerium für Auswärtiges und zu diplomatischen Interventionen führte.

Sodann habe Meyrink einem weltfremden deutschen

Gelehrten in Prag seine okkultistische Theorie entwickelt, daß, hauptsächlich in Linz, geheime buddhistische Männerbünde mit der höchsten Einweihungsstufe eines „Surmes“ existierten. Er habe dies so überzeugend dargelegt, daß der „ansonsten sehr wissenschaftsgläubige Trottel“ später ein höchst selten gewordenes Buch darüber schrieb.

Jeder seiner Briefe strotzte von solchen Produkten seiner ausschweifenden Einbildungskraft, so als stünde er tatsächlich unter dem Diktat einer imaginären Instanz.

Oft dachte ich beim Lesen dieser Briefe an Torberg und die Freude, die er daran gehabt hätte, darauf mit dem gleichen Impetus und ähnlich reich quellender Phantasie zu antworten. Darin lag auch das Motiv, warum ich Torberg als erstes Zeichen unserer unverbrüchlich fortdauernden herzmanovskyschen Verbundenheit unmittelbar nach Kriegsende das Unikat des „Gaulschreck“ nach New York sandte.

Beide wußten wir damals nicht, hofften und ahnten aber in somnambul verborgenen Schichten unserer Seele, daß damit ein neues reizvolles Kapitel österreichischer Literaturgeschichte aufgeschlagen wurde.

Wende und Neubeginn

Eine in vieler Hinsicht ergiebige und nutzbare Zufluchtsstätte für freies Denken und konsequentes Festhalten an dem von den Nazis verpönten Kunstverständnis war während des Krieges und in den entscheidenden Jahren danach das Haus der Malerin und Designerin Hilde Polsterer (1903—1969), in dem einst Anton Bruckner gewohnt hatte. (Hessgasse Nr. 7, Ecke Schottenring).

Bei den Bemühungen, Wien aus der provinziellen Beengtheit, in die es während der Ära des großdeutschen Reiches geraten war, zunächst in geistiger Hinsicht zu lösen, bei den Bestrebungen, Verbindungen mit den Zentren der freien Welt herzustellen und die Österreicher mit den literarischen Strömungen und den künstlerischen Hervorbringungen der vom Totalitarismus bewahrt gebliebenen Kulturzentren vertraut zu machen, kam unter den vielen Initiativen, die zu diesem Ziel führen sollten, dem kleinen Kreis um Hilde Polsterer bemerkenswerte Bedeutung zu. Ihre kultivierte Gastlichkeit und ihr intellektueller Charme lockten nicht nur prominente Persönlichkeiten aus dem Wiener Kulturleben zu diesem neu etablierten Treffpunkt, es kamen auch viele junge Menschen, für deren Talent Hilde Polsterer ein besonderes Gespür hatte, und die ihrerseits von den Erfahrungen und dem sicheren Urteil der Hausfrau profitierten.

Hier traf sich auch das Team von literarischen Mitarbeitern, das unter der Leitung des Generalsekretärs der neugegründeten „Österreichischen Kulturvereinigung", Egon Seefehlner, die wichtige, richtungweisende und hervorragend redigierte Zeitschrift „Der Turm" herausgab.

Um nur einige Namen anzuführen, die zum geistigen Umkreis Hilde Polsterers zählten: Die beiden intellektuell besonders profilierten und höchst aktiven Geistlichen Diego Goetz und Otto Mauer, Ilse Aichinger, Alexander und Eva Auer, Ingeborg Bachmann, die Architekten Max Fellerer mit seiner Frau Erni Kniepert und Oswald Haerdtl mit seiner Frau Carmela, Zeno von Liebl, Elisabeth (Bobby) Löcker, Jörg Mauthe, Kurt Moldovan, Inge Moerath, George Saiko, Oscar und Ursula Schuh, Joseph Fürst Schwarzenberg und Hans Weigel.

Hilde Polsterer hatte bewegte und künstlerisch sehr erfolgreiche Lebensphasen hinter sich. Schon in ihren künstlerischen Entwicklungsjahren, als hochbegabte Absolventin der Wiener Kunstgewerbeschule und bevorzugte Schülerin Josef Hoffmanns, war sie mit ihren aparten Zeichnungen, Tapisserien und Modeentwürfen aufgefallen. Auf den Wiener Künstlerfesten, auf den berühmt-berüchtigten G'schnasfesten im Künstlerhaus und in der Sezession zählte sie als hellhäutige Schönheit mit ihren hellblauen Augen und dem flachsblonden Haar, das sie zu einem pompös-phantasievollen Kopfschmuck aufzustekken pflegte, zu den attraktivsten Erscheinungen.

Sie brillierte auch bei den Gartenfesten der mit ihr eng befreundeten Jugendstil-Keramikerin Vally Wieselthier in Dornbach und bei den entfesselt-intimen Atelierfesten in der Villa des Romanciers Jakob Wassermann, die von den beiden Söhnen veranstaltet wurden, wenn die Eltern verreist waren. Eines dieser Feste endete mit einem Eklat, weil die Mutter in früher Morgenstunde überraschend aus Aussee zurückkehrte, als das Fest bereits ausschweifende Formen angenommen hatte.

Ihr vielseitiges Talent veranlaßte Josef Hoffmann, sie in seinen engsten Mitarbeiterstab beim Bau des österreichischen Pavillons für die Pariser Weltausstellung 1926 aufzunehmen. Sie reüssierte in Paris in kürzester Zeit. Die graziöse und unverwechselbare Handschrift ihrer Zeichnungen und Tapisserien fand stärkste Beachtung. Das Warenhaus „Printemps" engagierte sie als Chefdesignerin. Ihre Auslagengestaltungen und Werbeplakate fanden stärksten Widerhall und führten zu Ausstellungen, die auch in den New Yorker Zeitungen begeistert besprochen wurden.

Sie bewegte sich in den Kreisen der gehobenen Pariser Bohème, der noch lebenden revolutionären „Alternativler" der Jahrhundertwende, die um neue künstlerische Ausdrucksformen gerungen hatten und ideologisch zur Suche nach dem „Dritten Weg" zwischen den Machtblökken des Kapitalismus und des Kommunismus aufgebrochen waren. Es war die Gruppe um Tristan Tzara, Richard Hülsenbeck, Hans Arp und die Schriftsteller Louis Aragon, Paul Eluard und André Breton. Einige Jahre war sie mit dem „Papst der Dadaisten“, dem aus Bukarest stammenden Tristan Tzara (1896—1963), der eigentlich Samuel Rosenstock hieß und sich von Adolf Loos ein Haus in Paris bauen ließ, aufs engste liiert. Tzara galt als Begründer der DaDa-Bewegung, gewiß war er auch ihr erfolgreichster Propagandist und Interpret.

Richard Hülsenbeck, der an der Gründung beteiligt war, meinte darüber: „Wenn jemand in früheren Zeiten eine Religion gründete, zog er sich in eine Höhle zurück, aß wilden Honig, wusch sich nicht und wartete, bis die Erleuchtung über ihn kam. Als wir den Dadaismus im Cabaret Voltaire in Zürich gründeten, aßen wir gute Steaks der Bollerei oder wir betranken uns bei Basserba, und was die Erleuchtung angeht, so beschränkten wir uns auf die Illumination unserer Köpfe, die der spanische Wein machte. Wir waren die Propheten einer neuen Zeit!“

In dieser irrlichternden Atmosphäre bewegte sich Hilde Polsterer viele Jahre und feierte damals ihre großen Erfolge. Es war bemerkenswert und machte ihren besonderen Reiz aus, wie sie sich als Tochter einer konservativen Industriellenfamilie aus Waldegg im Piestingtal degagiert bewegte. 1937 kehrte sie aus familiären Gründen nach Wien zurück, nahm Kontakt mit den alten Freunden auf und heiratete einen jungen Mann aus dem heimatlichen Waldegg, den Philologen an der Universität Wien Dr. Otto Schuöcker, der bald nach Ausbruch des Krieges als Soldat in russische Gefangenschaft geriet und seither vermißt ist. Sie litt schwer unter diesem Verlust und fand schließlich Trost und Lebenssinn im intensiven Verkehr mit hilfsbedürftigen und nach sinnvollen Gesprächen lechzenden jungen Talenten, zu denen Ingeborg Bachmann und Ilse Aichinger zählten.

Ein Hauch der freischwebenden Pariser Jahre war an ihr haften geblieben, er durchdrang Themen und Ton ihrer Gespräche. Gelegentlich kamen die Freunde aus Paris zu Besuch nach Wien. Für Tristan Tzara und Louis Aragon bereitete sie in ihrer Wohnung Empfänge, zu denen sie vor allem ihre wißbegierigen jungen Freunde einlud. Was sie als das Wichtigste für Wien hielt, hatte sie sich zur Aufgabe gemacht: nach einer Epoche steriler Abkapselung wieder das Tor zur Kultur und Zivilisation der freien Welt aufzuschließen und weit offen zu halten.

Viel zu früh, im Jahre 1969, erlag sie plötzlich einer tückischen Krankheit.

Frühlingsspaziergang am Ring

Es war strahlendes Sonntagswetter, eine sanfte Brise trieb wollige Schäfchenwolken über den blauen Himmel. Das satte Grün der Ringstraßenallee bot ein südliches Bild beschwingter Heiterkeit, der trügerische Schein einer befriedeten, konfliktfreien Welt breitete sich über das Gemüt der lustwandelnden Paare und Müßiggänger.

Plötzlich zerstört ungewohnter Lärm die feiertägliche Idylle. Drei riesige Lastautos fahren knapp hintereinander mit verdächtiger Eile rüttelnd und polternd über die Straße, vollbeladen mit Menschen. Diese stehen dicht zusammengepfercht, mit bleichen Gesichtern, von Angst gezeichnet.

Gleich einem Schlachtviehtransport rollen die Wagen, gelenkt von jungen SA-Männern. Einer von ihnen steht mit schußbereitem Gewehr, den Blick wachsam auf das verschüchterte Frachtgut gerichtet.

Die aufgescheuchten Spaziergänger sehen, was sich da vor ihren Augen vollzieht: Die Gefangenen tragen den gelben Stern auf der Brust. Ist jemand unter ihnen, den man kennt, ein Mensch, der einem nahesteht, ein Freund gar? Der Gedanke durchzuckt einen wie ein Blitz. Zu schnell fahren die knatternden Karren, als daß man in dem Haufen aneinandergedrängter Gefangener einzelne Gesichter erkennen könnte.

Manche, nicht alle der eben noch frohgestimmten Ringstraßen-Flaneure, bleiben betroffen stehen, blicken den Fahrzeugen nach, die wie ein böses Phantom dem Blick entschwinden.

„Jetzt müßte man laut aufschreien", sagt meine Frau,

„den Autos nachlaufen, protestieren, sich vor die Räder werfen!“

Aber niemand tut es, auch wir nicht. Warum nicht?

Die Helden, die Märtyrer, wo sind sie?

Gedanken, die nie schwinden werden, die nachwirken, als immerwährende Mahnung, als Erinnerung an Versagen, an die beklemmende Angst vor dem Sturz ins Absurde.

Das Drama, der Gewissenskonflikt waren Bestandteil des Alltags geworden.

Eine stoische Teerunde

Eine Möglichkeit, diese Jahre der Erprobung geistig und moralisch intakt durchzustehen, bestand in einer Haltung, die man treffend als „Flucht aus der Geschichte“ bezeichnet hat. Später nannte man dieses Verhalten auch „innere Emigration“. Beide Versuche, der Wirklichkeit zu entkommen, wurzelten in einem illusionären Denken. Man suchte Zuflucht in Alibis. Frank Thieß schrieb damals ein faszinierendes Buch über Byzanz. Unter dem Titel „Das Reich der Dämonen“ wurde es ein Bestseller, weil es entlarvende Parallelen zur Maßlosigkeit und Verworfenheit der Gegenwart aufzeigte. Man befaßte sich mit den mystischen Deutungsversuchen Ernst Jüngers, las heimlich in den verbotenen Büchern Franz Kafkas, weil man daraus existenzphilosophische Einsichten und pseudoreligiöse Tröstungen mit Anklängen an das eigene Leben gewann.

Ein großer Bewunderer und geistreicher Kommentator Kafkas war der Dichter-Philosoph und Physiognomiker Rudolf Kassner, ein persönlicher Freund und geistiger Gefährte Hofmannsthals und Rilkes. Kassner lebte damals hochbetagt in einer äußerst prekären Lage, da seine

Frau den Rassegesetzen nicht entsprach. Es bestand für ihn die Gefahr, aus diesem Grund seine Wohnung zu verlieren.

Infolge einer Kinderlähmung war er gehbehindert. Einige Freunde sorgten für ihn und sein Dank bestand darin, daß er ihnen gelegentlich aus seinen Büchern vorlas oder freimütig aus dem kostbaren Schatz seiner weit zurückreichenden Erinnerungen erzählte. Der besondere Reiz solcher Plaudereien bestand in seinen eleganten Formulierungen spontaner Einfälle, die aus einer anscheinend unerschöpflichen Quelle hervorsprudelten. Dabei konnte er auch recht boshaft sein, aber die unwiderlegbare Treffsicherheit seines Witzes wirkte stets entwaffnend.

Auf weiten Reisen durch Indien und Ostasien, England und Frankreich hatte er die halbe Welt und viele interessante und namhafte Persönlichkeiten aus dem politischen und geistigen Leben kennengelernt, mit denen er eifrig korrespondierte. Dem 19. Jahrhundert entstammend, fühlte er sich diesem so sehr verbunden, daß er ein kluges und kenntnisreiches Werk über dessen Ideengeschichte schrieb und es als eines der bedeutendsten und zugleich problematischesten Jahrhunderte in der Geschichte Europas darstellte.

Er selbst hatte noch bei Mommsen in Berlin Geschichte studiert.

Als Kind hatte er Ulrike von Levetzow, die ihre letzten Lebensjahre in einem benachbarten Schloß verbrachte, die Hand geküßt, die gleiche Hand, die einst Goethe in aufwallender Verliebtheit umfaßt hatte. War man mit Kassner zusammen, so hatte man das Gefühl, einem Klassiker gegenüberzusitzen, dessen Leben noch in unsere Zeit hineinreichte. Zwischen seiner Hand und der Hand Goethes war nur die Hand Ulrikes.

Ich hatte Kassner im Hause der Opernsängerin Lotte Lehmann, deren Stimme er als eine der großen Beglükkungen seines Lebens bezeichnete, kennengelernt. Wir hatten viele gemeinsame Freunde und es ergab sich, daß ich einigemale bei ihm zu Gast war. Das schwere Handicap seiner teilweisen Lähmung hinderte ihn nicht, am gesellschaftlichen Leben Wiens rege teilzunehmen und eifrig die Oper zu besuchen. Er schätzte das Zusammensein mit Menschen, die ihm sympathisch waren, lud sie nachmittags zum Tee, amüsierte sich über Anekdoten und gesellschaftlichen Tratsch und wollte immer alles genau bis ins letzte, nebensächlichste Detail wissen. Hingegen verliefen die „literarischen Nachmittage" in seinem Wohnzimmer durchaus ernst und gewichtig.

Eines Tages, im Herbst des Jahres 1944 — ich war damals Soldat und einer Flakabteilung bei Mödling zugeteilt — hörte ich, daß bei einem der täglichen Luftangriffe auf Wien insbesondere das Stadtviertel beim Theresianum schwer getroffen worden sei. Ich bat um einen Halbtagsurlaub und eilte in die Tilgnerstraße, wo Kassner im vierten Stock eines Mietshauses wohnte. Infolge seines Leidens konnte er bei Fliegeralarm nicht in den Luftschutzkeller flüchten und war daher völlig ungeschützt den Bombardements ausgesetzt. Es war an diesem Tag nicht einfach, zu ihm vorzudringen. Die Favoritenstraße war von Mauerwerk und zerbrochenen Fensterscheiben übersät, fast alle Häuser ringsum waren arg zerstört, doch beim Einbiegen in die Tilgnerstraße war ich freudig überrascht: Kassners Wohnhaus war unversehrt geblieben.

Ich eilte die Treppe hinauf zum 4. Stock. Aufzug und Licht funktionierten nicht. Ich drückte an einer bestimmten Stelle der Wohnungstür auf einen verborgenen Knopf — ein Trick, den nur wenige Freunde kannten. Die Tür öffnete sich, doch die Wohnung war völlig finster. Ich mußte mich mühsam durch drei verdunkelte Räume tasten, um zu Kassners Arbeitszimmer zu gelangen.

Als ich die Tür, durch die einige Männerstimmen drangen, vorsichtig öffnete, bot sich mir ein sonderbarer Anblick. An einem runden Tisch, auf dem ein düsteres Karbidlicht zuckte, saß der Hausherr in seinem Rollstuhl, ihm gegenüber hatten aufmerksam lauschend der Dichter Max Mell und Graf Colloredo, ein besonders geschätzter Freund des Hauses, Platz genommen.

Kassner las gerade aus einem Manuskript. Um nicht zu stören, setzte ich mich grußlos dazu. Kassner war am Ende der Lesung angelangt und begann nun, wortgewaltig und temperamentvoll mit seinen Armen gestikulierend, einige Erläuterungen zu geben.

Die Situation wirkte auf mich geradezu gespenstisch. Während ringsum auf den Straßen noch die Trümmer der ausgebrannten Häuser rauchten und der ätzende Geruch verkohlten Holzes durch die notdürftig zugeklebten Fenster ins Zimmer drang, während sich draußen vor der Haustüre die schaurige Szenerie eines Weltunterganges darbot, wurde hier bei flackerndem Licht die Frage erörtert, ob die Gesprächsatmosphäre bei gesellschaftlichen Veranstaltungen am Hofe Ludwigs XIV. durch espritvollen Witz oder durch blanken Zynismus gekennzeichnet war. Die Diskussion darüber wurde von Kassner und seinen Gesprächspartnern mit solchem Eifer geführt, daß man die makabre Wirklichkeit ringsum völlig vergaß.

Als ich nach einer angemessenen Weile meine respektvolle Zurückhaltung aufgab und ein wenig verschüchtert an Kassner die Frage stellte, ob der Luftangriff und die Bomben mit ihrer verheerenden Wirkung für ihn sehr aufregend gewesen seien, winkte er mit einer verächtlichen Handbewegung ab, so wie man ein unangenehmes Erinnertwerden als etwas im Grunde recht Unwichtiges beiseite schiebt, und die Diskussion über den Gesprächsstil am französischen Königshof wurde mit Hingabe fortgesetzt.

Diese Episode mag aus heutiger Sicht kurios und überspannt wirken, doch war sie damals, den besonderen Umständen entsprechend, eher hintergründig motiviert. Für mich gilt dieses Erlebnis nicht nur als Beweis dafür, daß der Mensch mit Hilfe seiner spirituellen und moralischen Qualitäten befähigt ist, auch in extremen Situationen seine Souveränität zu bewahren, sondern zugleich scheint es mir ein anschauliches Beispiel für die schizophrene Bewußtseinslage zu sein, in die viele Intellektuelle geraten, wenn ihre seelischen Kräfte übermäßig beansprucht werden.

Hitler und Nestroy

Heftiges Klopfen hatte mich aus dem Mittagsschlaf geweckt. Händeringend stand Ella vor der Wohnungstür. Aus ihren Augen blickte pure Verzweiflung. Ella war das Faktotum der Burgschauspielerin Maria Kramer, meiner Nachbarin. Ich kannte Maria Kramer schon in ihren mädchenhaften Anfängen, als man sie noch „Mariechen“ rief, jetzt aber, nach einer Blitzkarriere, war aus ihr bereits „die Kramer“ und ihr Name ein Begriff geworden.

Auch Ella war ein Sonderfall, mit dienendem Personal von heute nicht vergleichbar. Von ihrer Herrin, die sie respektierte und zugleich liebte, sprach sie ausnahmslos im Plural majestatis.

„Wir wollen nicht gestört werden“, pflegte sie lästigen Telephonanrufern zu sagen, wenn die Dame des Hauses ruhen wollte. Dagegen gestand sie intimeren Freunden ungeniert „wir liegen im Bett“.

Diesmal fiel sie total aus dem üblichen Zeremoniell: „Kommen Sie bitte schnell“, rief sie, „helfen Sie uns, etwas Schreckliches ist passiert!“

Als ich kam, war die Erregung über das Malheur offenbar schon abgeflaut. Maria Kramer hielt einen Brief in der Hand, in den sie nachdenklich hineinstarrte. Vor ihr stand eine Vase mit einem riesigen Bouquet aus ungezählten roten Rosen. Wortlos gab sie mir den Brief zu lesen. Er enthielt eine Einladung des Führers und Reichskanzlers Adolf Hitler zu einem Empfang im Rahmen der Wiener „Reichs- und Theaterfestwochen", mit Abendessen im Hotel Imperial nach dem Ende der Festvorstellung des Nestroy-Stückes „Einen Jux will er sich machen" (11. Juni 1939) im Burgtheater.

Die Aufregung über den Brief hatte schon mit dem schockierenden Anblick des Überbringers begonnen. Es hatte geläutet, und plötzlich stand ein baumlanger SS-Mann mit dem pompösen Blumenarrangement in der Tür. Stramm schlug er die Haken zusammen und mit einem forschen „Heil Hitler!" übergab er Brief und Blumen.

Das alles vollzog sich militärisch exakt und zackig, wie man damals zu sagen pflegte. Und vor allem so plötzlich, daß Ella den Vorgang wie einen Gewaltakt empfand. Nachdem der Mann fort war, verriegelte sie die Tür und sann einige Augenblicke nach, bevor sie Brief und Blumen weiterreichte.

Sie wußte von den Schwierigkeiten, in die Maria Kramer durch den Einzug Hitlers geraten war, weil irgendein Glied ihrer aus vielerlei Wurzeln geflochtenen Ahnenkette — ihre Mutter und Großmutter waren in Capri geboren — mit dem Rassegesetz kollidierte. Demnach vermochte Ella in einem SS-Mann nur den Vorboten kommenden Unheils zu sehen. Sie war auch nicht zu beruhigen, als man sie aufklärte, daß es sich nur um eine Einladung handle. Vielleicht sei es ein raffiniert gesponnenes Intrigennetz einer eifersüchtigen Rivalin, in das man die Kramer locken wolle, argwöhnte sie.

Beruhigung trat erst dann ein, als eine telephonische

Rückfrage in der Direktionskanzlei des Burgtheaters ergab, daß auch andere Kollegen eine Einladung Hitlers für den gleichen Abend erhalten hatten.

Der provisorische Leiter des Burgtheaters Ulrich Bettac, der Betriebsrat Eduard Volters und Fred Hennings, durchwegs nationalsozialistische Parteimitglieder, die jedoch auch über die anderen beiden nichtarischen Kolleginnen Else Wohlgemuth (verheiratete Gräfin Thun) und Elisabeth Ortner-Kallina ihre schützende Hand hielten, beruhigten Maria Kramer und empfahlen ihr sogar dringend, die Einladung anzunehmen. Ein ad hoc einberufener „Krisenrat" der nächststehenden persönlichen Freunde entschied ebenso. Den Ausschlag gab das Argument, daß Maria Kramer bei künftigen Schwierigkeiten oder Anfeindungen wegen ihrer Abstammung die Einladungskarte Hitlers als eine Art Schutzbrief verwenden könne. Damit wären ihr die Stellung im Burgtheater und überdies die Wohnung ein für allemal gesichert.

Wir hatten mit Maria Kramer vereinbart, daß sie uns noch am gleichen Abend nach dem Essen mit Hitler genauestens darüber berichten müsse. Das tat sie auch. Ihre Schilderung ging bis ins kleinste Detail. Demnach kam es gleich am Anfang des Empfanges zu einer peinlichen Szene schmierigsten Komödiantentums.

In Erwartung des Gastgebers standen die prominentesten Darsteller der Aufführung aneinandergereiht vor dem Eßtisch. Als Hitler den Saal betrat, löste sich der Komiker Ferdinand Mayerhofer aus der Reihe, kniete vor seinem Führer nieder und rief mit freudig bewegtem Schluchzen: „Heil, mein geliebter Führer!" und mit ausgebreiteten Armen fügte er hinzu: „Mein Führer, Sie san mei Himmelvota! Das is der schönste Augenblick in mein ganz'n Leben. Meine alte Mutter hat zu Haus an großen Wäschkorb voll mit alle Reden von Ihna und die Propagandazetteln, alle aus der illegalen Zeit!".

Einige Sekunden herrschte verlegene Stille. Sogar dem Führer und dem danebenstehenden Propagandaminister Goebbels hatte es zu schmalzig geklungen. Hitler schwieg und drückte Mayerhofer bloß kräftig die Hand.

Hermann Thimig, der im „Jux“ den Weinberl gespielt hatte und Zeuge dieser Szene wurde, hat dem Kollegen Mayerhofer diesen Vorfall nie verziehen. Er rächte sich damit, daß er in den folgenden Jahren bis zu seinem Lebensende unzählige Male diesen Kniefall, zähneknirschend vor Wut, als Kabarettnummer vorführte.

Hitler hatte während des ganzen Abends monologisierend niemanden zu Wort kommen lassen. Als wäre er ein besonders guter Kenner von Nestroy, lobte er dessen tiefen und einzigartigen Wortwitz und zitierte aus dem Gedächtnis zahlreiche kluge Aussprüche und Dialogstellen aus Nestroys Stücken.

Unter den Anwesenden waren auch der Regisseur der Aufführung Herbert Waniek, Alma Seidler und Richard Eybner. Sie alle waren überzeugt, daß Hitler sich für diesen Abend sorgfältig vorbereitet hatte.

„Wird man mir eines Tages vorwerfen, daß ich dabei gewesen bin?“ fragte Maria Kramer später einmal bei einem Zusammensein mit Freunden. „In meinem Abendtascherl wäre nämlich Platz für einen Revolver gewesen, und niemand hat mich vorher untersucht . . .“

Aus der Wiener U-Boot-Chronik

Die ganzen Kriegsjahre hindurch galt es, „U-Boote“ zu betreuen — politisch oder rassisch Verfolgte, die in Wien untergetaucht waren, bei Freunden versteckt lebten, unangemeldet, ohne Lebensmittelkarten, und im Krankheitsfall auf mutige, gesinnungsfeste Ärzte angewiesen.

Jeder, der Verfolgten Hilfe gewährte oder auch bloß Mitwisser war, hatte bei Entdeckung schwerste Strafen zu gewärtigen.

Wie viele solche „lebendige Leichname“ es damals in Wien gegeben hat, ist nicht feststellbar. Ich selbst kannte mehrere Fälle, die nie publik geworden sind, weil Menschen, die zu solchen Werken opferbereiter Nächstenliebe fähig sind, es ihrem Charakter entsprechend aus taktvoller Zurückhaltung ablehnen, sich im nachhinein ihrer selbstlosen Handlungsweise zu berühmen und sich ins Rampenlicht stellen zu lassen. Verstand und politisches Kalkül waren nicht der Maßstab für ihr Tun, immer bedurfte es auch der Kraft eines tapferen Herzens. Dieses aber ist schweigsam und scheut den Applaus.

Einige konkrete Beispiele:

Während des Krieges lebte in Wien die Graphologin Margarete Bauer-Chlumberg, Schwester des jüdischen Dramatikers Hans von Chlumberg, der durch sein erfolgreiches Drama „Wunder von Verdun“ bekannt wurde, das vor 1933 auf fast allen großen Bühnen Deutschlands aufgeführt worden war.

Sein Ende war von grotesker Tragik: In seinem vierunddreißigsten Lebensjahr stürzte er bei der Generalprobe zur Uraufführung des Stückes (9.10.1930) im Leipziger Schauspielhaus in den offenen Orchestergraben und war im Augenblick tot. Den außergewöhnlichen Erfolg der Premiere am darauffolgenden Abend hat er nicht mehr erlebt. Frau Bauer-Chlumberg, die zum engsten Freundeskreis Arthur Schnitzlers zählte, war eine Schülerin des Philosophen Ludwig Klages, des Begründers der „Ausdruckskunde“ und der wissenschaftlichen Graphologie, Verfasser des berühmten und umstrittenen Werkes „Der Geist als Widersacher der Seele“.

Frau Bauer-Chlumberg hatte bald nach Hitlers Einzug in Wien ihre Wohnung verlassen müssen. Sie lebte in den darauffolgenden Jahren verborgen bei Freunden, die längste Zeit im Atelier der Malerin Ursula Schuh, Mariahilferstraße 88a. Sie war die Gattin Oscar Fritz Schuhs, der als Oberregisseur der Wiener Staatsoper in Zusammenarbeit mit dem Bühnenbildner Caspar Neher einen neuen Mozartstil entwickelt hatte und mit seinen beispielhaften Inszenierungen überregionales und zeitlich weit über die nationalsozialistische Ära hinausreichendes Echo hervorgerufen hatte.

Zu den engsten Freunden und Mitarbeitern Schuhs zählte der ideenreiche und schöpferisch tätige Chefdramaturg der Wiener Staatsoper, Dr. Wilhelm Jarosch, dessen Ingenium von den Geisteswissenschaften, den Werken des Psychologen C.G. Jung und der Esoterik des Anthroposophen Rudolf Steiner stark inspiriert war.

An den diskussionsreichen Abenden bei Schuh und Jarosch herrschte eine Atmosphäre wie in den einstigen Literatencafés. Da wie dort wurde, quer durch Gegenwart und Vergangenheit, in bunter Folge abwechselnd und sprunghaft über Politik, Literatur, Theater und Musik debattiert und Stellen aus Büchern der Propheten des vergewaltigten Zeitgeistes wie Nietzsche und Jakob Burckhardt zitiert. Zu den wichtigen Themen dieser Abende zählte insbesondere das Werk Franz Kafkas, das als „innere Aktualität“ erlebt wurde. Als bemerkenswert wäre das Phänomen zu erwähnen, daß diese Wiederentdekkung Kafkas zur gleichen Zeit auch im westlichen Ausland stattfand.

Zu den Paradoxa der damaligen Zeit zählte die Tatsache, daß an solchen Veranstaltungen neben der als U-Boot lebenden Jüdin Bauer-Chlumberg gelegentlich der in vielfacher Hinsicht aus dem politischen Rahmen fallende Generalkulturreferent Walter Thomas saß, einer der engsten Mitarbeiter des Reichsstatthalters Baldur von Schirach. Wie weit diese pervers anmutende Widersprüchlichkeit der Nazizeit gehen konnte, bezeugt eine Episode, die sich in der Wohnung von Dr. Jarosch ereignet hat.

An einem gastlichen Abend bei ihm, zu einer bereits in den Morgen vorgerückten Stunde und in einer von hitzigen Gesprächen und Alkohol angeheizten Stimmung, verfiel man vor dem Auseinandergehen auf ein blödelndes Denkspiel: Jeder der Anwesenden, darunter der Generalkulturreferent Thomas mit Gattin, sollte aus dem Stegreif schnell sagen, was er sich im Augenblick vor dem Abschiednehmen wünsche. Als die Reihe an Ursula Schuh kam, leerte diese mit einem letzten Schluck das Glas und rief: „Ich wünsche mir Hitler am Galgen!"

Die Gäste erstarrten, als hätte für alle die letzte Stunde geschlagen. Nach einigen Sekunden totaler Sprachlosigkeit, meinte der Generalkulturreferent, ein wenig verstört auf die Gästerunde blickend: „Jetzt ist es aber, glaube ich, höchste Zeit, daß wir nach Hause gehen." In nachdenklicher Beklommenheit sagten wir einander Adieu.

Nun war allen klar, daß man Thomas voll vertrauen und mit eigenen Sorgen, auch mit der Bitte um Hilfe für verfolgte Freunde, zu ihm kommen konnte. In einigen Fällen riskierte er, auf dem offiziellen Briefpapier des Reichsstatthalters Schirach, ohne Wissen seines Chefs, Weisungen an Behörden wie etwa das Sippenamt oder auch an Polizeistellen zu richten, um Bedrängten zu helfen. So veranlaßte er, daß der Philosoph Rudolf Kassner, der in einer Mischehe lebte, seine Wohnung in der Tilgnerstraße im 4. Bezirk behalten durfte. Dem Musikkritiker Dr. Heinrich Kralik, der gleichfalls wegen seiner jüdischen Frau die Wohnung räumen mußte, verschaffte er ein neues, äquivalentes Nobelquartier, wo man beispielsweise den Komponisten Richard Strauss, die beiden aus ihren Betrieben verwiesenen Industriellen Manfred Mautner-Markhof und Franz-Joseph Mayer-Gunthof, Alexander Hryntschak und andere jüdisch versippte Prominenz von einst, die nicht emigriert war, in gastlichem Rahmen treffen konnte.

Eine Zufluchtsstätte, deren Hütung und Sicherung eines besonders hohen Grades an Kühnheit und Tapferkeit bedurfte, war ein herrschaftlich elegantes Quartier auf dem Esteplatz im 3. Bezirk, dessen Eigentümer ein in der Wiener Gesellschaft außerordentlich beliebtes Geschwisterpaar war: Dr. Alexander Inngraf, damals hochrangiger Beamter der (unpolitischen) Kriminalabteilung der Wiener Polizeidirektion, und seine Schwester Lili Jung, Gattin des Salzburger Malers Georg Jung und Miteigentümerin des Salzburger Prominentenhotels „de l'Europe".

Dr. Inngraf war eine einzigartige, reichfacettierte Persönlichkeit. Von seinem Freund Heimito von Doderer als „sagenhafte Figur" in die Literatur eingeführt, wird über ihn in diesem Buche noch in anderem Zusammenhang ausführlich gesprochen. Wenn von „U-Booten" die Rede ist, assoziiert sich sein Name wie von selbst, denn seine Schwester und er brachten es zustande, eine jüdische Dame alle die bösen Jahre hindurch in ihrer Wohnung zu behalten. Sie hieß Dannenberg und war die Schwester des emigrierten Feuilletonredakteurs und Theaterkritikers Richard Götz, der in der von den Nationalsozialisten verbotenen Wiener Tageszeitung „Der Tag" tätig gewesen war.

Von den Freunden, weil oft frequentiert, als „U-Boot-Garage" bezeichnet, wurde die Garconnière der Fachärztin Dr. Ninon Warsch in der Wallnerstraße im 1. Bezirk. Sie benützte nicht nur ihre eigene kleine Wohnung häufig als Herberge für obdachlos gewordene Juden, sondern kümmerte sich als caritativ äußerst eifrig engagiertes Mitglied der „Christengemeinde", die der verbotenen antroposophischen Bewegung nahestand, auch um fremde

Hilfsbedürftige. Sie verfügte über eine größere Zahl von Freunden, die sich verpflichtet hatten, monatlich einen Teil ihrer Lebensmittelkarten für die Versorgung der „U-Boote“ bei ihr abzuliefern.

Rühmend sei vermerkt, daß die Anhängerschaft der „Christengemeinde“ damals eine äußerst rege Aktivität entfaltete und daß nicht wenige ihrer Mitglieder bereit waren, dabei ihr Leben aufs Spiel zu setzen.

Zur Wiener „U-Boot-Chronik“ gehörte auch das Schicksal des einstigen „Chefs vom Dienst“ des „Neuen Wiener Tagblatts“ Dr. Hugo Glaser, der als Jude während der ganzen nationalsozialistischen Ära sein Leben im Hause Neustiftgasse 64 verbrachte. Glaser befand sich schon mit einigen anderen in einem Lastauto, bereit zum Abtransport in ein Konzentrationslager, als es ihm im letzten Augenblick noch gelang, zu entwischen. Er hat dann viele Jahre unangemeldet in seiner Wohnung gelebt.

Als U-Boot hat auch die Witwe des Schriftstellers Richard Specht, Frau Wanda Specht, alle die bösen Jahre in Wien verbracht.

Der jüdische Kabarettist und notorische Café Herrenhof-Kumpane Peter Hammerschlag fand vorübergehend heimliche Unterkunft bei seinem Freund, dem Komponisten und Kapellmeister des Burgtheaters Alexander Steinbrecher, der in der Villa des Radierers Ferdinand Schmutzer in der Sternwartestraße in Währing wohnte. Im Jahre 1941 wurde er allerdings von einer SA-Streife auf der Straße aufgegriffen, verhaftet und in ein Vernichtungslager in Polen verschleppt, wo er den Tod fand.

Steinbrecher rächte den Verlust seines Freundes auf eine Weise, die seiner unheroischen Wesensart entsprach. Mit Hilfe einer Sekretärin aus der Direktionskanzlei des Burgtheaters beschaffte er sich die streng geheim gehaltenen privaten Telephonnummern einer Reihe hoher Parteifunktionäre, angefangen von Schirach und dem stellvertretenden Gauleiter Scharitzer oder dem Gaupropagandaamtsleiter Frauenfeld bis zu den auf den Einladungslisten figurierenden Funktionären der zweiten und dritten Garnitur. Steinbrecher machte sich die Mühe, mitten in der Nacht aus öffentlichen Telephonzellen anzurufen und nach einer Kanonade von unflätigen Beschimpfungen den Naziführern anzudrohen, daß sie eines Tages auf den Straßenlaternen vor ihren Häusern baumeln würden.

Die Geheimnummern wurden daraufhin zwar häufig gewechselt, aber Steinbrecher blieb beharrlich auf ihrer Spur und rief nach einiger Zeit mit Hilfe der Burgtheatersekretärin die neuen Nummern an. Er scheute nicht vor der Mühe zurück, solche Anrufe zu verschiedenen Stunden nach Mitternacht zu tätigen, um den jeweiligen Adressaten im Schlaf zu stören.

In seinem Haß auf das Regime vermochte er solche Attacken auch aus dem Stegreif zu improvisieren. Eines Tages wollten wir in der „Bierklinik", beim Stiedl in der Steindlgasse, zusammen mittagessen. Der erste Stock des Restaurants, wo wir unseren Stammtisch hatten, war jedoch für eine größere Herrenrunde aus München reserviert worden. Der Oberkellner erklärte, es handle sich um eine Gruppe von Malern und Bildhauern, die der Münchner Professor Adolf Ziegler, der Präsident des „Hauses der Deutschen Kunst", eingeladen hatte. Ziegler verdankte seine Karriere der obszönen Phantasie, mit der er, akademisch perfekt, Aktbilder malte, die das Entzücken Hitlers hervorriefen. Unter dem Spitznamen „Der Schamhaarziegler“ hatte er im Dritten Reich einige Popularität erreicht.

Die auf subversive Streiche zielende Phantasie Steinbrechers reagierte wieder einmal prompt. Er lief zur nächsten Telefonzelle auf dem Petersplatz und rief die „Bierklinik“ an: „Ich möchte den Brotschani Franzl sprechen!“ (Es war bekannt, daß die Intelligenz dieses Piccolo sich noch in pubertären Grenzen hielt.) Es kam zu folgendem Dialog:

„Franzl, hör mir genau zu: Ich bin der Herr Professor Josef Mutzenbacher und bin Präsident des Wiener Künstlerhauses. Lauf bitte in den 1. Stock, dort sitzen mehrere Herren aus Deutschland an einem langen Tisch. Ihr Kapo ist der Herr Pornograph Ziegler, den möcht' ich dringend sprechen. Paß auf Franzl, Du mußt seinen Titel laut und deutlich ausrufen: ‚Herr Po-r-no-graph Ziegler‘ mußt du sagen, ‚Sie werden zum Telephon gebeten‘.“

Franzl versprach, daß er den Herrn Pornographen — er buchstabierte nochmals den Titel — gleich holen werde. Dann legte Steinbrecher den Hörer auf und wir verließen schleunigst den Tatort.

Ob und wie diese Bombe platzte, haben wir nicht erfahren. Aber auch für den braven Franzl blieb es ein Rätsel, warum er eines späteren Tages von uns ein fürstliches Trinkgeld erhielt.

Sprachregelung

Nach der Katastrophe von Stalingrad war die deutsche Armee an mehreren Fronten zum Rückzug gezwungen. In der „Sprachregelung“ der Goebbelspropaganda wurde dieser negative Sachverhalt ins Positive umgestülpt.

Rückzug hieß von nun an „Frontverkürzung". Der Hauspoet des Kabaretts „Wiener Werkel" Rudolf Weys reimte daraufhin:

„Die Front verkürzt man mehr und mehr,
wenn ich nur das verstehngert—
Wenn kürzer wirklich besser wär',
Warum hat man, ich bitte sehr,
Sie überhaupt verlängert?"

Die Premiere dieser Persiflage fand vorsichtshalber nicht im „Wiener Werkel" sondern in der Wohnung des Autors vor geladenen Gästen statt, die sich immer wieder hier einfanden, wenn ein neues subversives Couplet geboren wurde und das war mehrmals im Jahr der Fall, fast immer vor dem gleichen Kreis von Freunden, nicht mehr als acht bis zehn Personen.

Dieses Häuflein reichte aus, daß die „G'stanzln" binnen weniger Tage erstaunliche Popularität erlangten. Oft waren es alliterierende Stabreime in der Reihenfolge des Alphabetes.

Den Buchstaben „B" habe ich in der Erinnerung bewahrt:

„Der Blockwart liest den Bruno Brehm
Der Bankert stammt vom B.d.M."

Flucht in die Höhle des Löwen

Dr. Hans Nüchtern, Lyriker und einst Direktor der literarischen Abteilung bei Radio Wien, hatte Jahre hindurch und bis zuletzt gegen den Nationalsozialismus literarisch und propagandistisch gekämpft. Am 12. März, nach dem Einmarsch der Deutschen Wehrmacht in Österreich, wurde er von einer SA-Streife gesucht, aber er war spurlos verschwunden. Man vermutete, daß er schon am

Tag vorher nach Preßburg geflohen sei. Kein Mensch wußte Genaues, aber man wähnte ihn in Sicherheit und dachte kaum mehr an ihn.

Nach einem Jahr klärte sich der Sachverhalt auf: „Während die Raubkatze ihre Opfer sucht", so hatte Nüchtern überlegt, „bietet ihre Höhle den sichersten Unterschlupf". Nach dieser lebensweisen Überlegung war Nüchtern noch am Abend vor Hitlers Einzug in Wien mit der Bahn nach Berlin, in die „Höhle des Löwen" gefahren. Auf die Idee, ihn dort zu suchen, wäre niemand gekommen.

Die Berliner hatten bereits fünf Jahre nationalsozialistischer Herrschaft hinter sich und waren dementsprechend enttäuscht. Viele von ihnen fühlten sich dem traditionell großzügigen Geist ihrer Stadt verbunden und waren bereit, oppositionell denkenden Menschen zu helfen. Auch Gefühle kollegialer Verbundenheit trugen dazu bei, daß Nüchtern in berufsnahen Kreisen rasch Unterstützung fand.

Zunächst lebte er von gelegentlicher Mitarbeit an Drehbüchern für Filme der UFA, bei der er bereitwillige Aufnahme gefunden hatte. Bald darauf wurde er als Dramaturg engagiert. Schließlich war er so fest etabliert, daß von seiner politischen Vergangenheit kaum mehr die Rede war. Einige verspätete Anzeigen wegen seines Verhaltens vor dem Jahre 1938 wurden kurzweg ad acta gelegt.

Später wurde er wegen seiner Handlungsweise im März 1938 bezichtigt, ein Chamäleon zu sein.

Seine Rechtfertigung klang keineswegs beleidigt: „Ich bin lieber ein Chamäleon als ein Kamel!"

Ähnlich wie Nüchtern erging es damals dem späteren österreichischen Außenminister Dr. Karl Gruber.

Als junger Ingenieur hatte er 1937 eine Stellung in der

Wiener Postzentrale am Schillerplatz gefunden und mit einigen gleichgesinnten Kollegen eine kleine Widerstandsgruppe organisiert.

Trotz des strengen Verbotes seiner Vorgesetzten schaltete er sich Ende Februar 1938 in die Telephonate der Deutschen Botschaft in Wien ein und entnahm diesen Gesprächen, daß Hitler den Einmarsch in Österreich vorbereite. Er teilte dies einem Mitglied der damaligen österreichischen Regierung mit, aber Bundeskanzler Dr. Schuschnigg, der wenige Tage vor seiner Abdankung immer noch hoffte, daß es nicht bis zum Äußersten kommen werde, winkte ab.

Nach dem 12. März mußte Gruber mit seiner Verhaftung rechnen. Er dachte an Flucht ins Ausland. Warum er es nicht tat und statt dessen nach Berlin fuhr, begründete er in seinen Memoiren mit den Schwierigkeiten, die sich der Emigration nichtjüdischer Österreichischer entgegenstellten:

„Das fremdsprachige Ausland begünstigte in erster Linie jüdische Emigranten. Das war auch zu verstehen, weil deren Bedrohung die gefährlichste war. Für sie ging es unmittelbar um Leben und Tod.

Für Nichtjuden war unter diesen Umständen die Lage einfach tragisch zu nennen, weil ihre Situation von Fall zu Fall noch viel gefährdeter war als die der rassisch Verfolgten, sie aber vom Ausland keineswegs mit offenen Armen aufgenommen wurden. So blieb vielen nichts anderes übrig, als — ich weiß, es ist zunächst kaum vorstellbar — Unterschlupf in Deutschland zu suchen . . .

Berlin präsentierte sich damals, ganz im Gegensatz zu Wien, als eine von einer gewissen Würde erfüllte Stadt . . . Das, was Wien so unerträglich gemacht hatte, diese gierigen Vogelgesichter böhmischer Hausmeister, die allesamt auf dem Umweg über die Partei pragmatisierte, volkstreue Hofräte werden wollten, diese ewig lauernden Denunzianten und die Arroganz brauner und schwarzer Parteibonzen, die im Glanz ihrer Uniformen prahlten, fehlte im Stadtbild Berlins zur Gänze."

Diese bissig karikierende Schilderung des damaligen Wien aus der Sicht eines enttäuschten jungen österreichischen Patrioten erinnert an den grimmigen Hohn, mit dem einst Daumier die frechen Schieber und Nutznießer der Louis Philippe-Zeit in Paris in seinen Zeichnungen bekämpfte. Doch erst die schockierende Deutlichkeit, mit der Gruber seinen von der Massenhysterie befallenen Landsleuten die souveräne Haltung der Berliner gegenüberstellt, die von fünf Jahren Naziherrschaft bereits ernüchtert waren, dieser Kontrast erst rückt die Perversität dieser wechselvollen Jahre ins helle Licht.

Vision eines Bayern

Im Frühjahr 1940 meldete sich ein Mann aus München namens Max Kolmsperger bei mir. Er berief sich auf den Journalisten Franz Taucher von der „Frankfurter Zeitung", der ihn darüber informiert habe, daß er mit mir über alles offen sprechen könne. Wir trafen uns im Café Sacher.

Um die Vertrauensbasis zu testen, verwies er zunächst auf verschiedene Gemeinsamkeiten aus der Vergangenheit, sprach über den Schriftsteller Oskar Maria Graf, der 1933 vor Hitler nach Wien geflohen war. Er erinnerte an den emigrierten Anton Kuh und dessen Schwester Nina, durch die er den genialen Psychoanalytiker und Freudschüler Dr. Otto Groß kennengelernt habe. Von Nina Kuh behauptete er, daß sie immer noch, unter einem anderen Namen, in Berlin lebe. Offenbar wollte er wissen, wie ich, auf diesen Namen angesprochen, reagierte.

Nach diesen vorsichtig prüfenden und meine persönliche Haltung abtastenden Präliminarien stellte sich heraus, daß seine Wißbegier tiefere und überraschende Gründe hatte. Er selbst, gestand er, sei Chefredakteur einer Wochenendzeitung des Münchner Knorr- und Hirtverlages gewesen und 1933 sofort entlassen worden. Nach länger dauernder Arbeitslosigkeit habe er als kleiner Beamter beim Reichskriegsopferverband Unterschlupf gefunden. Sein Chef war ein Mann namens Oberlindober, ein persönlicher Freund Hitlers, ein Mann der allerersten Stunde der NSDAP und im Besitz einer niedrigeren Mitgliedsnummer als Hitler selbst. Von Kolmsperger als „bayerisches Urviech" bezeichnet, pflegte Oberlindober sich seiner frühen Komplizenschaft mit Hitler großsprecherisch zu rühmen und ausführlich über Hitlers Doppelleben auf dem Berghof zu berichten. Er wußte auch Details über Eva Braun, mit der Hitler zu vorgerückter Nachtstunde gerne tanze, wobei er ihr dabei kräftig auf den Hintern klopfe.

Kolmsperger schwelgte bei der Wiedergabe dieser Oberlindoberischen Geschichten geradezu in saftigen Ausdrücken seiner bayerischen Mundart und zerstörte den Propagandaschwindel von Hitlers angeblichem Asketentum mit der würzigen Richtigstellung: „Der Kerll mit seiner broatoarschigen Eva ist stinknormal!"

Kolmsperger suchte in Wien Kontakt mit antinazistischen Kreisen und verfügte bereits über entsprechende Adressen. Schließlich gab er die Pläne seiner besonderen Mission preis, wobei er sich auf nahe Beziehungen zum Hause Wittelsbach berief. Seine These, für die er Wiener Widerstandsgruppen gewinnen wollte, lautete etwa folgendermaßen:

Der Krieg gehe verloren, darüber gebe es keinen Zweifel. Die Teilung Deutschlands sei beschlossen. Nun bestehe die Gefahr, daß man das Land zwischen Westen und

Osten aufteilen werde. Dies habe keine Aussicht auf Bestand und berge die Gefahr eines Dritten Weltkrieges in sich. Richtig wäre die Teilung: protestantischer Norden und katholischer Süden, daneben ein autonomes Rheinland. Der Limes sei immer noch bestimmend: also Zusammenschluß Österreichs mit Bayern, Südwürttemberg und dem Breisgau, der ja länger als ein halbes Jahrtausend zu Österreich gehört habe und erst im vorigen Jahrhundert Deutschland einverleibt worden sei. Diese Art der Teilung würde bestimmt tausend Jahre halten.

„Und was geschieht mit Norddeutschland?" wurde er gefragt. Kolmspergers Antwort: „Was mit die Preissen g'schieht, ist mir egal. Die solln froh sein, daß man nicht die Dämme sprengt und die Nordsee an den Böhmerwald grenzen läßt, wie es bereits Shakespeare vorausgeahnt hat."

Kolmsperger pflegte oft das Urteil des Philosophen Schelling über das Problem der deutschen Einheit zu zitieren: „Wir sind ein Volk der Völker". Er hielt sich an die Geschichtswirksamkeit der konfessionellen Traditionen, bezeichnete die Bayern als den begabtesten, kraftvollsten unter den deutschen Stämmen und vertrat die These von der weltgeschichtlichen Mission der christlich-abendländischen Kultur im Einflußbereich des einstigen Römischen Reiches.

In den Jahren, als ich in Bonn diplomatisch tätig war, gab es nicht wenige unter den deutschen Intellektuellen, die ähnlich dachten, wenn ihre geschichtlichen Erwägungen um die Problematik der deutschen Einheit kreisten. Hitler habe die „Volkswerdung" in seinem überdimensionierten Machtrausch für immer verspielt, war oft zu hören. Paul Wilhelm Wenger, der brillante Polemiker des „Rheinischen Merkur", gelangte in einem seiner phantasievollen Essays zu der Feststellung: „Der Sieg über Varus im Teutoburger Wald hat uns Deutsche tausend Jahre Kultur gekostet".

Kolmspergers Plan einer Nordsüdteilung Deutschlands bezog sich auch auf Churchill, der sich dafür einsetzte, daß bei der Rückeroberung Europas die alliierten Truppen in Griechenland landen sollten, um Mitteleuropa vor der Einverleibung in den sowjetischen Machtbereich zu bewahren.

Unwillkürlich assoziierte ich in diesem Zusammenhang ein Erlebnis in Freiburg im Breisgau, der Hauptstadt des einstigen „Vorderösterreich". Als Presseattaché war ich dem Außenminister Bruno Kreisky zugeteilt, der anläßlich eines Vortrages in der dortigen Universität dem Oberbürgermeister seine Aufwartung machte. Bei dem Empfang im Rathaus wurden wir vom Stadtoberhaupt mit den animierenden Worten begrüßt: „Ich nehme an, daß sich die Herren hier besonders wohlfühlen werden, da ja der Breisgau fast fünfhundert Jahre lang zum habsburgischen Reich gehört hat." Überdies verwies er stolz auf die Tatsache, daß im Freiburger Münster mehr österreichische Adelswappen zu sehen seien als in irgendeiner Kirche des heutigen Österreich. Schließlich habe sich die Stadt Freiburg im 14. Jahrhundert sogar freiwillig den Habsburgern unterstellt.

Bei einem gemütlichen Zusammensein mit Freiburger Studenten am selben Abend kreisten die Gespräche immer wieder um Themen aus Österreichs Vergangenheit und Gegenwart. In meiner Antwort auf die Frage eines jungen Historikers, ob der Begriff „Vorderösterreich" im Bewußtsein der Wiener überhaupt noch existiere, erzählte ich von meiner Begegnung mit Max Kolmsperger und dessen damals hochverräterischen Zukunftsvisionen von einem „neutralen Korridor" mit Einbeziehung des Breisgaues inmitten von Europa.

Auf die jungen Leute wirkte dieses Konzept keineswegs schockierend, im Gegenteil. Bevor wir auseinandergingen machte einer von ihnen den Vorschlag, zum Abschied das

Glas zu erheben und auf das Wohl Kolmspergers zu trinken, der inzwischen Kultursenator des Freistaates Bayern geworden war und hohes Ansehen genoß.

Das Götz-Zitat

Eine Hitlerrede war angesagt. Es hieß, der Führer werde wichtige Beschlüsse verkünden. Wie immer wurde auch diesmal ein gigantischer Aufwand an vorbereitender Regie entfaltet und die Spannung bis zur Erregung hochgetrieben. Die Arbeit ruhte, der Unterricht in den Schulen war unterbrochen, die Straßen leer, der öffentliche Verkehr auf das Nötigste reduziert, aus den Lautsprechern dröhnte Marschmusik. Ich kam von auswärts, mein Zug hatte Verspätung gehabt, und eilte nun die Prinz Eugen-Straße hinunter zur Inneren Stadt, um noch rechtzeitig in die Redaktion zu kommen.

Die Rede hatte schon begonnen, als ich den Schwarzenbergplatz erreichte. Weit und breit war kein Mensch zu sehen, alle waren in den Büros, in Werkstätten, in Cafés oder Gasthäusern versammelt, um den Worten des Führers zu lauschen.

Doch da stand plötzlich ein Mann vor mir. Er hielt einen Besen in der Hand und kehrte, als wäre er tief in Gedanken versunken, langsam und bedächtig das Pflaster. Aus einem offenen Fenster drang die Stimme des Führers wie aus weiter Ferne zu uns.

Als ich an dem Mann vorbeikam, ließ er den Besen plötzlich ruhen, stützte sich auf ihn und blickte mich freundlich an. Dann hob er den Besen mit drohender Gebärde, schlug damit wie mit einem Prügel ein paarmal vor sich hin und schloß diesen symbolischen Akt mit der lapidaren Feststellung:

„Also uns zwa kann er im Oarsch lecken!“

Das Götz-Zitat, dessen Verherrlichung Anton Kuh in seinem Buch „Der unsterbliche Österreicher“ eine seiner lustigsten Kabarettszenen widmete, fand übrigens in der „lingua Herrenhofiana“ als durchaus standesgemäße Floskel wegen seiner gemütvollen Ausdruckskraft häufige Verwendung.

Als ich Friedrich Torberg nach seiner Rückkehr aus Amerika den Vorfall auf der Prinz Eugen-Straße erzählte, glaubte er darin den Beweis zu sehen, daß die Sprache der Wiener unbeschädigt geblieben ist, und gab sich von da ab mit der Vergangenheit ausgesöhnt.

Rettendes Fieber

Februar 1945. Budapest ist von den Russen erobert, die deutsche Gegenoffensive zwischen Plattensee und Donau ist fehlgeschlagen. Eine Delegation österreichischer Industrieller hat an Schirach die Forderung gerichtet, Wien zur offenen Stadt zu erklären. Hitler hat befohlen, daß Wien bis zum letzten Stein verteidigt werden müsse.

Unsere nächsten Freunde haben ebenso wie meine Frau und ich beschlossen, unter allen Umständen in Wien zu bleiben.

Unser Freund Lernet-Holenia lag um diese Zeit als Reserveoberleutnant nach einer fingierten Herzattacke in einem Lazarett in St. Wolfgang. Der Dichter Heinrich Waggerl war als Sanitätsunteroffizier sein Pfleger. Beide hofften, das nahende Kriegsende dort zu erleben.

Plötzlich ruft Lernet-Holenia bei uns an, und erklärt, er habe den Befehl erhalten, sich bei seiner Truppe in Wien zu melden, seine Kompanie werde innerhalb von achtundvierzig Stunden zur Verstärkung an die Front nach Ungarn in Marsch gesetzt. Er werde nur eine Nacht in Wien Zwischenstation machen können. In den wenigen Stunden seines Aufenthaltes werde er also erkranken müssen, um vor dem Kampf an vorderster Front bewahrt zu bleiben.

Große Beratung bei unserem Freund, dem Orthopäden Dr. Alexander Hartwich, der ja auch einer der intimsten Freunde Lernets war. Dr. Hartwich, der schon so viele Menschen vor dem Fronteinsatz bewahrt hatte, indem er ihnen falsche Gipsverbände verpaßte, war als „Mischling ersten Grades“ selbst gefährdet. Trotzdem hatte er schon in mehr als dreißig Fällen geholfen. Auf das Delikt der „Selbstverstümmelung“ und der ärztlichen Mithilfe stand die Todesstrafe.

Dr. Hartwich beschloß, Lernet eine Injektion zu verabreichen, durch die er innerhalb einer Viertelstunde hohes Fieber bekommen würde. Um Lernet für die bevorstehende Prozedur bei guter Laune zu halten, hatte Dr. Hartwich einige gemeinsame Freunde in das Nebenzimmer seiner Ordination eingeladen. Frau Trude, die Hausfrau, versorgte die Gäste mit Tee und einer selbstgemachten Schokoladetorte.

Lernet lag mit entblößtem Hinterteil auf dem Ordinationstisch. Das Mittel, das Dr. Hartwich verwenden wollte, hatte den Nachteil, daß es in einigen seltenen Fällen vom Organismus des Patienten abgestoßen wurde. Es bestand die Gefahr einer unerwünschten Reaktion mit Symptomen, aus denen der Tatbestand eines ärztlichen Eingriffs eindeutig hervorginge.

In verständlicher Erregung saßen die Freunde rings um den Operationstisch. Zur Bekämpfung der allgemeinen Nervosität ging eine Flasche Sliwowitz von Hand zu Hand.

Die darauffolgende halbe Stunde kam uns allen wie eine Ewigkeit vor, aber sie endete mit dem ersehnten

Clou: Lernets Temperatur begann zu klettern. Mit vierzig Grad Fieber war er reif fürs Lazarett.

Bald darauf wurde er nach St. Wolfgang zurückgeschickt, wo wenig später die Amerikaner als Befreier Einzug hielten.

Die Demelinerinnen

Täglich am frühen Morgen und pünktlich zur gleichen Stunde, als hätte eine geheime Instanz in der benachbarten Wiener Hofburg ihre dirigierende Hand dabei im Spiel, vollzogen sich während des Krieges vor dem Michaelerplatz zwei sehenswerte Ereignisse:

Während die edlen Lipizzanerhengste im Schmuck ihrer rot-goldenen Schabracken, geleitet von ihren Reitern in Galatracht, in gedrillter Reihenfolge nacheinander die Straße überquerten, um mit dem Morgentraining zu beginnen, begab sich auf dem kurzen Straßenstück zwischen der k.k. Hofzuckerbäckerei Demel am Kohlmarkt und der Michaelerkirche ein nicht minder beachtenswertes Schauspiel.

Mit dem Gebetbuch in den gefalteten Händen, dem Evchen aus dem Ersten Akt der „Meistersinger" gleich, schritt Frau Klara Demel, die Chefin des Hauses Demel und Gattin des aus Abscheu vor den Nazis in Italien lebenden edlen Herrn Federico von Berceviczy-Pallavicini, pünktlich zur Frühmesse in die Michaelerkirche. Der Ausdruck geduldigen Leidens lag wie ein Schatten auf ihrem bleichen Madonnenantlitz. In respektvollem Abstand folgten ihr, einzeln hintereinander gehend, die Serviererinnen — die Paula, die Grete, die Thesa usf. — von den Wienern dem imaginären Orden der „Demelinerinnen" zugeordnet.

Der zeremonielle Ablauf dieses kollektiven Kirchganges entsprach nicht nur dem für Theatralik empfänglichen Sinn der Wiener, sondern auch ihrem im Krieg wachsenden Bedürfnis, sich wenigstens für ein paar kurze Augenblicke der Illusion hingeben zu können, die Welt wäre noch wie einst und damit auch in Ordnung.

Kärgliche Reste der einstigen Wiener Gesellschaft, ein paar Grafen, Komtessen, Barone, ältere Damen und elegante ältere Herren, unter ihnen die Schauspieler Raoul Aslan und Axel von Ambesser, die Musikkritiker Dr. Heinrich Kralik und Dr. Erwin Mittag zählten damals zu den ständigen Besuchern der Konditorei Demel. Diese stand unter dem besonderen Schutz Baldur von Schirachs und seiner Frau, die sich bei ihren Empfängen das Buffet meistens von der k.k. Hofzuckerbäckerei liefern ließen. Zu diesem Zweck wurden von der Wiener Gauleitung Sonderzuteilungen von gastronomischen Spezialitäten und Kostbarkeiten aus dem besetzten Ausland gewährt.

Davon profitierten aber nicht nur die bevorzugten Stützen und Trabanten des herrschenden Regimes, sondern auch eine Auswahl von Stammkunden, darunter auch solche, für die der Demel ein Refugium geworden war, weil sie aus politischen oder rassischen Gründen gefährdet waren. Man sah hier auch einstige Prominenz, die es vermied, in der Öffentlichkeit aufzufallen und sich lieber in eine schattige Ecke der Demel-Salons drückte. Auch Unbekannte, die man nur vom Sehen her aus der „Zeit vorher" in Erinnerung behalten hatte — unverkennbare Physiognomien, denen das Wienertum wie ein Stempel eingeprägt war, halbaristokratische, halbjüdische bürgerliche Typen, auch Intellektuelle — eine Spezies, wie sie nur das charakteristische Wiener Assimilierungsmilieu hervorgebracht hat.

Dann gab es freilich auch die makabre Kehrseite der scheinbaren Idylle. In einem schmalen, schlecht beleuchteten Gang zwischen Küche und Klo saßen die „verheimlichten Gäste“ wie aufgefädelt, Sessel an Sessel: die „U-Boote“, Verfolgte, politisch Diffamierte, die Schirachs übergebliebene Torten und Cremes aus dem Teller löffelten und eifrig die auf illegalen Sendern abgehörten Tagesneuigkeiten diskutierten.

Hier vegetierte ein zweites, ein anderes, verheimlichtes, von der brutalen Wirklichkeit abgeschirmtes Wien, von den Demelinerinnen liebevollst gepflegt und gehätschelt, wie Pflanzen, die man vor dem rauhen Winter im Glashaus bewahrt, um sie später, sollte die Sonne wieder scheinen, dem Leben in freier Natur zurückzugeben.

Frau Hieblinger und der Zeitgeist

Ein nicht minder illustres Pendant zum „Demel“ war der hinter der Michaelerkirche, also im gleichen Ambiente des Kaiserlichen Hofes etablierte „Hieblinger“. Dieser Name war gleichfalls schon in der Monarchie ein fester kulinarischer Begriff, weil es hier täglich frisch aus Prag gelieferten Schinken von einsamer Qualität zu kaufen gab. Es war ein betont bürgerlich-patriarchalisch geführtes Selchwarengeschäft, das schon in seiner räumlichen Ausstattung Vertrauen weckte. Ein unter dem Madonnenbild ständig flackerndes Öllämpchen warf auf die ringsum mit würzig duftenden Schinken, Würsten und sonstigen Fleischwaren reich bespickten Wände ein schummriges rötliches Licht, wodurch die Kunden schon beim Eintritt in eine seltsam anheimelnde Stimmung versetzt wurden, eine Mischung aus fleischlichem Verlangen und andächtiger Benommenheit.

Diesem soliden äußeren Rahmen entsprach auch der sehr persönlich gefärbte konservative Lebensstil des Ehepaares Hieblinger und ihre politischen Ansichten, die in dem Fundament der Luegerepoche fest verwurzelt waren. Katholische Frömmigkeit und unbedingtes Festhalten an traditionellen Formen und Bräuchen im Verkehr mit der durchwegs vornehmen Stammkundschaft, die sich aus Kreisen des Adels, der hohen Bürokratie und Großbourgoisie, aus Sängern und Schauspielern der einstigen Hoftheater zusammensetzte. All das ließ deutlich erkennen, welcher politischen Richtung die Sympathien der Hieblingers zugeneigt waren.

Rote Fahnen und sozialdemokratische Aufmärsche waren Frau Hieblinger eher als Signale des Weltunterganges erschienen, doch diese Schrecken verblaßten beim Anblick des Hakenkreuzes, das ihr als das Signum des Teufels galt. Die „Sozis" waren lange Zeit ihre Hauptgegner gewesen, nun rückten sie durch den aktuellen Haß auf die Nazis allmählich in den Hintergrund. Der einstige Feind zählte nun zu den Verfolgten und teilte dieses Schicksal mit den einstigen jüdischen Kunden und den verhafteten Politikern Figl und Schuschnigg, die im Konzentrationslager festgehalten wurden. Dort saßen ja auch die beiden Wiener Bürgermeister Schmitz und Seitz, die alle für Österreich und gegen Hitler gekämpft hatten.

Die Gedanken an alle diese Verfolgten schlummerten im Gedächtnis Frau Hieblingers fort, sie sorgte sich aber auch um solche Kunden, die in Freiheit lebten, keine Nazis waren und mit den kärglichen Lebensmittelrationen auskommen sollten. Für diese gab es bei Hieblinger Butter, Fleisch und Würste ohne Karten zu maßvoll erhöhtem Preis. Frau Hieblinger war keine Wucherin, ihre Handlungsweise war auch keine Korruption, sondern im Gegenteil, ein Akt der Solidarität, des Zusammenhaltes, des Dienstes am Nächsten, verbunden mit der wohltuenden Genugtuung des Zuwiderhandelns gegen die lästigen Nazigesetze.

Ein schlauer Trick half über allzugroßes Risiko hinweg: Die illegale Ware wurde auf einem separaten Zettel verrechnet, auf den Frau Hieblinger, an der Kassa sitzend, ein unleserliches Zeichen kritzelte. Auf eine diskrete Rückfrage, was dieses geheimnisvolle Signum zu bedeuten hätte, lautete Frau Hieblingers klare Antwort: „Das heißt jedes Mal ‚mit Gott!'".

Doch nun erst folgt die eigentliche Pointe, die, wie mich dünkt, einer Szene aus dem nationalsozialistischen Alltag im Hause Hieblinger historische Bedeutung gibt, weil sie zur Enträtselung des geheimnisvoll wachsenden und sich wandelnden Zeitgeistes beiträgt und zeigt, wie dieser sich im Denken und den emotionellen Reaktionen, in zunächst isoliert erscheinenden Taten einzelner Individuen vorbereitet und ankündigt und später bedeutsame Bewegungen und Veränderungen auszulösen vermag.

Eines Tages öffnete sich die Tür und ein hochgewachsener älterer Herr in dunklem korrektem Anzug, mit Stock und schwarzem Homburghut betrat das Geschäft. Eine hagere, elegant wirkende Erscheinung, das bleiche Gesicht krankhaft abgemagert, die Augen in tiefen Höhlen, hinter dem grauen Spitzbart ragte ein dünner Hals aus dem viel zu weit gewordenen hohen Stehkragen. Es war der aus dem KZ befristet entlassene, hochbetagte einstige Nationalratspräsident und Bürgermeister von Wien, Karl Seitz. Offenbar hatte man ihm erzählt, daß es hier für ein Fähnlein Erkorener noch allerhand Köstlichkeiten zu kaufen gab.

Die agile Frau Hieblinger hatte ihn sofort erkannt und eilte mit offenen Armen auf ihn zu: „Mein Gott, das ist ja unser lieber Herr Bürgermeister!" rief sie, und die handfeste Hüterin erzkonservativer Tradition hieß das einstige Oberhaupt des roten Wien aufs herzlichste willkommen.

Ihr Willkommensgruß war genau so gemeint, wie er klang, er kam aus ihrem großen und offenen Herzen, und dazu war es auch noch ein großer Augenblick, dessen sich bald die Fama in Wien bemächtigte und der als geschichtsträchtige Anekdote fortwirkte. Für viele, die damals von dem Vorfall hörten und ihn genießend nachempfanden, gewann er eine bis heute nachwirkende Symbolkraft. Bei späterem Zurückdenken verwandelte er sich für mich zur Geburtsstunde der „Großen Koalition“, der „Sozialpartnerschaft“, der „Paritätischen Kommission“ und von allem, was nach dem Krieg dazu führte, daß in Österreich die Kräfte der Vernunft zum Durchbruch kamen, zum Wohle der Zweiten Republik.

Von Frau Hieblingers spontanem Temperamentsausbruch bis zu Julius Raabs programmatischer Deklaration: „I wü die Sozi net auf der Strassn, i wü sie am grünen Tisch!“ führte ein direkter Weg. Freilich vergingen bis dahin noch bittere Jahre.

Die dunklen Jahre des „Neuen Wiener Tagblatts“

Am Sonntag, dem 13. März 1938 proklamierte Adolf Hitler in Linz das Gesetz über die Wiedervereinigung Österreichs mit Deutschland und damit die Gründung des Großdeutschen Reiches.

„Dieser Tag bleibt für immer in der Geschichte des deutschen Volkes der entscheidendste Tag seit zweitausend Jahren“, verkündete mit superlativischem Pathos die Goebbelspropaganda.

Doch schon nach dem Miniaturzeitraum des ersten Jahrfünfts von den tausend Jahren, die Hitler in seinem prophetischen Mythologisierungswahn dem Dritten Reich attestiert hatte, auf den Tag genau am 13. März 1943 sah sich der Reichsstatthalter von Wien, Baldur von Schirach, in einem Aufruf an die Wiener zu dem Einge-

Neues Wiener Tagblatt

vereinigt mit

Neue Freie Presse und **Neues Wiener Journal**

Wien, den 29. Jänner 1939.

Am 1. Februar 1939 wird das „Neue Wiener Tagblatt" mit der „Neuen Freien Presse" und dem „Neuen Wiener Journal" vereinigt. Die „Neue Freie Presse" und das „Neue Wiener Journal" werden vom gleichen Zeitpunkt ab nicht mehr als selbständige Blätter erscheinen. Die aus bester Tradition schöpfenden Kräfte der drei großen Wiener Blätter in einem einzigen Blatt zu vereinigen und dadurch ein großes, auf gesunder Grundlage stehendes Presseorgan mit einer starken Resonanz im In- und Ausland zu schaffen, das ist der Sinn dieser einschneidenden Maßnahme, deren Richtschnur vor allem sein soll, die wertvollen, traditionsgebundenen Merkmale der drei Zeitungen zu erhalten.

ständnis genötigt, daß die Zeiten „nicht dazu angetan“ seien, Feiern abzuhalten.

Daß eine so ernüchternde Lagebeurteilung mitten im Krieg dem Munde eines der mächtigsten Paladine Hitlers entfuhr, war neu. Mag sein, daß sich nach dem Schock der Katastrophe von Stalingrad erste Keime des Zweifels im Unterbewußtsein des Reichsstatthalters regten — es gab auch andere Anzeichen dafür, daß der Krieg nicht nur militärisch zu einem Wendepunkt gelangt war.

Schirachs lahmer Durchhalteappell erschien in fetten Lettern auf der ersten Seite der letzten Nummer des zur Einstellung verurteilten „Wiener Mittag“, der zu den ersten Opfern der in schwerste Bedrängnis geratenen Kriegswirtschaft zählte. Weitere Beschänkungen im Pressewesen folgten bald danach.

In psychologischer Hinsicht wirkte die Einstellung von Zeitungen damals weit negativer als andere restriktive Maßnahmen des totalen Krieges. Man wußte von dem hohen Stellenwert, den Hitler der Propaganda zugewiesen hatte. Wie prekär mußte die Lage sein, so fragten sich viele, wenn er sich nun zur Reduzierung so wichtiger Instrumente der Massenbeeinflussung genötigt sah, notabene zu einem Zeitpunkt, der eher eine verstärkte Mobilisierung der Propagandamittel erfordert hätte.

So verbreitete sich in weiten Kreisen wachsend der Eindruck, daß mit Stalingrad der Anfang vom Ende gekommen war und alles, was von nun an geschah, nur ein sinnlos verlängertes Hinausschieben der unaufhaltsamen Katastrophe sein konnte.

Der „Wiener Mittag“ war eine auf das Boulevardpublikum zielende Nebenausgabe des einst angesehenen, in der Tradition bürgerlich-liberaler Journalistik angesiedelten „Neuen Wiener Tagblattes“ gewesen, des Flaggschiffes in der dem Untergang geweihten kleinen Armada von Zeitungen, Zeitschriften, Fachblättern, Broschüren und sonstigen Periodika, die der mächtige, wirtschaftlich wohlfundierte „Steyrermühlkonzern“ in dem prächtigen Jugendstilhaus auf dem Wiener Fleischmarkt produzierte.

Wie es dazu kam, daß ein Jahr nach der Machtübernahme im März 1938 gerade das „Neue Wiener Tagblatt“ vom NS-Regime dazu ausersehen wurde, die Alibifunktion eines scheinbar nicht total gleichgeschalteten Paradeblattes zu übernehmen, obwohl sich für diese Rolle die im Ausland hochgeschätzte „Neue Freie Presse“ eher angeboten hätte, erschien zunächst rätselhaft. Nach einiger Zeit wurde jedoch offenkundig, daß bei der politischen Gleichschaltung der österreichischen Presse auch harte kaufmännische Interessen maßgebend waren.

Im Gegensatz zur schwer verschuldeten „Neuen Freien Presse“ war das „Neue Wiener Tagblatt“ hoch aktiv. Wie sich bei den Übernahmeverhandlungen herausstellte, war die von Ernst Benedikt großzügig geführte „Neue Freie Presse“ mit der horrenden Summe von rund zwanzig Millionen Schilling (als eine der solidesten Währungen der

Welt bezeichnete man damals den Schilling als „Alpendollar“) bei der Creditanstalt in der Kreide, deren Hauptaktionär das Haus Rothschild war.

Die genaue Prüfung der Unterlagen im Vertrieb der „Neuen Freien Presse“ erbrachte nach Aussage des intervenierenden Rechtsanwaltes das überraschende Ergebnis, daß die reine Verkaufsauflage in den letzten Jahren vor ihrer Einstellung nur noch 17.000 Exemplare betragen hatte, während die Druckauflage aus Prestigegründen mit einer mehr als doppelt so hohen Ziffer angegeben wurde. Bei Abbestellungen wurden die Abbonenten oft gratis weiterbeliefert. Trotz dieser prekären Lage erreichten die Bezüge der langjährig tätigen Redaktionsmitglieder die Höhe einer Ministergage. Prominente Mitarbeiter erhielten Höchsthonorare, um den Ruf der Zeitung als „österreichisches Weltblatt“ zu sichern.

Hingegen erzielte das „Tagblatt“ durch seine auf Kleinanzeigen spezialisierte umfangreiche Inseratenplantage Millionengewinne und konnte damit die Verluste der zum Konzern gehörigen notleidenden Papierfabrik decken. Außerdem verfügte der „Tagblatt“-Konzern über die ertragreiche „Große Volkszeitung“ und die „Kleine Volkszeitung“, die auflagenstarke „Wochenausgabe des Tagblatts“ sowie eine Reihe anderer florierender Wochenblätter.

Hinter einem dichtmaschigen Netz von zwischengeschalteten Subsidiarverlagen, auch solchen, die ihren alten Namen als Tarnung beibehalten durften, verbarg sich als „Ariseur“ bei diesen gewalttätigen Transaktionen der allmächtige, sämtliche Presseerzeugnisse des Deutschen Reiches beherrschende NSDAP-Verlag „Eher“, an dessen Spitze Reichsleiter Max Amann stand, ein Kampfgenosse Hitlers aus frühesten Tagen.

Bei den Verhandlungen über die Einverleibung der „Neuen Freien Presse“ und des „Neuen Wiener Journal“

in das nun als einziges Wiener Traditionsblatt verbliebene „Neue Wiener Tagblatt“ trat als vorgeschobener Eigentümer das vom „Eher-Verlag“ kontrollierte Münchener „Buchgewerbehaus M. Müller“ auf, aber das Impressum lautete weiterhin auf die „Ostmärkische Zeitungsverlag K.G.“, die nach der gewaltsamen Arisierung in den Märztagen des Jahres 1938 den früheren „Steyrermühlverlag“ abgelöst hatte.

Diese komplizierten Tarnprozeduren zeigen, wie sehr das NS-Regime bemüht war, den Lesern die Existenz einer parteiunabhängigen Presse vorzutäuschen, da, wie sich bald erwies, das offizielle Parteiorgan, der „Völkische Beobachter“, nur auf geringe Resonanz bei den Wienern traf.

Die eigentliche Übernahme der Wiener Tageszeitungen durch das NS-Regime erfolgte ein Jahr vorher, am 12. März 1938, wenige Stunden nachdem deutsche Truppen die Grenzübergänge besetzt und mit dem Einmarsch begonnen hatten.

Es war ein Samstag, der letzte Tag einer aufregenden Woche, in der die politischen Ereignisse sich mit einer geradezu kolportagehaften Dramatik überstürzt und mit dem Rücktritt des Bundeskanzlers Schuschnigg am Abend des 11. März 1938 ihren Kulminationspunkt erreicht hatten.

In den Redaktionen der liberalen Blätter herrschte fast totale Erschöpfung und Ratlosigkeit, viele Journalisten hatten die Nacht durchgewacht und in enervierenden Diskussionen die neue Situation erörtert. Hoffnungen und Illusionen waren dabei zunichte geworden, scharfsinnig erklügelte Theorien und Hypothesen über die Zukunft Österreichs hatten sich angesichts der kruden Wirklichkeit als Gespinste verzweifelten Wunschdenkens entpuppt.

Während die Straßen und Plätze der Stadt bis in die

Nachtstunden von lärmender, fieberhafter Hektik beherrscht waren, stampfende Kolonnen weißbestrumpfter Jugendlicher in auftrumpfender Siegesfreude mit ohrenbetäubendem Pfeifen, Trommeln und Parolengebrüll das neuerstandene Großreich begrüßten, hatte sich die niemals errechnete Mehrzahl der Wiener, die Österreich die Treue hielten, ängstlich und bangend vor der ungewissen Zukunft in ihren Wohnungen verschanzt.

Zunächst stellte sich die in menschlicher Hinsicht alles überragende Frage, was mit den Juden geschehen werde. Eine plötzliche Ausschaltung, wie sie die Nationalsozialisten forderten, hätte das Erscheinen der gesamten Wiener „Großpresse" gefährdet — also, dachten viele, wäre sie undurchführbar. Dieses Argument stützte sich auf gewichtige Zahlen:

Von den hundertvierundsiebzig Redakteuren in den Wiener Tageszeitungen waren damals hundertdreiundzwanzig Juden. (Helmut Sündermann „Die Grenzen fallen", München 1939). In der „Neuen Freien Presse" waren von vierundvierzig Redakteuren achtunddreißig Juden, im „Neuen Wiener Tagblatt" entsprachen von zweiunddreißig Redakteuren nur sechs dem sogenannten Arierparagraphen. Ähnlich waren die Verhältnisse in den beiden anderen großen Wiener Tageszeitungen, „Neues Wiener Journal" und „Der Tag".

In den Redaktionen aller dieser Blätter herrschte ein toleranter, kameradschaftlicher Geist, trotz konfessioneller Unterschiede und abweichender Meinungen in politischen und kulturellen Fragen. In den Redaktionskonferenzen wurden oft äußerst temperamentvolle Auseinandersetzungen ausgefochten, wobei zwischen den „arischen" und den jüdischen Kollegen auch echte Freundschaften bestanden, die davon nicht berührt wurden. Man pflegte Querverbindungen zu gleichgesinnten Kollegen in den Konkurrenzblättern und traf einander in den von Journalisten bevorzugten Kaffeehäusern, im „Herrenhof“ und im „Rebhuhn“. Durch ein professionelles Zusammengehörigkeitsgefühl fühlten sich die Wiener Journalisten in ähnlicher Weise verbunden wie die Mitglieder der Intellektuellenklubs in London, Paris und Budapest.

Das Gift des Mißtrauens und der Verdächtigungen, das während der herannahenden nationalsozialistischen Machtergreifung in das gesellschaftliche Leben Wiens wie eine Seuche eingesickert war, wirkte sich in den Redaktionen der liberalen Presse nur in wenigen Einzelfällen aus. Im „Tagblatt“ blieb das kollegiale Einvernehmen auch in den dramatischen Tagen des Umbruchs davon völlig unberührt.

In den von unheilvollen Ahnungen beschwerten letzten Wochen vor der Katastrophe grassierte die Anfälligkeit für euphorische Theorien. So war das Gerücht entstanden, daß Hitler im Hinblick auf den hohen jüdischen Bevölkerungsanteil Wiens seinen Antisemitismus hier weniger rigoros handhaben werde als man vom Totalitätsanspruch seiner rassistischen Theorie her befürchten mußte. Möglicherweise werde er, so hieß es, unter dem Druck der bestehenden Tatsachen realistisch reagieren und sich an den Universitäten und bei einer Reihe intellektueller Berufe wie Ärzte, Rechtsanwälte und Journalisten auf einen „numerus clausus“ beschränken.

Einige Berliner Emigranten, die sich 1933 nach Wien abgesetzt und in den Redaktionen der Wiener Tagesblätter Zuflucht gefunden hatten — unter ihnen einer der drei mächtigen Brüder Reiner, die der Direktion des Ullsteinverlages angehört hatten, und die beiden Feuilletonisten Ernst Mandowsky und Georg Strelisker — stützten solche Hoffnungen nährende Theorien mit dem Hinweis, daß in einigen Berliner Redaktionen nach fünf Jahren nationalsozialistischer Herrschaft immer noch einige Juden als ständige Mitarbeiter an Zeitungen und Zeitschriften tätig wären.

Solche Spekulationen waren Lehrbeispiele dafür, wie schnell und willfährig Menschen, die sich normalerweise durch probaten Wirklichkeitssinn und skeptische Vernunft auszeichnen, unversehens dem Wunschdenken und der Leichtgläubigkeit zum Opfer fallen, wenn sie in ausweglos scheinende Notsituationen geraten. Es war die Frage des Weiterlebens, des Überlebens, die oft das Denken lähmte.

Verwirrend wirkten auch besänftigende Mitteilungen des Romanciers und Berliner Ullstein-Redakteurs Georg Fröschel, eines gebürtigen Wieners, der in dem krampfhaften Bemühen um Objektivität behauptete, es sei „alles nicht so arg“. Obwohl er zwangsweise pensioniert worden war, erhalte er seine beachtlich hohe monatliche Rente pünktlich von dem „arisierten“ Verlag ausbezahlt. Er habe vorsichtshalber einen Vertrag mit „Metro-Goldwyn-Mayer“ in Hollywood abgeschlossen, hoffe aber, daß der nationalsozialistische Spuk bald von einem Militärregime abgelöst werde; dann würde er selbstverständlich sofort nach Berlin zurückkehren.

Fröschels trügerische Spekulationen waren keineswegs eine vereinzelte Privatmeinung, sie geisterten als verunsichernde Irritationen durch die Gehirne vieler Betroffener. Vernunft und Gescheitheit boten keinen Schutz davor.

Es waren Tage, in denen die Existenzangst bei manchen Personen panikartige Reaktionen auslöste. So war bekannt geworden, daß der von den Rassegesetzen bedrohte Hofrat Ernst Lothar, einst Feuilletonchef der „Neuen Freien Presse“ und Direktor des Theaters in der Josefstadt, der kurzlebigen Regierung unter dem Bundeskanzler Seyß-Inquart eine Loyalitätserklärung schickte, worin er seine Bereitschaft zur weiteren Mitarbeit am Kulturleben Wiens erklärte.

Die Redakteure des „Wiener Tagblattes“ waren geteilter Meinung. Die Mehrzahl der „Nichtarier“ dachte realistisch, verbrachte den 12. März zu Hause und verhielt sich abwartend.

Unbeirrt von solcherlei grüblerischen Abirrungen blieb hingegen der uralte, bereits pensionierte Redaktionsveteran Alexander Neumann bei seiner weltanschaulich wohlfundierten Skepsis. Als einstiger Pressechef des „Lloyd Triestino“ und gebürtiger Untertan der ungarischen Stephanskrone war er mit dem transleithanischen Ehrentitel eines „Königlichen Rates“ ausgezeichnet worden und legte größten Wert darauf, mit den in Wien zahlreich grassierenden „Kaiserlichen Räten“ nicht in einen Topf geworfen zu werden.

In diesen betrüblichen Tagen schlich er als Ruheständler im Genuß der ihm bis an sein Lebensende zugesicherten vollen Aktivbezüge nachdenklich durch die Gänge der Redaktion und gab von Zeit zu Zeit pessimistische Prophezeiungen von sich.

Seinen Ärger verteilte er zu gleichen Teilen auf Juden und Christen, wobei er letztere auf Grund aktueller Erfahrungen als gefährliche Ruhestörer empfand und von nun ab mit den Deutschen gleichsetzte.

Er weigerte sich den Namen Hitler auszusprechen, der für ihn schlicht der „Gewittergoj“ war.

Gelegentlich befragt nach seiner Meinung über das gestörte Verhältnis zwischen Deutschen und Juden und über beider Völker Tugenden und Laster, antwortete er bedächtig vor sich hin sinnierend: „Erstens, das politisch dümmste Volk auf dieser Erde sind die Deutschen. Zweitens, das politisch zweitdümmste Volk sind die Juden, drittens, über die Reihenfolge bin ich mir bis heute nicht klar geworden, viertens: Daraus folgt, wie mies mir vor beiden ist.“

Die letzte nicht gleichgeschaltete Nummer des „Tagblatts“ mit dem Datum des 12. März enthielt ein Musterstück journalistischer Zivilcourage: Als einzige Zeitung in Wien veröffentlichte das „Tagblatt“ unter dem Titel „Kurt, Edler von Schuschnigg“ einen würdigen Nachruf auf den bereits verhafteten Bundeskanzler.

Der tapfere Verfasser war der greise Chefredakteur Hofrat Dr. Emil Löbl. Er entstammte einer angesehenen Familie des emanzipierten jüdischen Bürgertums und war vor seiner Berufung an das „Tagblatt“ Chefredakteur der amtlichen „Wiener Zeitung“ gewesen. Er galt damals als „Grand old Man“ der gehobenen Wiener Journalistik und war von seiner souveränen Haltung her ein „Herr“ — ein Stilbegriff, in dem sich Wissen, Gesinnung, Weltläufigkeit und Urbanität unaufdringlich vereinen. Traditionsbewußte Strenge und Überlegenheit verliehen ihm Autorität.

Mein Respekt vor Hofrat Löbl war so groß, daß es nur ein einziges Mal zu einer Meinungsverschiedenheit zwischen uns kam. Es ging damals, 1934, um die erst kürzlich mit fünfzigjähriger Verspätung nachgeholte Uraufführung von Ernst Kreneks Oper „Karl V.“ In der von bürgerkriegsartigen Ereignissen angeheizten Atmosphäre hatte es in der Wiener Öffentlichkeit große Aufregung über die plötzliche und offenkundig aus politischen Gründen erfolgte Inhibierung der Uraufführung gegeben.

Die Affäre war rasch zum Politikum geworden und hatte sich dadurch kompliziert, daß Clemens Krauss, damals Direktor der Staatsoper, ein Angebot Görings erhalten hatte, in Berlin die Nachfolge Wilhelm Furtwänglers anzutreten, der als Präzeptor des deutschen Musiklebens zurückgetreten war. Es führte dazu, daß Clemens Krauss schon unter dem bloßen Verdacht, daß er akzeptieren könnte, heftig angegriffen wurde und man ihm Verrat an Wien vorwarf.

In dieser Situation erhielt ich von meinem Chefredakteur Hofrat Löbl den Auftrag, Krauss zu interviewen. In seiner Erregung über die in der Öffentlichkeit verbreiteten Unterstellungen erklärte der Dirigent sich sogleich dazu bereit.

Aus seiner Sicht stellten sich die Ereignisse folgendermaßen dar: Er hatte die Oper „Karl V." bei Krenek für die Staatsoper bestellt, und sie war nach Einsichtnahme in die Partitur von ihm formell für die Spielzeit 1934 angenommen worden. Seine Begeisterung für das Werk galt besonders dem Textbuch. Er war deshalb entschlossen, die vom konservativen Wiener Opernpublikum zu erwartende ablehnende Kritik an der atonalen Musik in Kauf zu nehmen. Auch war er sich dessen bewußt, daß er den Widerstand von Politikern, vor allem aus rechtsradikalen und konservativen Kreisen, aus denen sich die Heimwehr zusammensetzte, zu erwarten hatte. Der Sprecher der Heimwehr war ein langweiliger, mediokrer Komponist namens Rinaldini, der vom Vorstand des Staatsopernorchesters Burghauser gestützt wurde.

Nachdem die Proben schon begonnen hatten, wurde Krauss zum Bundeskanzler bestellt. Schuschnigg versuchte damals, die zunehmenden Schwierigkeiten mit den Nationalsozialisten durch ein Arrangement mit Hitler über deren Köpfe hinweg zu applanieren.

Inhalt und Geist von Kreneks Oper kamen einer Apotheose der universalistisch-katholischen Staatsidee gleich. Hitler, so meinte Schuschnigg, würde die Wiener Uraufführung als offenen Affront gegen seine Person und sein rassistisch-nationales Ideengut auffassen. Aber gerade das paßte zu diesem Zeitpunkt nicht in Schuschniggs friedfertiges Konzept. Vergeblich führte Krauss seinen Standpunkt ins Treffen, daß es sich bei der Aufführung von „Karl V." um ein rein künstlerisches Ereignis handle und daß er bereit sei, seine persönliche Existenz dafür einzusetzen.

Schuschnigg ließ sich jedoch nicht umstimmen und bestand auf der Absage.

Zufällig war zum gleichen Zeitpunkt der fünfjährige Vertrag von Clemens Krauss abgelaufen. Er war bereit, ihn um weitere fünf Jahre zu verlängern. Als ihm der neue Vertrag vorgelegt wurde, entdeckte er darin eine Klausel, wonach das Verhältnis beiderseitig schon im Februar des darauffolgenden Jahres 1935 aufgekündigt werden könne. Krauss empfand dies, da bei der Vorbesprechung des Vertrages keine Rede davon gewesen war, als persönliche Desavouierung.

Er geriet in eine Trotzhaltung gegenüber dem Schuschnigg-Regime. Er war gezwungen worden, auf die Realisierung eines Werkes zu verzichten, mit dessen Idee er sich demonstrativ identifiziert hatte. Krauss war im Geist des habsburgischen Reiches erzogen worden. Sein Engagement für Kreneks Oper hatte bekenntnishafte Züge. Das Milieu, dem er sich zugehörig fühlte, war schwarzgelb gefärbt. Sein Vater war Hektor Freiherr von Baltazzi, der Onkel Mary Vetseras.

Am 8. Dezember 1934 fuhr Clemens Krauss nach Berlin, nachdem er von Göring neuerlich zu einem Gespräch eingeladen worden war.

Ein halbes Jahrhundert ist seither vergangen. Wollte man heute ein Urteil über Clemens Krauss und seine Handlungsweise fällen, müßte man loyalerweise diesen Hintergrund im Blick behalten.

Mein Interview ist nie erschienen. Das „Neue Wiener Tagblatt“ wollte Schuschnigg, der zunehmend mit Schwierigkeiten zu kämpfen hatte, nicht in den Rücken fallen.

Am 12. März 1938 war Löbl, der die Gepflogenheit hatte, erst gegen Mittag in die Redaktion zu kommen, schon am frühen Morgen zur Stelle. Bald darauf wurde er von einem Trupp uniformierter Eindringlinge in brüsker Weise aufgefordert, die Redaktion augenblicklich zu verlassen. Erst als Gewaltmaßnahmen und Verhaftung drohten, nahm er seinen Hut.

Wenige Wochen später erkrankte er in seiner Wohnung, wurde ins Rothschildspital gebracht, das als einziges Krankenhaus Juden zur Verfügung stand, und starb dort.

An dem Begräbnis des „rassisch verfemten Staatsfeindes" nahm unter den wenigen Trauergästen der ehemalige Chefredakteur der „Wiener Zeitung" und spätere „Presse"-Redakteur Hofrat Rudolf Holzer teil und hielt, obwohl selbst politisch gefährdet, eine die Tapferkeit und Standfestigkeit des Verstorbenen rühmende Grabrede.

In der damals von Spitzeln und Verrätern verunsicherten Öffentlichkeit kam solches Tun einem heldenhaften Wagnis gleich.

Fast zum gleichen Zeitpunkt, als die „Aktion" gegen Hofrat Löbl erfolgte, erschienen bei uns in der Redaktion drei in Zivil gekleidete Männer. Sie wiesen ihre mit Reichsadler und Hakenkreuz gestempelten Ausweispapiere mit der Bemerkung vor, sie seien Delegierte des frisch etablierten, illegal jedoch schon seit langem bestehenden „Gaupresseamtes" und wünschten alle als „arisch" geltenden Redakteure zu sprechen.

Die Bedingung der „Reinrassigkeit" erfüllten nur sechs Redaktionsmitglieder: der für die Innenpolitik zuständige Gustav Haller, der die Auslandsberichterstattung, Sport und Reportagen betreuende Emanuel Häussler, der Feuilletonredakteur Eduard Paul Danszky, der Musikkritiker Heinrich Kralik, der Stellvertretende Chefredakteur der „Tagblatt-Wochenausgabe" Hans Schimmer und der als Kultur- und Chronikredakteur tätige Verfasser.

Der einzige Kollege, der mit einem in der Illegalität erworbenen NS-Parteiabzeichen im Knopfloch auftrat, war der Volkswirtschaftsredakteur Dr. Otto Danneberg, den alle bisher für einen Juden gehalten hatten, eine Annahme, für die der Name und gewisse physiognomische Details sprachen.

Häussler übernahm die delikate Aufgabe, ihm die Überraschung der Kollegen darzulegen. Dr. Danneberg zog mit erstaunlicher Schnelligkeit Dokumente hervor, denen zu entnehmen war, daß schon sein Großvater getauft war. Laut Rassegesetz hatte er demnach Anspruch auf alle Rechte eines „Vollariers".

Einen ähnlichen Fall gab es auch in der Redaktion der „Neuen Freien Presse", einen weiteren, der allerdings tragisch endete, in der Administration des „Neuen Wiener Tagblattes": Der „arisierte" Sohn mußte einrücken und fiel an der Front. Der „selbstarisierte" Vater fühlte sich an seinem Tod schuldig und beging Selbstmord.

Einer der drei „Beauftragten" namens Eichinger, stellte sich als Kommissarischer Leiter des Gaupresseamtes vor. Kurz und bündig erklärte er, daß die arischen Redakteure für das weitere Erscheinen des „Tagblattes" zu sorgen hätten. Ihnen fiele die Verantwortung dafür zu, daß die Zeitung ab nun inhaltlich nach den täglich ausgegebenen Richtlinien des Presseamtes zu gestalten sei, auch müßten sie persönlich dafür sorgen, daß keine politisch gefährlichen und unerwünschten Texte erschienen.

Die jüdischen Kollegen sollten selbst darüber entscheiden, ob sie bereit wären, unter der Kontrolle der „Arier" und eines vom Presseamt zunächst provisorisch designierten Hauptschriftleiters ihre Arbeit vorläufig fortzusetzen.

Haller und Häussler begaben sich darauf in das Zimmer des bisherigen Chefs vom Dienst, Dr. Hugo Glaser, um mit ihm die neue Situation zu beraten. Dr. Glaser war Jude, fühlte sich jedoch nicht als solcher. Er war während des Ersten Weltkrieges Militärarzt gewesen und trug unter dem Schuschniggregime gerne die mit kaiserlichen Orden dekorierte alte habsburgische Uniform, um seinen von schwarz-gelbem Traditionsbewußtsein beschwingten österreichischen Patriotismus zu demonstrieren.

Glaser hatte schon vorher mit den nichtarischen Kollegen über die Frage einer eventuellen Weiterarbeit diskutiert, mit dem Resultat, daß ein Teil sich zur Mitarbeit bereit erklärte, während andere vorerst die weitere Entwicklung abwarten wollten.

Die Taktik des nationalsozialistischen Propagandaapparates lief sichtlich darauf hinaus, schockartige Veränderungen im Wiener Pressewesen zunächst zu vermeiden. Das Fallbeil schlug nicht plötzlich zu, der Prozeß der Eliminierung der jüdischen Journalisten vollzog sich sukzessive und sollte auf diese Weise das weitere, wenn auch limitierte Erscheinen der wichtigsten Zeitungen sicherstellen.

Zwangsläufig kam es unter solchen Umständen zu absurden Kontrastszenen. Während sich in aller Öffentlichkeit auf den Straßen und Plätzen der Stadt antisemitische Exzesse abspielten und die illusionären Erwartungen, daß die Judengesetze in Wien nur eine realistisch-gemäßigte Anwendung finden würden, von Tag zu Tag dahinschwanden, setzten eine Anzahl jüdischer Journalisten aus bloßer Existenzangst, im besten Einvernehmen mit den „arischen" Kollegen, ihre Arbeit fort.

Sie halfen beim Redigieren und Umschreiben der in allzu grellen Farben schwelgenden Berichte, die von den inzwischen in die Redaktion entsandten NS-Reportern geliefert wurden.

Die pompöse Reportage über Hitlers Einzug in Wien, die der begeisterte Alpinist und Rekordbergsteiger Kurt Maix verfaßt hatte, wurde von Hugo Glaser von ihrem verzückt-schwärmerischen Überschwang befreit und auf ein dem „Tagblatt"-Leser zumutbares Maß von Begeisterung umdiktiert.

Eine entscheidende Rolle bei der Gleichschaltung der Steyrermühlblätter kam dem bisher mit der Auszahlung von Gehältern und Löhnen beauftragten Verlagskassier Dr. Leopold Winkler zu.

Man wußte, daß er einst vom Generaldirektor des Steyrermühlkonzerns, Dr. Graetz, mit hochgemünzten Erwartungen in das Direktionssekretariat berufen worden war, wo er jedoch enttäuschte. Er wurde an die subalterne Stelle eines am Schalter amtierenden Kassiers versetzt und war wegen dieser Degradierung zum erbitterten Feind der Unternehmensführung geworden.

Winkler entpuppte sich als illegales Parteimitglied, das nun zum provisorischen Betriebsführer des gesamten Verlages avancierte.

Schon in den ersten Vormittagsstunden des 12. März machte er die Runde durch die einzelnen Redaktionen des Hauses, begrüßte die „arischen" Redakteure mit burschikoser Freundlichkeit und appellierte an alle, dem Haus auch weiterhin die Treue zu halten. Loyale Juden sollten weiter in ihren Ressorts tätig bleiben. Allerdings müßten sie die neuen politischen Richtlinien des Presseamtes respektieren. Als unentbehrlich bezeichnete er den jüdischen Schluß- und Umbruchsredakteur des „Tagblattes" Ernst Neuborn, den er unter seinen persönlichen Schutz stellte. Dringend empfahl er den „arischen" Redakteuren, sich vorsichtshalber nach neuen Mitarbeitern umzusehen, da man zu einem absehbaren Zeitpunkt mit der totalen Ausschaltung der jüdischen Journalisten rechnen müsse. Bei der Suche nach „arischem Ersatz" sollte man allerdings trachten, radikale Elemente fernzuhalten und sich auf gebürtige Österreicher beschränken, da man sonst Gefahr liefe, vom reichsdeutschen Zuzug überflutet zu werden.

Diese überraschenden, fast separatistischen Direktiven eines Mannes, von dem man als illegalem Nationalsozialisten annehmen mußte, daß er eher Sympathien für die Deutschen empfand, wurden, nicht weniger überraschend, von dem inzwischen neu ernannten Hauptschriftleiter des „Tagblattes" Erwin H. Rainalter mit deutlichen Anzeichen der Genugtuung begrüßt.

In beiden Fällen mögen persönliche Motive, verfehlter Ehrgeiz und Ressentiments den Ausschlag für ihre Sinnesänderung gegeben haben, doch griff die wachsende Animosität gegen die „Brüder aus dem Reich" bald auch auf die allgemeine Stimmung in Wien über.

Die Ursache war das martialisch-arrogante Auftreten rüder Parteipotentaten und überheblicher Apparatschiks, die als Voraustrupp in den ersten Wochen nach dem Einmarsch die aus politischen Gründen vakant gewordenen Posten und Machtpositionen in der Wirtschaft und in der Verwaltung besetzt hatten und oft wie Usurpatoren in einem Kolonialland agierten. Die Folge war, daß ein neues österreichisches Selbstwertgefühl hervorbrach, das später durch die andauernden Auseinandersetzungen mit der nationalsozialistischen Wirklichkeit immer stärker wurde. Dabei kam es auch zu dem Kurzschluß, daß zwischen Deutschen und Nazis nicht mehr unterschieden wurde.

Rainalter war ein komplexer Sonderfall. Als junger Journalist in Salzburg war er auch schriftstellerisch tätig gewesen. Entdeckt und gefördert von Stefan Zweig, war er zunächst an die „Neue Freie Presse", dann als Theaterkritiker an das „Neue Wiener Tagblatt" engagiert worden. Aber er hatte sich in Wien nur schwer zurechtgefunden.

Als Kind österreichischer Eltern war er in Konstantinopel geboren, aber außer dem Taufschein wies nichts an ihm auf diesen seltsamen Umstand hin. Wahrscheinlich hätte er sich im Leben leichter getan, wäre nur ein Tröpfchen levantinischen Lebenssaftes in seinen Adern geflossen und in seinem charakterlichen und geistigen Habitus wirksam geworden. So aber vermochte er in seinem seelischen Haushalt niemals rechte Ordnung zu halten und suchte sich ein Alibi, indem er seine inneren Konflikte auf die weltweiten Dimensionen der Politik projizierte. Und dabei kam er zu einem Punkt, an dem er sich mit den megalomanischen Visionen Hitlers im Einklang fühlte und von dessen erschreckend vereinfachten Patentlösungen verlocken ließ.

Nach einer heftigen politischen Auseinandersetzung mit dem ihm vorgesetzten Chef des Feuilletons, Moritz Scheyer, verließ er die Redaktion, ohne sich von den Kollegen zu verabschieden.

Er fuhr nach Berlin, um sich dort der „Österreichischen Legion“ anzuschließen, die zum großen Teil aus geflüchteten österreichischen Nationalsozialisten bestand, die nun zu künftigen Funktionären in einem „befreiten“ Österreich ausgebildet wurden. Dort wurde er als SA-Mann zum militanten Nationalsozialisten gedrillt.

Nach Auffassung Rainalters hatte sich Hitler auf seinem erfolgreichen Weg zur Macht bisher als kluger Taktiker und die Grenzen der Realität kalkulierender Politiker erwiesen; er werde daher als „Österreicher wider Willen“ mit listiger Geschmeidigkeit und ohne Gewalt seine Ziele erreichen und als Verwirklicher einer spartanischen Staatsidee, als Vollstrecker der deutschen Einigung, ruhmreich in die Geschichte eingehen.

Auch in der Judenfrage werde er vermutlich sein rassentheoretisches Dogma den gegebenen Umständen anpassen und sich auf einen gerechtfertigten und humanen „numerus clausus“ beschränken.

Ähnlich dachten damals viele Anhänger Hitlers in Österreich und trösteten sich damit über allfällig aufkommende Zweifel und Bedenken hinweg. Verwirrung stiftete dabei das berüchtigte „Tagblatt"-Interview des ehemaligen Staatskanzlers Dr. Karl Renner, worin dieser sein „Ja" zur bevorstehenden Volksabstimmung ankündigte. Dazu kam noch ein Artikel Renners in der englischen Zeitschrift „Contemporary", in welchem er Österreichs Anschluß an Deutschland als „Erfüllung einer historischen Aufgabe" begrüßte.

Beide Deklarationen wurden von Renner freiwillig abgegeben. Ich war in der Redaktion anwesend, als er den innenpolitischen Redakteur des „Neuen Wiener Tagblattes", Gustav Haller, telephonisch anrief und zu sich bat. Der Text des Gespräches wurde von Renner wörtlich festgelegt.

Haller genoß Renners besonderes Vertrauen. Beide waren gebürtige Deutschböhmen, großdeutsch gesinnt, zugleich jedoch erklärte Gegner des Nationalsozialismus.

Bruno Kreisky scheut nicht davor zurück, Renners damalige Haltung als opportunistisch und Otto Bauers Vision einer „gesamtdeutschen Revolution" als eine falsche und „nicht zu Ende gedachte" Überlegung zu verurteilen. Doch ist er andererseits bereit, mildernde Umstände gelten zu lassen, und gibt in seinem Buch „Die Zeit in der wir leben" zu bedenken: „Wieviel bedeutet Charakter für die Politik? . . . Was ist in Wirklichkeit Gesinnungstreue? Wieviel davon ist von den Umständen beeinflußt, was ist also der Mensch im Strome der Zeit und der Geschichte?"

Bald nachdem Rainalter die Chefredaktion des „Tagblatts" übernommen hatte, wurde er mit einer Schar ausgesuchter Journalisten vom Gaupresseamt zu einer vertraulichen Konferenz auf den „Berghof", Hitlers komfortable Alpenresidenz, beordert. Als er von dort zurückkam, rief er einige Kollegen zu sich. Er bat um strengste Verschwiegenheit, und im Tonfall tiefster Betroffenheit teilte er mit, was Hitler den Journalisten zu sagen hatte.

Hitler sprach, wie Rainalter erklärte, aus diesem Anlaß

mit betont feierlichem Pathos. Er erklärte offen heraus, daß er entschlossen sei, die deutschen Gebiete in der Tschechoslowakei sowie den polnischen Korridor mitsamt der Stadt Danzig zu annektieren und, wenn nötig, dabei auch militärische Mittel einzusetzen. Er glaube zwar nicht, daß es deswegen zu einem großen Krieg käme, doch müsse man vorsichtshalber damit rechnen. Die Zeitungen hätten demnach die Pflicht, das Volk auf diese Eventualität propagandistisch vorzubereiten.

Auf die Frage, welchen persönlichen Eindruck er bei dieser Unterredung gehabt habe, erklärte Rainalter, er fürchte, daß Hitler in Wahrheit zum Krieg entschlossen sei und zwar, wie er hinzufügte: „mit der Unbeirrbarkeit eines Menschen, der von einem gottähnlichen Sendungsbewußtsein erfüllt" sei.

Für Rainalter war diese Begegnung mit Hilter, wie er später einbekannte, ein Schock, ein schlagartiges Erwachen aus einer lange währenden Faszination, die ihn Jahre hindurch in Bann gehalten hatte. Er konnte nicht verstehen, daß Hitler, den er anfänglich als einen mit übernatürlichen Kräften ausgestatteten Halbgott bewundert hatte, dem es geglückt war, durch eiskaltes Hasardieren den Einmarsch im Rheinland, den Anschluß Österreichs auf unblutige Weise zu vollziehen — daß dieser gleiche Hitler nun all das Errungene durch einen Krieg mit ungewissem Ausgang aufs Spiel setzte.

Rainalter hatte davon geträumt, daß Hitler, in schlauer Abschätzung der Tatsachen, auf der Höhe seiner Macht die Grenzen seiner Möglichkeit erkennen und sich zu einem Arrangement mit den Westmächten bereitfinden werde. Als Preis für den Frieden würde er von diesen die einstigen Kolonien in Afrika zurückerhalten.

Die Konsequenz, die Rainalter aus seiner Enttäuschung zog, bestand in immer länger dauernden Absenzen, Flucht in alkoholische Betäubung und selbstsuggerierte

Krankheiten. Nach Ablauf einer Anstandsfrist wurde er von seinem Posten abgelöst. Er zog sich aus dem öffentlichen Leben zurück und widmete sich wieder seiner ursprünglichen Tätigkeit, marktgängige Unterhaltungsromane mit historischem Hintergrund zu schreiben. Aus dem einstigen romantisch beflügelten Nationalsozialisten war ein geradezu chauvinistischer Superösterreicher geworden.

Sein Nachfolger wurde Walter Petwaidic, vormals Chefredakteur der „Wiener Neuesten Nachrichten“, einer großdeutsch ausgerichteten Tageszeitung, die ihren finanziellen Rückhalt in Berlin hatte.

Die gesinnungsmäßige Zusammensetzung der „WNN“-Redaktion war uneinheitlich. Man unterschied zwischen großdeutsch und nationalsozialistisch orientierten Journalisten. Beispielsweise war der Leiter des Inlandressorts, Hans Mauthe, der Vater des Wiener Stadtrates Jörg Mauthe, ein demokratisch-großdeutsch gesinnter Gegner des Nationalsozialismus. „Wer Hitler wählt, trägt zur endgültigen Zerstörung der großdeutschen Idee bei“, war Mauthes Überzeugung. Er vertrat diese klarsichtige Prophezeiung tapfer und mit zähem Eifer.

Mit dieser Meinung war er nicht allein in der Redaktion. So dachten auch der Theaterkritiker Dr. Alois Nagler und der Feuilletonist Arnold Wasserbauer.

Unter der Regierung Schuschnigg wurde Mauthe als verläßlicher Gegner des Nationalsozialismus mit der kommissarischen Leitung der „Wiener Neuesten Nachrichten“ betraut. Dr. Nagler, dessen Frau eine Jüdin war, entkam rechtzeitig nach Amerika, wo er nach mühevollen Jahren der Umstellung eine Berufung als Professor und Leiter des Theaterwissenschaftlichen Institutes an die Yale-Universität in New Haven erhielt.

Der Ruf der „WNN“ hatte übrigens lange Jahre unter der Hypothek einer Karikatur zu leiden, über die ganz

Wien lachte. In seiner großdeutschen Gesinnung verfiel das Blatt gelegentlich der Phantasiewelt teutonischer Romantik. Dabei trugen die germanophilen Redakteure fast durchwegs tschechische Namen. Ihr trutziges Kampflied war „Die Wacht am Rhein": „. . . Es geht ein Ruf wie Donnerhall, wie Schwertgeklirr und Wogenprall . . ."

Eine boshafte Karikatur der „Wiener Sonn- und Montagszeitung" zeigte die vollbärtigen Redakteure rund um einen Biertisch, die „Wacht am Rhein" gröhlend: „Es geht ein Ruf wie Donnerhall, wie Wokurka und Wymetal", lautete der Bildtext.

Petwaidic war ein hochbegabter, routinierter Journalist, zugleich überzeugter Nationalsozialist. Zunächst hatte man große Angst vor ihm. Er wußte viel und wußte vor allem bedenklich genau, wer in den Wiener Zeitungen ein Nazi und wer keiner war. Demnach hätte er so manchen Wiener Journalisten der Gestapo ans Messer liefern können, tat es aber nicht. So blieb unter anderen auch Hans Mauthe, sein kämpferischer Gesinnungsgegner in der gleichen Redaktion, nach dem Umbruch vor Dachau verschont.

Die Ausschaltung der Juden hatte die Redaktion personell in eine prekäre Lage gebracht. Wollte man das Niveau der Zeitung halbwegs wahren, war es schwierig, einen Ersatz zu finden, da außer den Juden auch politisch kompromittierte Journalisten, die dem Arier-Paragraphen entsprochen hätten, vom Interdikt betroffen waren.

Glaser war der einzige jüdische Kollege, dem es geglückt ist, den ganzen Krieg über in Wien zu überleben. Die übrigen konnten noch vor Ausbruch des Krieges ins Ausland flüchten und nach gefährlichen und mühseligen Anfangsjahren dort eine neue Existens gründen. Der Leiter des innenpolitischen Ressorts, Max Forst, unter dessen Obhut ich die Mittagsausgabe des „Tagblatts" redigierte, hatte in Sidney (Australien) im offiziellen Pressebüro eine Betätigung gefunden, sein Sohn arbeitete in der Musikabteilung des australischen Rundfunks, deren Leitung er später übernahm. Der Musikkritiker Alphons Wallis fand eine Stellung in einem New Yorker Musikverlag und schrieb die Partituren für Otto Klemperer und andere Dirigenten. Der Reporter Egon Pisk wurde Zeitungskorrespondent in Rio de Janeiro. Der einzige Tagblattkollege, der aus der Emigration nach Wien zurückkehrte, war Eric Derman, der zum Leiter des Kulturressorts in der Austria-Presse-Agentur ernannt wurde. Von den übrigen Kollegen, die meistens älter waren als ich, leben nur noch wenige im Exil.

Beim „Wiener Mittag" war vom Berliner „Verwaltungsamt" des allmächtigen Reichsleiters Amann zunächst der reichsdeutsche SA-Mann Wilhelm Rautenberg installiert worden, der allerdings bald zur Wehrmacht eingezogen wurde, aber formell weiterhin als Hauptschriftleiter im Impressum figurierte.

Während des darauffolgenden „Interregnums" bestand die Chance, die Zustimmung des Betriebsführers für das Engagement einiger politisch belasteter Journalisten zu erhalten, die arbeitslos geworden waren.

Unter den in arge Bedrängnis geratenen Kollegen hatte ich einige persönliche Freunde, denen ich helfen wollte: Den namhaften Schriftsteller und Theaterkritiker Oskar Maurus Fontana, den als Freimaurer kaltgestellten Dr. Leo Prerowsky (ehemals „Wiener Allgemeine Zeitung"), den bereits in hohem Alter stehenden Journalisten und Kabarettautor Felix Fischer, einen intimen Freund Egon Friedells, und Zeno von Liebl, einen im Ersten Weltkrieg hochdekorierten Ulanenoffizier, der durch den Umsturz in schwerste psychische Bedrängnis geraten war.

Der Betriebsführer Dr. Winkler war wegen seiner mangelhaften Kenntnis der journalistischen Personalien und ihrer komplizierten Zusammenhänge vorerst erstaunlich schnell bereit, diesem politisch dubiosen Team seine Zustimmung zu geben. Nachdem er jedoch vorsichtshalber im Presseamt rückgefragt hatte, stellte er plötzlich als unabdingbare Kondition die Forderung, es müsse sich zumindest der im Impressum genannte Vertreter des Hauptschriftleiters bei der Partei anmelden. Damit meinte er mich.

Ich lehnte ab und gab zu bedenken, daß mein ganzes bisheriges Leben in krassem Widerspruch dazu stünde. Damit gab er sich jedoch nicht zufrieden. Meine Weigerung, erklärte er, käme einem Eklat für den ganzen Verlag gleich. Auch wäre es eine bedrohliche Blamage für ihn selbst, da er mich im Presseamt für diesen Posten bereits vorgeschlagen und sich damit für mich verbürgt habe. Bliebe ich bei meinem Nein, werde sofort ein radikaler SS- oder SA-Mann an meine Stelle rücken, vielleicht sogar — und diese Möglichkeit erschien ihm besonders widerwärtig — „einer von den robusten Kerlen aus dem Altreich". Sein Plan, den Verlag als Hort bürgerlicher Tradition in die Zukunft hinüberzuretten, werde mit solchen Verweigerungen auf die Dauer kaputtgehen.

Ich stand vor einem grausigen Dilemma.

Gespräche mit befreundeten Kollegen, die mich bemitleideten, doch an ihr eigenes unsicheres Schicksal dachten, führten zu dem Resultat, ich sollte, aus Loyalität zum Hause, meine Bedenken zurückstellen. Auch jüdische Kollegen, die ähnlich argumentierten, waren dieser Auffassung.

Freund Liebl machte den rührend-bizarren Vorschlag einer kollektiven Vertrauenskundgebung: Um das gemeinsame Einverständnis und die Zustimmung zu meinem Opfergang für alle Zeiten dokumentarisch festzuhalten, sei die gesamte Redaktion bereit, sich beifallsklatschend im Kreis um mich zu scharen und sich photographieren zu lassen. Mit einer entsprechenden Bildunterschrift wäre dies ein vorbeugendes Beweisstück gegen allfällige spätere Mißdeutungen, wenn der nationalsozialistische Spuk vorbei sei. Und dann kamen noch wohlmeinend erklügelte Tröstungen: Der Dolus meiner Gewissensbelastung sei in dieser Zwangssituation gewissermaßen nach außen verlegt, er werde von anderen mitverantwortet.

Den Ausschlag gab schließlich der Auftritt von zwei Metteuren des Hauses, den Herren Assmann und Wondracek.

Unter den mir freundlich gesinnten Arbeitern in der Setzerei hatten sich Gerüchte über die Vorgänge in der Redaktion herumgesprochen. Die beiden Arbeiter, mit denen mich auf Grund langjähriger Zusammenarbeit kollegiale Freundschaft verband, waren gekommen, um mich mit der Beschwörung, es handle sich doch nur um eine leere Formalität, über die zwielichtige Untat hinwegzutrösten.

Wir sprachen von du zu du, als ob das längst schon so üblich gewesen wäre; doch seit dem März 1938 hatte das kollegiale „du" eine zusätzliche Tiefendimension bekommen, es hatte sich, begleitet von einem ensprechend kräftigen Händedruck, gewissermaßen zu einem Rütlischwur gefestigt.

Damit verband sich auch der Entschluß, von nun an über Geschäftsführung und Parteifunktionäre hinweg dauernd Kontakte zwischen den gleichgesinnten Redakteuren und den Schriftsetzern zu pflegen und insbesondere über interne politische Vorgänge laufend Informationen auszutauschen, um gegebenenfalls einvernehmlich über Abwehrmöglichkeiten zu beraten.

Diese erhöhte Wachsamkeit war durch intensive Bemühungen des Gauleiters Bürckel ausgelöst worden, die darauf zielten, in der Wiener Arbeiterschaft Sympathie für das neue Regime zu wecken. Tatsächlich hatte die Erfüllung einiger jahrzehntealter Gewerkschaftspostulate positiven Eindruck gemacht. Psychologisch neutralisierende Effekte erzielten auch soziale Einrichtungen, etwa gesellige Betriebsabende, bei denen der Chef des Hauses mit der ältesten Putzfrau den Eröffnungstanz exekutierte, gemeinsame Betriebsausflüge, Heurigenabende, Schulungskurse und betriebsärztliche Gratisbetreuung.

All das summierte sich unter dem Stichwort „nationaler Sozialismus". Wondracek meinte hiezu mit schmerzlichem Unterton: „Das sind lauter soziale Ziele und Rechte, um die wir Sozialdemokraten seit jeher erfolglos gekämpft haben. Und das kriegen wir jetzt ausgerechnet von unserem Erzfeind."

Allmählich setzte sich in der Ägide Winkler-Petwaidic ein Prozeß scheinbarer Anpassung durch, ein vorbehaltliches Arrangement mit den Gegebenheiten. Überdies forderte die Regel von der „normativen Kraft des Faktischen" mit der Gewalt eines zeitlosen Naturgesetzes ihr Recht.

Ein zweites Leben, das eigentliche Leben, verlagerte sich ins Private, in die noch intakte Welt der zum Bleiben entschlossenen Freunde, in der eine wahlverwandtschaftliche Geborgenheit zu finden war. Aus der Not der gebotenen Vorsicht und des stetigen Mißtrauens entstanden durch das Zusammenrücken Gleichgesinnter Kreise, Gruppen, Zellen. Man erlebte intensiver, bewußter die Gefühle von Zuneigung und wechselseitiger Hilfsbereitschaft im Gehege heimatlicher Vertrautheit. Das Ungewöhnliche wurde zur Gewohnheit. Man dachte an bedrängte Freunde und war auf der Suche nach konkreten Möglichkeiten, ihnen zu helfen.

Es gab damals in Wien eine Anzahl gesellschaftlicher „Urzellen“, aus deren Personenkreis sich später ein Teil jener ersten Garnitur von Führungskräften zusammensetzte, die nach 1945 die Grundlagen für den politischen und kulturellen Wiederaufbau legten. Im politischen Bereich gab es jedoch nur wenige Querverbindungen und damit fehlte es an der Voraussetzung für einen massiven und wirkungsvollen Widerstand. Dagegen bestanden auf kulturellem Gebiet vielfältige Kontakte, weil dort mehr Spielraum freigegeben oder erkämpft worden war, wodurch allerdings auch die Risken kleiner waren.

Eines dieser Refugien war das ehemalige Landhaus Anna Freuds, der Tochter Sigmund Freuds in Hochrotherd. Ein uraltes behäbiges Bauernhaus, einsam eingebettet in einen Wiesenhang des Wienerwaldes. Mit dem Honorar für eine Artikelserie, die in einer amerikanischen Zeitschrift erschienen war, hatte sie das Anwesen erworben und von dem Architekten Felix Augenfeld renovieren lassen. Es war ein Musterstück behutsamer architektonischer Erneuerung bei Wahrung der Bausubstanz und des traditionellen Stils.

Anna Freud hing mit großer Liebe an diesem Besitz, den sie nach wenigen Jahren, als Hitlers Truppen in Österreich einmarschierten, aufgeben mußte. Sie übersiedelte mit dem Vater nach England. Um die Beschlagnahmung des Hauses als jüdisches Eigentum zu verhindern, erfolgte ein einvernehmlicher Besitzwechsel.

Die neuen Eigentümer waren das Geschwisterpaar Walter und Lotte Stein, verehelichte Sweceny, Mitbesitzer des Wiener Manz-Verlages. Das Haus wurde während der nationalsozialistischen Ära zum Refugium eines oppositionell gesinnten Freundeskreises, der sich um die künstlerisch und literarisch interessierte Hausfrau scharte.

Ihr Vater, der das Verlagshaus Manz zu einem Zentrum für wissenschaftliche Publikationen ausbaute, zählte zu jener hochkultivierten Schicht des assimilierten jüdischen Bürgertums, die sich in ihrer Fortschrittsfreudigkeit für neue Impulse in Kunst und Wissenschaften begeisterten und schöpferische Begabungen mit Aufträgen und Ankäufen förderten.

Er bereicherte die architektonische Szenerie des Wiener Kohlmarktes, indem er Portal und Innenräume seiner Verlagsbuchhandlung von dem Architekten Adolf Loos neu gestalten ließ, und er gab Oskar Kokoschka den Auftrag, seine Kinder zu porträtieren. So entstand das berühmte Kinder-Doppelporträt, das auf einer Ausstellung in Wien von einem empörten Attentäter zerschnitten wurde. Das mit einem Dolch attackierte Mädchen auf dem Bild war inzwischen zu einer faszinierenden Dame und überaus gastfreundlichen Hausfrau in Hochrotherd herangewachsen.

In die illustre Familiengeschichte des bürgerlichen Manz'schen Verlagshauses paßt das zeitcharakteristische Kuriosum, daß der Bruder des mächtigen Verlagsherrn ein ambitionierter Funktionär des damaligen sozialdemokratischen Volksbildungswesens war, und sich als Förderer der neuen Musik für Arnold Schönberg und Anton von Webern einsetzte.

Seine Tochter Marion wurde Pianistin und erregte das Aufsehen der ganzen Welt, als sie den musikalisch interessierten Earl of Harewood heiratete, einen nahen Verwandten des englischen Königshauses. Die gebürtige Wienerin, inzwischen geschieden, zählt heute noch zum engeren Freundeskreis der Königin.

Zu den engsten Freunden des Hauses in Hochrotherd zählte als stärkste Persönlichkeit der Dichter Alexander Lernet-Holenia, ferner der schon in den ersten Tagen des nationalsozialistischen Regimes abgesetzte Direktor der Staatlichen Kunstgewerbeschule, Max Fellerer mit seiner

Frau, der Bühnenbildnerin Erni Kniepert, sein Bruder, der Rechtsanwalt Dr. Josef Fellerer, ehemals Syndikus der Creditanstalt, der schriftstellernde Arzt Dr. Alexander Hartwich mit seiner Frau Trude, die eine entfernte Verwandte des deutschen Staatspräsidenten Hindenburg war, dann die der Frankfurter Gelehrten- und Industriellenfamilie Euler entstammende Jaspers-Schülerin Bobby Löcker, verheiratet mit einem Direktor der Wiener Creditanstalt, der Kulturkritiker Zeno von Liebl und Dr. Egon Seefehlner, später Chefredakteur der ersten nach dem Krieg erschienenen österreichischen Zeitschrift „Der Turm“, die von der neugegründeten österreichischen Kulturvereinigung herausgegeben wurde und in hervorragender Weise ihr ehrgeiziges Programm verwirklichte, als Künder und Wegweiser des österreichischen Kulturlebens nach achtjähriger Unterbrechung vor allem wieder Kontakt mit dem Geistesleben der großen Welt herzustellen.

Zum unmittelbaren Mitarbeiterstab des „Turms“ zählten gleich vier Stammgäste des Hauses in Hochrotherd: Lernet-Holenia, Alexander Hartwich, Zeno von Liebl, Bobby Löcker und schließlich Dr. Siegfried Melchinger, eine der initiativsten Persönlichkeiten des Wiener Kulturlebens, als die Stadt noch schwer unter den lähmenden Nachwirkungen des Krieges litt.

Zahlreich vertreten war in den intellektuellen Kreisen Wiens auch jener schillernde Typ von Schwarmgeistern, die im Nationalsozialismus einen religiösen Aufbruch zu erkennen glaubten, ein läuterndes Purgatorium für die glaubenslos gewordene Menschheit. Der Umsturz wurde von ihnen als Schicksalsfügung hingenommen. Goebbels war bestrebt, diese Version durch seine Propaganda zu unterstützen.

Es gab viele Varianten einer willkürlichen geschichtsphilosophischen Deutung und Einordnung des Nationalsozialismus. Einer dieser Propheten war zeitweilig der revolutionär-russophile Graf Franz Xaver Schaffgotsch. Er war ein häufiger Besucher des Café Herrenhof; fast immer saß er mit seiner Freundin Milena Jesenska am Stammtisch ihres geschiedenen Mannes Ernst Polak. Dort hatte ich ihn als kommunistisch infiltrierten Nazigegner kennengelernt.

Wenige Wochen nach Hitlers Einzug in Wien traf ich ihn zufällig im Café Museum wieder. Es waren Jahre vergangen, seit ich ihn das letzte Mal gesehen hatte. Verblüfft stellte ich fest, daß der einst sehr reservierte und auf Distinktion bedachte Mann sich diesmal in gelöster, geradezu freudiger Stimmung befand. Er warf mir vor, die politischen Ereignisse zu negativ zu berurteilen. Im Gegenteil, so versicherte er, jetzt erst laufe die Geschichte im richtigen Geleise.

Seine Beweisführung war von einer unbeirrbaren Überzeugung getragen: Hitler bedeute Krieg, lautete seine These. Die kapitalistische Welt werde sich dabei selbst zerfleischen, am Ende siege die Revolution.

Seine Vision reichte weit darüber hinaus: Rußland werde sich aus dem Krieg heraushalten und wie der Vogel Phönix aus der Weltkatastrophe emporsteigen. Für den schlauen Stalin bliebe nur noch die Rolle des Friedensfahnen schwingenden Fortinbras auf dem europäischen Schlachtfeld. Stalin werde keine Soldaten, sondern bloß Polizei und Gendarmerie benötigen, um seine neue Ordnung aufzurichten und zu sichern.

Schaffgotsch war mit dieser Ansicht nicht allein. Manche linksorientierten Köpfe, die sich ähnlichen Hoffnungen hingaben, gerieten später in die Hinrichtungsmaschinerie der nationalsozialistischen Volksgerichtshöfe.

Pietätvoll sei eines tragischen Falles gedacht, den ich aus der Nähe miterlebte. Das Opfer war Herbert Aichholzer, ein hochbegabter junger Wiener Architekt, der schon als Student überzeugter Kommunist gewesen war. Er floh im März 1938 zu seinem einstigen Lehrer Clemens Holzmeister, der mit der Errichtung mehrerer Regierungsgebäude in Ankara beauftragt war und zugleich eine Professur an der Technischen Hochschule in Istanbul innehatte. Während der Regierung Schuschnigg hatte Holzmeister das politisch exponierte Amt eines Staatsrates bekleidet. Nach dem März 1938 blieb der erzkatholische Vollbluttiroler schweren Herzens in der Türkei, wo sein Emigrantenschicksal durch großzügige Gesten der türkischen Regierung gemildert wurde. Sie hatte ihm in Therapia, einem Nobelvorort Istanbuls, ein palaisartiges Luxushotel mit vielen Zimmern und einem wunderschönen Blick auf den Bosporus, den sogenannten „Summer-Palace", als Wohnsitz und Atelier zur Verfügung gestellt.

Für die in Österreich verbliebenen Freunde bildete der „Summer-Palace" nicht nur ein attraktives Urlaubsziel, sondern auch eine praktikable Relaisstation für postalische Kontakte mit den in aller Welt verstreuten Wiener Flüchtlingen. Auslandspost in beiden Richtungen wurde damals fallweise zensuriert, direkter Briefwechsel erregte bei den Nazis Verdacht. Der „Summer-Palace" bot sich nun als Umschlagplatz für Briefe nach Amerika und England an. Clemens Holzmeisters Frau, Judith, war die zuverlässige und eilfertige Vermittlerin. Auf diesem Umweg erreichte mich in Wien ein Brief des geflüchteten Freundes Friedrich Torberg mit seiner Adresse in Hollywood, und er bekam sogar meine Antwort, wie ich ein Dezennium später von ihm erfuhr.

Für den Sommer 1939 war eine Mittelmeerrundfahrt auf dem deutschen Ausflugsschiff „Milwaukee" angekündigt. Das war die willkommene Gelegenheit zum Wiedersehen mit Holzmeister. Mein Reisepartner war Rechtsanwalt Dr. Josef Fellerer.

In der ersten Augustwoche ging die „Milwaukee“ in Istanbul vor Anker. Es war schon später Nachmittag als unser Taxi vor dem „Summer-Palace“ hielt. Die üppige Wiedersehensfeier währte die ganze Nacht hindurch bis in den frühen Morgen, als sich die Sonne aus den Fluten des Bosporus erhob.

Die erregenden Stunden dieser allzu kurzen Nacht waren ein gehetztes Durcheinander aus Wiedersehensfreude und überraschenden Widersprüchen. Es ergaben sich veränderte Denkweisen aus den konträren Standpunkten des „Draußen-“ und des „Drinnenseins“. Die unterschiedlichen Urteile und Ansichten gerieten in einer Reihe von Fragen aneinander: Wie lange die Herrschaft Hitlers dauern werde, welche Veränderungen sie im Bewußtsein der Beherrschten bewirke, ob und wann sie zum Kriege führen würde.

Wir, die „drinnen“ lebten, gewissermaßen auf der Bühne des Geschehens, sahen uns von denen, die „draußen“ lebten, oft zum Widerspruch gedrängt. Wir verwiesen warnend auf die enorme militärische Rüstung Hitlers und die Totalität seines Herrschaftssystems, das über alle entscheidenden Machtpositionen und über entschlossene Anhänger in allen sozialen Schichten verfüge.

Mit diesen Argumenten stießen wir auf eine starre Front von Skepsis und Besserwisserei. Man warf uns sogar vor, unwillkürlich der Goebbels-Propaganda erlegen zu sein. In Wahrheit habe Hitler die Welt durch seine gerissenen Täuschungsmanöver geblufft, die deutsche Wirtschaft sei durch seine gigantomanischen Maßnahmen bei der Arbeitsbeschaffung und durch den kostspieligen Bau von Autobahnen de facto ausgehöhlt und bald am Ende. Ein Krieg würde in wenigen Wochen zum Zusammenbruch des Dritten Reiches führen.

Unsere Gesprächspartner waren durchwegs österreichische Emigranten, unter ihnen der wortmächtig argumentierende Grazer Wirtschaftstheoretiker und ehemalige Sozialminister im Kabinett Schuschnigg, Dr. Josef Dobretsberger, der sich nach 1945 als sowjetfreundlicher Organisator für den österreichischen Osthandel einsetzte, ferner der Regisseur und Theaterintendant Carl Ebert und die drei Wiener Architekten Aichholzer, Reichel und Simony.

Aichholzer war der einzige, der unseren Darlegungen mit Verständnis gefolgt war. Er bekannte sich offen zum Kommunismus und deutete an, daß er es für seine Pflicht halte, bald nach Wien zurückzukehren. Er wolle sich als Freiwilliger melden, um in der deutschen Wehrmacht aufklärend für seine Partei zu wirken.

Als ich ihn nach Ausbruch des Krieges in Wien traf, trug er bereits die Uniform. Zwei Jahre später wurde er bei einer seiner Aktivitäten entdeckt und 1943 nach einem Schnellgerichtsverfahren hingerichtet.

Als ich im Sommer 1937 zur Weltausstellung in Paris weilte, hörte ich von dem langjährigen Pariser Korrespondenten des „Neuen Wiener Tagblattes", Siegfried Floch, eine völlig konträre Prognose. Seine Meinung entsprang keiner prophetischen Ideologie, sondern einem, wie sich später herausstellte, fast genau zutreffenden, rein verstandesmäßigen Kalkül.

Niemals wieder bin ich einem solchen Fall politischer Voraussicht begegnet, einer solchen Kombination von Phantasie und nüchternem logischem Denken. Floch hatte mir damals zugeredet, nach Paris zu übersiedeln und unter seiner Anleitung die Berichterstattung für einige deutsche Blätter zu übernehmen, für die er bisher allein tätig gewesen war.

Die Zukunft sah er mit einer damals allzu pessimistisch klingenden Selbstsicherheit voraus: Spätestens im darauffolgenden Jahr 1938 werde Hitler kampflos Österreich annektieren, dann in der Tschechoslowakei und in Polen einmarschieren. Das korrupte Regime in Frankreich sei nicht imstande, dies zu verhindern. Sollte es dennoch zum Krieg kommen, werde Hitler Frankreich innerhalb weniger Wochen besiegen und Europa in eine uneinnehmbare Festung verwandeln. Rußland werde sich dabei neutral verhalten und abwarten, bis Amerika an der Seite Englands in den Krieg eingreife.

Als Angriffsbasis gegen die europäische Festung biete sich dann die afrikanische Flanke an. Folglich sei vorauszusehen, daß die amerikanischen Truppen zunächst Positionen in Nordafrika beziehen würden. Als einer der wichtigsten Stützpunkte für die Kriegsberichterstattung werde sich die Hafenstadt Casablanca erweisen, der er einen spektakulären Aufschwung voraussagte. Eine seiner beiden Töchter, stellte Floch fest, sei mit dem Sohn einer vornehmen und politisch einflußreichen Familie in Marokko verheiratet. Er selbst habe sich bereits im Hafen von Casablanca Baugründe gekauft.

„Es wird eine interessante Zeit sein und wir werden viel Geld verdienen“, fügte Floch animierend hinzu.

Floch entstammte einer angesehenen jüdischen Familie im Burgenland und war mit der Tochter eines schwäbischen Pastors verheiratet, die ihm zwei Söhne und zwei Töchter gebar.

Seine zunächst unwahrscheinlich klingenden Prophezeihungen erfüllten sich bald darauf Stück um Stück, doch waren ihm trotzdem einige Fehler unterlaufen, die auf sein späteres Leben tragische Schatten warfen. Beide Söhne waren nach der Besetzung von Paris in der Résistance untergetaucht. Sie wurden aber entdeckt und hingerichtet. Als alter Mann kehrte Floch nach Wien zurück, wo er nochmals heiratete und vor seinem Tod noch ein paar glückliche Jahre verbrachte.

Die Erinnerung an Siegfried Floch wird noch durch

den Nachruhm seines jüngeren Bruders Joseph Floch (1895—1977) wachgehalten, der ein bekannter österreichischer Maler war und gleichfalls viele Jahre in Paris, später in New York ansässig war. Bilder von ihm wurden von der österreichischen Galerie im Oberen Belvedere und von namhaften Sammlungen in Paris, New York und San Francisco erworben. Sein beachtlicher Nachlaß war im Herbst 1984 in der Wiener Galerie Hassfurther zu sehen.

Nach dem Kapitel Petwaidic begann im „Tagblatt" eine neue, fast liberale Ära, die nicht nur atmosphärisch erhebliche Veränderungen brachte. Einer Entscheidung des Verwaltungsamtes in Berlin zufolge wurde ein gebürtiger Schwabe, Dr. Otto Häcker, zum neuen Hauptschriftleiter bestellt. Das Rätsel seiner Berufung war schwer zu durchschauen, denn sie kam, wie sich später herausstellte, durch eine Reihe zunächst schwer erklärbarer Zusammenhänge zustande.

Häcker erschien in der Redaktion in Offiziersuniform mit den Rangabzeichen eines Hauptmannes der Infanterie, komplett adjustiert und bewaffnet. Der eleganten militärischen Erscheinung widersprach jedoch, wenn er redete, seine betont zivilistische Ausdrucksweise. In der unkonventionellen Antrittsrede blitzten ironische Lichter auf und gewisse Formulierungen ließen hinter der soldatischen Fassade bald den zünftigen Intellektuellen erkennen.

Manches an ihm schien befremdend, fast geheimnisvoll. Da gab es eine kleine, zierliche Ehegattin namens Logge, mit blauschwarzem Haar und einem dunkelgetönten Gesicht mit leicht exotischen Zügen. Sie entstammte der Ehe eines schwäbischen Missionars mit einer adeligen Inderin. Der fünfjährige, pausenlos plappernde Sohn namens Reinhart (heute Leiter des außenpolitischen Ressorts bei der „Stuttgarter Zeitung") hatte die großen dunklen Augen von seiner Mutter geerbt.

Und dann war noch eine attraktive junge Dame da, Stella Mahlberg, Tochter des Berliner Architekten Paul Mahlberg, belastet von der ständigen Sorge um ihre jüdische Mutter.

„Der neue Chefredakteur besteht aus vier Personen", hieß es bald. Die fast immer anwesende Stella stand als jüdischer Mischling unter dem besonderen Schutz des Ehepaares und wurde als Teil der Familie angesehen. Häcker erreichte, daß sie von dem befreundeten Direktor Heinz Hilpert an das Theater in der Josefstadt engagiert wurde.

Außerdem hatte Häcker als neuen Chef der Kulturredaktion den Theaterkritiker Dr. Siegfried Melchinger mitgebracht, einen jungen Schwaben, der mit einer Ungarin verheiratet war.

Seine Theaterkritiken erregten Aufsehen durch ihr freies, unabhängiges Urteil, das oft weit von der offiziellen Parteilinie und den Goebbels'schen Direktiven abwich.

Der krasseste Fall von Widersetzlichkeit betraf die vom Wiener Publikum längst zum Liebling erkorene Schauspielerin Alma Seidler. Laut Anweisungen des Presseamtes war es unerwünscht, ihre Leistungen mit besonderem Lob zu bedenken, weil sie sich von ihrem jüdischen Ehegatten, dem in die Schweiz emigrierten Burgschauspieler Karl Eidlitz, nicht scheiden lassen wollte. Entgegen dieser Anweisung des Propagandaamtes benützte Melchinger die nächste Gelegenheit, um auf Alma Seidler hymnisches Lob anzustimmen und sie als einzigartige Erscheinung unter die größten deutschen Schauspieler zu reihen. Paula Wessely und Raoul Aslan gerieten außer Fassung darüber und riefen mich in der Redaktion an: „Wer ist dieser tapfere Mann, der so etwas wagt?"

Melchinger war mit einem Schlag berühmt und selbst zu einem Liebling der vielen Wiener geworden, die Alma Seidler als „österreichische Duse“ verehrten. Dies war jedoch nur einer unter den vielen Fällen, in denen Melchinger sich als Mensch bewährte, in einer Zeit, die das Menschsein auf eine harte Probe stellte.

Er ist seither mit mehreren wissenschaftlichen Werken hervorgetreten, die ihn als einen der bedeutendsten Kenner der antiken Bühne („Das Theater der Tragödie“ und „Die Welt der Tragödie“) ausweisen. Er vereinigte in seiner Person die seltene Synthese aus klassischem Philologen, Theaterkritiker und Theaterpraktiker. Nach dem Krieg war er am kulturellen Wiederaufbau Österreichs als Chefdramaturg des Theaters in der Josefstadt beteiligt, schließlich wirkte er als Mitherausgeber der einflußreichen Zeitschrift „Theater heute“ und als Professor für „Theorie des Theaters“ an der staatlichen Hochschule für Musik und darstellende Kunst in Stuttgart richtungsweisend und höchst erfolgreich.

Wie es um das Duo Häcker—Melchinger nach ihrem Einzug in Wien in politischer Hinsicht bestellt war, wurde bald durch einen kuriosen Zwischenfall im Sekretariat des „Neuen Wiener Tagblattes“ deutlich. Logge Häcker saß zufällig mit ihrem Kind im Zimmer der Chefsekretärin Frau Palzow, um ihren Mann abzuholen. Ungeduldig geworden begann der Knabe auf Stühlen und Tischen herumzuklettern. Zur Ablenkung gab ihm Frau Palzow Papier und Farbstifte. Rot, Grün, Gelb waren bereits verbraucht. Frau Palzow fragte das Kind: „Willst Du nicht auch mit dem braunen Stift zeichnen?“ Reinharts Anwort lautete äußerst exakt: „Bitte nein, Braun mag ich nicht. Pappi sagt immer, Braun ist eine Scheißfarbe!“

Nach dem dröhnenden Gelächter, das aus dem Vater hervorbrach, als er von dem Ausspruch seines Sohnes hörte, gab es keinen Zweifel mehr über Häckers Gesinnung.

Noch am Abend des selben Tages saß ich mit ihm bei einer Flasche Wein. Er erzählte aus seiner Vergangenheit. Sie war ein spannendes Stück Zeitgeschichte. Sein Bericht wurde zum Fundament unserer Freundschaft, die sich lebenslang bewährte.

Als Sohn eines Pastors hatte er sich innerlich bald von der orthodoxen Atmosphäre des Vaterhauses losgelöst und war in Berührung mit liberalen Kreisen gekommen. Schon während des Studiums hatte er zu schreiben begonnen und so landete er in der Redaktion der „Vossischen Zeitung“, dem angesehenen Traditions- und Paradeblatt des mächtigen Berliner Ullsteinverlages.

Im Februar 1933 stand das Gebäude des Reichstages in Berlin in Flammen. Der Brandstiftung wurden von Göring und Goebbels die Kommunisten bezichtigt. Die Frage der wirklichen Urheberschaft konnte niemals richtig geklärt werden, doch manche Details in der Prozeßführung und die Art, wie der Brand von der NS-Propaganda ausgenützt wurde, legten den Verdacht nahe, daß die Nationalsozialisten dabei selber ihre Hand im Spiel gehabt hatten.

Dr. Häcker hatte als Berichterstatter der „Vossischen Zeitung“ den Prozeß genau verfolgt und ließ diesen Verdacht in seinem Kommentar durchblicken. In der darauffolgenden Nacht wurde er von einem SA-Mann aus dem Schlaf geweckt. Er erkannte in ihm einen früheren jungen Mitarbeiter der „Vossischen Zeitung“. „Sie müssen sofort aus Berlin verschwinden“, rief dieser und wies einen Haftbefehl vor. „Ich werde melden, daß ich Sie nicht angetroffen habe. Sie haben noch eine Stunde Zeit“, fügte er hinzu und lief davon.

Häcker packte schnell das Nötigste zusammen und fuhr mit dem nächsten Zug in ein kleines schwäbisches Dorf, wo er mit Frau und Kind Unterkunft in einem Bauernhof fand. Nach einigen Monaten meldete er sich als

Reserveoffizier bei der Wehrmacht, die damals noch Sicherheit vor dem Zugriff der Parteigarden bot.

Im Sommer 1940 hatte am Wiener Ballhausplatz Baldur von Schirach als Gauleiter und Reichsstatthalter seine mit renaissancefürstlichem Pomp aufgezogene Herrschaft etabliert. Nach dem rauhbeinigen Regime des Josef Bürckel wollte Schirach durch glanzvolle Selbstinszenierung und einige liberale Gesten die Sympathien der Wiener für sich gewinnen. Dazu bedurfte es einer elastischeren und verfeinerten Taktik in der Propaganda, erweiterter Spielräume für das kulturelle Geschehen und gewisser Konzessionen sogar auf dem heiklen, von Goebbels unter scharfer Kontrolle gehaltenen Gebiet der Publizistik.

Für das „Neue Wiener Tagblatt" wurde daher ein neuer „Hauptschriftleiter" gesucht, womöglich ein Journalist mit liberaler Vergangenheit, bei dem man auch mangelnde Parteizugehörigkeit hinnehmen würde. So stieß ein in der Berliner Propagandamaschinerie tätiger Funktionär namens Stephan, der selbst als ehemaliger Liberaler kompromittiert war, auf Häcker, von dem er wußte, daß er in der Wehrmacht untergeschlüpft war.

Lange nach Mitternacht hatten wir uns in zunehmend guter Stimmung alle wichtigen Details aus unserem Vorleben erzählt. Schon als Student war Häcker ein eifriger Leser der „Fackel" und der Zeitschrift „Der Brenner" gewesen. Er liebte die Gedichte von Lenau und Trakl und vermochte frühe Gedichte Werfels frei zu zitieren. Hofmannsthal reihte er unter die Klassiker. Er sah in ihm den demütig bewunderten Inbegriff österreichischer Wesensart. Arthur Schnitzler postierte er gleichrangig neben Tschechow.

Häckers Affinität zu Wien war nicht nur gefühlsmäßig motiviert, sie wurzelte in dem soliden Fundament historischen Wissens und gleichgestimmter Weltsicht. Von

Grillparzers Tagebüchern mit ihren an Freud gemahnenden psychologischen Details und den kritischen Vorbehalten gegen die Deutschen war er tief berührt.

Was sollte man als Österreicher gegen die Zuwanderung von Deutschen aus dem „Altreich" einzuwenden haben, die persönlich Nazigegner waren und sich in die „Ostmark" abzusetzen versuchten, weil sie sich gefühlsmäßig mit den Österreichern verbunden fühlten oder, in sympathischer Voreingenommenheit, die Österreicher sogar für die „besseren Deutschen" hielten? Wie verliefen da die wahren Fronten im „Großdeutschen Reich"? In Wirklichkeit waren Gegensätze und Unterschiede auf die elementare Frage „Nazi oder Nichtnazi" reduziert. Wir, als Wiener, fühlten uns mit ihm, dem Schwaben, verbunden, weil er eben kein Nazi und mit uns aus den gleichen Motiven solidarisch war. Fortan war er in vielen Zirkeln und Kreisen, die als Stützpunkte der intakt gebliebenen Teile der alten Wiener Gesellschaft gelten konnten, ein willkommener Gast. Die Sympathie und die gemütliche Vertraulichkeit, die sich im Lauf der folgenden Jahre zwischen der wachsenden Schar von Wiener Freunden und den beiden Schwaben Häcker und Melchinger entwickelten, gediehen auf einer breiten Basis gemeinsamer Erlebnisse, die in dieser bedrängten Zeit nicht selten zugleich menschliche Erprobung und Bewährung bedeuteten.

Anderseits waren auch im allgemeinen politischen Klima Wiens zunehmend Zeichen und Tendenzen wahrzunehmen, die auf den fortschreitenden Prozeß der Selbstfindung hinwiesen und die warnende Weissagung des Schriftstellers Hans von Hammerstein in Erinnerung riefen: „Man nehme Österreich den Österreichern weg und alle werden sofort fühlen, was sie verloren haben." Diese Entwicklung griff auch auf die „Betont-Nationalen" über, auf den traditionell großdeutsch orientierten Teil des Wiener Bürgertums, ja sie führte sogar zu einem demonstrativen Eklat.

Am 29. September 1940 veröffentlichte das „Neue Wiener Tagblatt" ein Feuilleton „Wien — Refugium der deutschen Seele" von Dr. Aurel Wolfram. Mit deutlich ironischer Spitze polemisierte er gegen die in der Euphorie nach dem gewonnenen Frankreichfeldzug veröffentlichten gigantomanischen Ausbaupläne für die „Reichshauptstadt Berlin" und stellte diesen die kulturellen, gemüthaften und seelischen Werte der historisch gewachsenen Kaiserstadt Wien entgegen, einer Stadt, die man nicht (wie für Berlin geplant) durch ein Achsenkreuz von Prachtstraßen zerschneiden könne.

Der Verfasser, ein alter „Betont-Nationaler", jetzt Funktionär der Presseabteilung des Reichspropagandaamtes in Wien und „Hauptstellenleiter" in der Gauleitung, erhielt eine Flut zustimmender, ja begeisterter Zuschriften aus den Kreisen der „großdeutschen" Intelligenz, die etwa durch die Namen Bruno Brehm, Hermine Cloeter, Robert Hohlbaum, Mirko Jelusich, Egbert Mannlicher, Heinrich von Srbik und Josef Weinheber charakterisiert werden könnte.

Die These, daß Berlin als Zentrum von Verwaltung, Politik, Finanz, Industrie und Geschäftsleben auf kulturellem Gebiet keine solche Rolle spielen könne wie Wien, empörte den Propagandaminister und Gauleiter von Berlin, Josef Goebbels, der sofort die Entlassung Wolframs anordnete.

Baldur von Schirach und der Leiter des Wiener Kulturamtes, Vizebürgermeister Hanns Blaschke, verteidigten Wolfram, der „zur Strafe" Chef der Theaterabteilung im Kulturamt wurde.

Der für das „Feuilleton" zuständige Schriftsteller Eduard Paul Danszky mußte die Ressortleitung abgeben, blieb aber weiterhin Mitarbeiter des „Tagblatts", das in den folgenden Jahren zum Zentrum jener Kreise wurde, die Wiens kulturelle Bedeutung bei jeder Gelegenheit unterstrichen, für die etwa der junge Volkskundler Leopold Schmidt als Soldat aus dem Feld seine sehnsuchtsvollen „Briefe an Wien" schrieb, die er dann 1945 als Buch unter dem Titel „Geliebte Stadt", illustriert mit farbigen Zeichnungen von Oskar Laske, im Berglandverlag und Verlag Ed. Hölzel herausgab.

Ende 1943 nahm Otto Häcker an einem der diskreten „Herrenabende" teil, die der Generaldirektor der Credit-Anstalt Joham in seinem Pied-à-terre, das aus zwei Zimmern im alten Teil des Wiener Hotels Bristol bestand, mit allmonatlicher Regelmäßigkeit veranstaltete. Sie dienten einem kleinen, mit Sorgfalt ausgesuchten Kreis von befreundeten und oppositionell gesinnten Männern aus verschiedenen Berufen zu dem Zweck, über die jüngsten politischen und wirtschaftlichen Entwicklungen und auch über kulturelle Fragen zu diskutieren. Jeder sollte im Hinblick auf ein wiedererstehendes Österreich freimütig seine persönlichen Ansichten darlegen und über Erfahrungen aus seinem engeren Interessengebiet berichten.

Der innere Kern dieser Zusammenkünfte bestand aus dem Gastgeber als Diskussionsleiter, dem Generaldirektor der Semperitwerke Messner, der später verhaftet und knapp vor Kriegsende im KZ Mauthausen von der SS hingerichtet wurde, ferner aus den Rechtsanwälten Dr. Heinrich Foglar-Deinhardstein und Dr. Josef Fellerer, dem leitenden Beamten der Wiener Kriminalpolizei Dr. Alexander Inngraf, dem Architekten Prof. Max Fellerer, der nach dem Krieg zum Präsidenten der „Zentralvereinigung der Architekten Österreichs" gewählt wurde, dem Industriellen Gustav Kapsreiter, Burgschauspieler Raoul Aslan und dem Verfasser. Als Gast nahm häufig Dr. Häcker daran teil, und gelegentlich waren auch der ehemalige Staatssekretär des Schuschniggregimes, Dr. Guido Schmidt, und der betagte Dr. Viktor Kienböck, der einstige Finanzminister in den beiden Kabinetten Seipel, anwesend.

Im Frühjahr 1944 war Dr. Häcker von einer Reise aus Berlin zurückgekommen. An einem Abend bei Joham erzählte er, was er an vertraulichen Mitteilungen erfahren hatte, denn er verfügte nicht nur über einige ergiebige Informanten beim Oberkommando der Wehrmacht in der Berliner Bendlerstraße, sondern schöpfte auch aus verborgenen Quellen des Untergrundes, mit dem der frühere Berliner Korrespondent der „Frankfurter Zeitung“, der Sozialdemokrat Fritz Sänger, Verbindung hatte.

Fritz Sänger, der bei der 1943 auf Hitlers Befehl eingestellten „Frankfurter Zeitung“ beschäftigt gewesen war, hatte freudig das Angebot seines Freundes Häcker angenommen, die Berliner Berichterstattung für das „Neue Wiener Tagblatt“ zu übernehmen. Seine Wohnung in Berlin war eine gut funktionierende Adresse für Verfolgte und Untergetauchte, die bei ihm Hilfe und guten Rat fanden. Über einige Relaisstellen hatte er Verbindung mit Militärs, die sich an einer Verschwörung gegen Hitler aktiv beteiligten und das Einvernehmen mit Liberalen und Sozialdemokraten suchten.

Aus Gesprächen in diesem konspirativen Milieu gelangte Häcker zu der Auffassung, daß nach mehreren mißglückten Attentatsversuchen nun eine sorgfältig geplante Aktion gegen Hitler im Gange sei.

Unabhängig davon kursierten damals in Wien ähnliche Gerüchte. Nach den schweren Niederlagen im Winter hatte die allgemeine Stimmung fühlbar ihren Tiefpunkt erreicht. Im Osten rückten die russischen Armeen immer schneller vor, im Süden war die Hälfte Italiens von den Alliierten erobert, der Luftkrieg auf vollen Touren, die

Bombardements deutscher Städte waren vernichtend. Das Wunschdenken neigte der Erwartung zu, daß ein Putsch und die Errichtung eines Militärregimes dem Krieg bald ein Ende setzen könnten.

Häckers Berichte nährten diese Hoffnung. Auf dem Heimweg bat er mich um ein anschließendes kurzes Gespräch unter vier Augen in meiner Wohnung. Dort zog er ein Schriftstück hervor, das wie ein graphischer Plakatentwurf aussah. Es war die Rohskizze eines Manifestes, dessen Titel aus einem einzigen alarmierenden Wort in großer Blockschrift bestand: „ÖSTERREICHER" (und das mit Rufzeichen).

Das Blatt schwebt mir heute noch vor Augen: Auf die lapidare Mitteilung „Hitler ist tot" folgte ein längerer Absatz, in dem die Errichtung einer provisorischen Regierung durch die Wehrmacht, eine Frist bis zur Veranstaltung freier Wahlen und ein Waffenstillstandsangebot an die Westmächte dekretiert wurden. Zwecks Aufrechterhaltung der inneren Ordnung waren rigorose Sicherheitsmaßnahmen angekündigt.

Ein zweiter, kürzerer Absatz wendete sich speziell an die Österreicher. Sie sollten in eigenen, auf ihr Territorium beschränkten freien Wahlen selbst darüber entscheiden, ob sie weiterhin dem Deutschen Reich angehören oder die Wiedererrichtung Österreichs wollten. Hierzu erläuterte Häcker, daß er vorläufig keine Namen angeben könne; die Personen, die das Manifest signieren würden, stünden fest, doch dürften ihre Namen erst unmittelbar nach dem Tode Hitlers bekanntgegeben werden. Ferner sei das sofortige Verbot der NSDAP und aller ihrer Gliederungen vorgesehen sowie die Festnahme der gesamten Führungsgarnitur bis hinunter zum kleinen Bezirksfunktionär.

Bei bedächtigem Lesen merkte man sofort, daß der Text mit den charakteristischen Merkmalen der Häckerschen Schreibkomplexe belastet war. Syntax und Wortwahl waren Produkte eines gepflegten, an Karl Kraus geschulten Sprachbewußtseins und verfehlten völlig die plakative Wirkung, die der revolutionär-umstürzlerische Inhalt des Appells erfordert hätte.

Als ich ihm meine Bedenken sagte, war er betroffen und enttäuscht. Beim Schreiben hatte er jedesmal große Schwierigkeiten zu überwinden. Jedem seiner Artikel gingen quälende innere Kämpfe voraus. Er schrieb daher äußerst selten und überließ das schnelle kritische Kommentieren, das bei aktuellen Anlässen notwendig war, fast immer dem zuständigen Ressortchef.

Über die dramatischen Ereignisse des mißglückten Staatsstreiches am 20. Juli 1944 und deren Auswirkungen auf die Zustände in Wien ist viel geschrieben worden. Dem „Tagblatt" und den übrigen Publikationen des Hauses am Fleischmarkt blieb genügend Zeit zur Stellungnahme, da das Attentat und die ersten Stunden des Wirrwarrs von aufeinanderfolgenden Verhaftungen und Enthaftungen in eine Pause zwischen den Erscheinungsterminen der einzelnen Blätter gefallen waren. Damit war auch genügend Gelegenheit zur Beseitigung allfälliger verdachterregender Spuren in Zusammenhang mit dem Attentat.

Häckers Verbindung mit den Verschwörern ist der Gestapo nur durch einen Zufall verborgen geblieben. Stella Mahlberg aber wurde entdeckt und verhaftet. In der kurzen Zeitspanne nach dem Attentat, als noch der Eindruck vorherrschte, daß Hitler tot sei, hatte Stella Mahlberg auf einem Bahnhof der Berliner S-Bahn Stöße von vorbereiteten Flugschriften verteilt, in denen zum Umsturz aufgerufen wurde. Dabei wurde sie ertappt. Im Gestapo-Gefängnis weigerte sie sich, die Namen von Mitverschwörern bekanntzugeben, und mußte daher die üblichen Torturen bei den Tage und Nächte währenden Verhören erleiden.

Wie es ihr trotzdem gelang zu überleben, erfuhr ich später von Berliner Freunden. Ihr Schicksal erinnert an das Klischee billiger Kolportageromane: Zu kraß um wahr zu sein, obszön und nahe dem Kitsch, wie die Zeit selbst damals war. Es hieß, daß der Gestapo-Offizier, der die Untersuchung führte, während der Verhöre der entwaffnenden Attraktivität ihrer Weiblichkeit erlegen sei und die Untersuchung bis zum Kriegsende hinauszögerte.

Nach ihrer Befreiung habe sie einige Zeit im Dienste der amerikanischen Besatzungsarmee als Zeugin oder Expertin bei den gerichtlichen Verfahren gegen angeklagte Nationalsozialisten mitgewirkt. Dabei sei sie auf Grund unüberprüfbarer Beschuldigungen in eine zwielichtige Situation geraten; sie habe die Nerven verloren und Selbstmord verübt.

Häcker war bis zum Herbst 1944 im „Tagblatt" tätig, dann wurde er zur Wehrmacht einberufen. Beim Zusammenbruch der Fronten glückte es ihm, seine Kompanie rechtzeitig in den Westen zu dirigieren und seine Leute auf diese Weise vor der russischen Gefangenschaft zu bewahren.

Nach mehrjähriger Betätigung in der Tagesjournalistik schuf er 1954 die Basis für sein eigentliches Lebenswerk. Er hatte sich in der „Stuttgarter Zeitung" kritisch mit den unzulänglichen Zuständen in der Lehre und Forschung an den deutschen Universitäten auseinandergesetzt. Später organisierte er im Einvernehmen mit allen Hochschulen und Wissenschaftsorganisationen den „Deutschen Forschungsdienst" und trug damit erfolgreich zum Ansehen der deutschen Wissenschaft bei.

Er starb im Alter von einundsiebzig Jahren im Jahre 1969.

Nach Häckers Abgang im Herbst 1944 wurde in der Leitung des „Tagblatts" Dr. Manfred Jasser die bestimmende Kraft. Als überzeugter Nationalsozialist war er 1938 in jugendlichem Alter zum Chefredakteur der „Grazer Tagespost“ (damals offizielles Organ des Reichsgaues Steiermark) bestellt worden. Bald darauf geriet er mit Gauleiter Uiberreither in Konflikte, die ein Jahr später zum großen Krach führten. Er wurde abgesetzt.

Walter Petwaidic, der für seine politisch keineswegs einwandfrei ausgerichtete Redaktion im „Tagblatt“ dringend eines innenpolitischen Journalisten bedurfte, der auch von der Partei akzeptiert wurde, nützte diese Gelegenheit, um den trotzigen jungen Steirer nach Wien zu holen. Jasser hatte ja bei seinen Auseinandersetzungen in Graz gezeigt, daß er trotz seiner ideologischen Festlegung sein eigenwilliges und unabhängiges Denken bewahrt hatte. Es war daher anzunehmen, daß er sich in die aus sehr bunten und verschiedenartig empfindenden Persönlichkeiten zusammengesetzte Redaktion des „Tagblatts“ gut einfügen würde.

Petwaidic hatte richtig gewählt. Jasser hat sich die ganzen späteren Jahre hindurch als loyaler Kollege erwiesen. Er wußte genau, was um ihn herum geredet und getan wurde, zumal niemand davor zurückscheute, in seiner Anwesenheit oft auch subversive Meinungen zu äußern.

Er sah, nach eigener Angabe, eine seiner wichtigsten Aufgaben darin, das Blatt und seine Redakteure gegen die Interventionen und Zugriffe von Parteidienststellen abzuschirmen. Immer wieder versuchte auch die Gestapo, sich in Presseangelegenheiten einzumischen, indem sie Redakteure zur Auskunft in ihre Zentrale am Morzinplatz vorlud. Da die Journalisten fürchteten, dort gleich festgehalten zu werden, nahm meist Jasser diese Gefahr auf sich. Und es gelang ihm bis zuletzt, drohende schlimme Folgen rechtzeitig abzuwehren.

Mit den letzten Tagen des „Neuen Wiener Tagblattes“ ging auch das Tausendjährige Reich in Wien seinem Ende zu. Manfred Jasser war als Journalist vom Schicksal dazu ausersehen, beiden Sterbenden bis zuletzt zur Seite zu stehen. Er saß im Keller auf einem Stockerl, als er für die letzte Ausgabe des „Tagblatts“ den letzten Leitartikel schrieb. „Unter dem Sitz des Stockerls war bereits die vorbereitete rot-weiß-rote Fahne verborgen“, erinnert sich der Metteur Assmann in seinem Protokoll über den Verlauf dieses letzten Tages.

Fast vier Jahrzehnte danach gedenkt der Verfasser jenes Leitartikels, Dr. Jasser selbst, dieses Tages schriftlich folgendermaßen:

„Am Dienstag nach Ostern 1945 (ich glaube es war der 3. April) wurde mir in einem Schreiben des Reichsverteidigungskommissars Schirach mitgeteilt, daß Wien zur Festung erklärt sei, wohl nach dem Vorbild Breslaus, und daß alle noch bestehenden Wiener Tageszeitungen sofort eingestellt und in einer Art ‚Festungszeitung‘ zusammengefaßt würden. Diese ‚Festungszeitung‘ sollte nicht etwa ‚Hakenkreuzbanner‘ oder ‚Kampfruf‘ heißen, sondern den revolutionären Titel ‚Wiener Presse‘ erhalten. Es wurden mir fünf Redakteure zur Dienstleistung zugeteilt, darunter Dr. Hartig, der Chefredakteur der ‚Wiener Illustrierten‘, Dietrich sowie ein Lokalredakteur des ‚Völkischen Beobachters‘.

Zur Vorsprache bei Schirach kam es nicht, es wurde mir mitgeteilt, der Reichsleiter schreibe an einem historischen Drama und dürfe nicht gestört werden.

Um diese Zeit befanden sich schon seit Wochen die Druckmaschinen und Redaktionsschreibtische im Keller. Auch die große Rotationsmaschine war zerlegt und hinuntergeschafft worden. Holzpritschen waren aufgestellt, auf denen man angezogen die Nacht verbrachte.

Zuerst hielt ich eine kurze Besprechung mit den Drukkereileuten ab (Jakob Herzing und Rudolf Assmann), welche mir versicherten, daß Satz und Druck keinerlei Schwierigkeiten bereiten würden, eher der Expedit. Die Post funktionierte ja nicht mehr und die Austräger konnten bei den überall versperrten Häusern nicht hinein. Dann besprach ich mich mit den Redakteuren. Das Deutsche Nachrichtenbüro und die anderen Nachrichtendienste waren bereits nach Westen gezogen, das Presseamt und das Reichspropagandaamt in Wien gaben keine Nachrichten und Weisungen mehr aus, was wir eher als angenehm empfunden haben . . . Was noch einigermaßen funktionierte, waren die Presseoffiziere beim Heereskommando. Mit einem solchen war ich schon ein paar Tage vorher die Triesterstraße hinausgefahren, um die Hauptkampflinie zu suchen, von deren Verlauf auch im Heereskommando nichts bekannt war.

In Baden wollten wir im Postamt telephonieren, dort machten aber schon Russen Dienst, so daß wir es vorzogen, nach Wien zurückzukehren. Es gab also am Karsamstag nachmittag, nachdem die Trümmer der 6. Armee tagelang durch Wien nordwestwärts durchgezogen waren, überhaupt keine Front mehr, und die Russen hätten meiner festen Überzeugung nach nicht mit Panzern, sondern mit leichten Fahrzeugen bis zum Stephansplatz fahren können, ohne einen Schuß abzufeuern.

Dann schrieb ich auf einem Stockerl im Keller den Leitartikel, für den ich mich, wenn man meine damalige Lage in Betracht zieht, auch heute noch nicht genieren muß. Die ‚Wiener Presse‘ erschien zur gewohnten Zeit in der Nacht. Sie konnte allerdings kaum mehr an den Mann gebracht werden.“

Ich selbst habe dieses letzte Kapitel des „Neuen Wiener Tagblatts“ nicht unmittelbar miterlebt. Mit dem „letzten Aufgebot“ von bisher freigestellten Künstlern, Schauspielern, Musikern wurde ich am 1. September 1944 zur

Wehrmacht eingezogen. Rudolf Assmann, der mir treu verbundene Chefmetteur des „Wiener Mittag“, besuchte mich oft an den Wochenenden bei der Flakbatterie auf dem Mödlinger Eichkogel und hielt mich auf dem Laufenden über die weiteren Vorgänge im Pressehaus am Fleischmarkt.

Zu diesem Zeitpunkt waren meine Gedanken nur noch in die Zukunft gerichtet. Das ersehnte Ende des Krieges war abzusehen, jetzt ging es nur noch um die Frage des Überlebens. Man erträumte Wunschbilder und hielt sich an ihnen fest.

Dazu gehörte das Projekt Ernst Moldens, die „Neue Freie Presse“ nach dem Krieg neu ins Leben zu rufen. In optimistischen Stunden gewann diese Vision sogar feste Konturen. Molden hatte schon konkrete Vorstellungen von der Zusammensetzung der Redaktion und der Finanzierung des Blattes, an der sich als Hauptinteressent das Bankhaus Schoeller, damals von Fritz v. Maurig repräsentiert, beteiligen wollte.

Für den Kern der künftigen Redaktion stand eine Anzahl bewährter alter Journalisten zur Verfügung, durchwegs Leute der ersten Garnitur, die schon vor dem Jahr 1938 in führenden Positionen tätig gewesen waren. Zu ihnen gehörten der hervorragende Innenpolitiker und einstige kommissarische Leiter der „Wiener Neuesten Nachrichten“ in der Schuschnigg-Ära Hans Mauthe, ferner der frühere Chefredakteur der Grazer „Tagespost“ Dr. Oskar Stanglauer, der wegen seiner jüdischen Gattin 1938 abgesetzt worden war, dann der Leiter der Wirtschaftsredaktion der alten „Reichspost“, Josef Lamprecht, und als zweiter Volkswirt Dr. Heinz Marchart vom „Neuen Wiener Tagblatt“. Louis Barcata, einst „Neue Freie Presse“, sollte unser Korrespondent in Rom werden.

Sie alle, einschließlich Ernst Moldens, hatten ihre Existenz während der Nazijahre zwei wirtschaftlichen Wochenzeitungen zu verdanken, von deren Bestehen nur ein kleiner Kreis von Branchenkennern wußte.

Die beiden Zeitungen hießen „Südostecho" und „Europakabel" und standen unter der Schirmherrschaft des Wirtschaftsministers Walter Funk, ehemals Wirtschaftsredakteur, später Reichspressechef, schließlich Nachfolger von Hjalmar Schacht. Die Redaktion hatte ihren Sitz im Hause Wien 1., Jasomirgottstraße Nummer 4, nächst der Stephanskirche.

Beide Blätter dienten dem Zweck, im Ausland für die deutsche Wirtschaft zu werben. Das „Südostecho" zielte auf Ungarn und die Balkanländer, das „Europakabel" auf die westeuropäischen Staaten. Inhaltlich sollte die Politik in den Hintergrund treten zu Gunsten eines als Alibi dienenden liberalen Cachets, um auch solche Kreise anzusprechen, die dem Nationalsozialismus abgeneigt waren.

Unter dem jungen, äußerst wendigen Geschäftsführer mit dem holländisch klingenden Namen Van Ray herrschte im Betrieb tatsächlich eine verblüffend freie und offene Atmosphäre. Nach allem, was man über ihn hörte, schien Van Ray eine schillernde Figur zu sein, bei der Vorsicht geboten war. Nach einer Blitzkarriere in der Parteihierarchie war er im Gefolge des Gauleiters Bürckel, mit wirtschaftlichen Aufgaben betraut, nach Wien gekommen und im Verlagswesen gelandet.

Von da an suchte er systematisch nach Kontakten mit Österreichern, die durch ihre Vergangenheit politisch kompromittiert waren. Unter seiner Leitung erfolgte der personelle Aufbau des Verlages, einschließlich der Redaktion, vor allem unter diesem Gesichtspunkt.

Mit Ausnahme des deutschen Chefredakteurs, der ein rein fachlich ausgerichteter Wirtschaftsexperte war, bestand die Redaktion nur aus Österreichern, die keine Nazis waren.

Diese Zusammensetzung aus notorischen Nichtnazis und die betonte Konsequenz, mit der sie betrieben wurde, hatte nahezu verschwörerisch-maffiosen Charakter. Van Ray vollzog dieses personelle Programm mit souveräner Gelassenheit. Gaupresseamt und Gestapo verhielten sich neutral.

Wie weit Van Ray in seiner erstaunlichen Freizügigkeit durch eine übermächtige Instanz in Berlin gestützt wurde, oder ob seine ganze Gebarung, die von persönlichem Charme, Witz und fröhlichem Zynismus begleitet war, auf einem frechen Bluff im Felix-Krull-Stil beruhte, oder aber ob beide Elemente zugleich dabei im Spiel waren, ist offen geblieben.

Solche Typen von geschickten Nutznießern, Karrieristen, erfolgreichen Mitmischern waren nicht selten, dies lag sogar in der Natur des Systems, das von Emporkömmlingen gegründet und getragen wurde.

Das Dritte Reich war keineswegs eine perfekt durchorganisierte Despotie, es gab durchlässige Bruchstellen in der Partei, in den Ämtern, in der Wirtschaft, die das Gewaltsystem auflockerten. Van Ray's exklusive Domäne war eine solche Stelle des humanisierenden *laissez-faire,* des Leben- und Gewährenlassens.

Diese menschlich unversehrte Atmosphäre, in der sich Widerstand mit dem Odium der Kollaboration vermischte, entsprach auch der paradoxen Situation, in die jeder einzelne und die Masse des Volkes zwangsläufig gerieten, da es schlicht um das Überleben ging. Die Kraft zum Märtyrertum war, wie stets, nur wenigen verliehen.

Über Van Rays journalistisches Intermezzo in Wien, das nur wenige Jahre währte, senkte sich nach dem Kriegsende schnell der Vorhang des Vergessens und Verschweigens. Abgesehen davon, daß seine Aktivitäten als ein Bestandteil der Wiener Zeitungsgeschichte zu registrieren sind, tragen ihre Details gewiß auch zum Verständnis dieser Jahre bei.

Daß Geist und Tradition des einstigen „Tagblatts“ noch ein Jahrzehnt nach seinem Ableben wieder rege wurden und auf das Schicksal der wiedererstandenen Zeitung „Die Presse“ gedeihlich einwirkten, zeigte sich im Herbst 1955.

Wenige Tage nach dem Abzug der Russen, die das Haus zehn Jahre lang besetzt gehalten hatten und dort ihre kommunistischen Propagandaprodukte drucken ließen, riefen mich meine beiden Freunde, die einstigen Metteure des „Wiener Mittag“, Rudolf Assmann und Eduard Wondracek, an und baten um ein Rendezvous. Sie wollten mich in einer wichtigen Angelegenheit zunächst allein sprechen. Wir trafen uns in der Meierei des Volksgartens. Wondracek war inzwischen designierter Vorstand der Gewerkschaft Druck und Papier geworden, Assmann zum Druckereidirektor avanciert.

Was sie zu sagen hatten, war eine alarmierende Überraschung für mich: Es ging um die große Chance, für die damals finanziell keineswegs noch gesicherte Zukunft der „Presse“ eine solide wirtschaftliche Basis zu finden. Mein Herz schlug schneller.

Assmann war der dynamischere von beiden und führte das Wort. „Wir wollen, daß ‚Die Presse‘ zu uns ins Haus kommt“, begann er. „Wir wollen eine große bürgerliche und liberale Zeitung, wie es das ‚Tagblatt‘ einmal war, bei uns haben.“

Es stellte sich heraus, daß die Arbeiter der „Steyrermühl“ während der ganzen Russenzeit die wichtigsten Teile der großen Druckmaschine im Keller versteckt hatten und nun eine tadellose, wie neu funktionierende Maschine für uns bereit hielten. Sie fügten hinzu, sie wären bereit, die Löhne niedriger zu halten, um das Haus möglichst schnell konkurrenzfähig zu machen.

Fritz Molden wäre der geeignete Mann dafür, so sagten die beiden, denn er sei jung und hätte das nötige Zeug dafür, die Energie, die Phantasie und den risikofreudigen, unternehmerischen Geist.

Assmann und Wondracek waren im Laufe des Gesprächs bei der feurigen Schilderung ihrer Zukunftsvisionen in einen Zustand hellster Begeisterung geraten, und so entfuhr dem Munde des Sozialdemokraten Assmann spontan ein recht unzeitgemäßes Vokabel aus Nestroys Sprachschatz, das wegen seiner revolutionär-biedermeierlichen Sprengkraft für immer in meinem Gedächtnis bewahrt bleibt:

„Wir wollen“, sprach Assmann, „für dieses Haus wieder einen richtigen Prinzipal haben!“ Und Wondracek, der Repräsentant der Gewerkschaft, stimmte beifällig lächelnd zu.

So wurde Fritz Molden dann tatsächlich zu ihrem Prinzipal.

Im Vergleich mit der noblen Gelassenheit des Vaters hat er seine Rolle in der Reihe der einstigen konservativliberalen Zeitungsherausgeber Wiens, der Zang und Singer, der Szeps und Benedikt, allzu leichtfertig und fahrig gespielt. Die Hoffnungen der Herren Assmann und Wondracek sollten sich nicht erfüllen.

Vorausgeahnt, vorausgefühlt, vorweggenommen

Ernst Polak war sich seiner Grenzen und Unzulänglichkeiten als schreibender Mensch schmerzlich bewußt, er litt darunter, für die vielen nach außen drängenden eigenen Gedanken und Einfälle nicht die angestrebte adäquate Formulierung zu finden. Die Ursache dieser Insuffizienz war gewiß nicht mit mangelndem Talent zu erklären, denn Talent hatte er zweifellos, was sich in seiner Brillanz als bestechend gescheiter und witziger Gesprächspartner bekundete. Seine Hemmungen und Zweifel lagen tief und unauflöslich in seinem Inneren verborgen.

Er bemühte sich in seinem außerordentlich regen Verkehr mit Schriftstellern, die eigene Unzulänglichkeit als Schreiber durch andere Vorzüge zu kompensieren, durch sein aus enormer Belesenheit stammendes Wissen sowie seine allgemein anerkannte und gepriesene Kompetenz als Sachkenner und Beurteiler *in litteris,* aber auch auf dem Gebiet der Wissenschaft und Künste. Die Prominenz des „Herrenhof" machte reichlich davon Gebrauch, doch auch jungen „Suchenden" stand er gerne zur Verfügung. Dafür forderte er grundsätzlich von jedem Autor, daß er den Wissensstand der Zeit, in der er lebte, voll beherrsche.

Nachfolgende Exzerpte sind einem Brief entnommen, den Polak am 10. März 1942 an Jack Levy geschrieben hat, einen Journalisten und Schriftsteller, der während des Krieges in Südafrika lebte und an einem Buch über das Thema „Wahn und Verantwortung" arbeitete. Er hatte vor Hitlers Machtergreifung in Österreich kurze Zeit in Wien gelebt und an der Polak-Runde teilgenommen. Damals schon wurden themennahe Probleme erörtert. Polaks Bemühen war stets darauf gerichtet, die aktuellen politischen Vorgänge in Deutschland in einem größeren geistesgeschichtlichen Zusammenhang zu sehen. Damals beschränkten sich seine zeitanalytischen Gedanken auf vage Andeutungen, ihre Durchformulierung erfuhren sie erst während der unmittelbaren Konfrontation mit der nationalsozialistischen Wirklichkeit.

„... Ich möchte Sie davor bewahren, was Schriftstellern und auch Wissenschaftlern immer wieder passiert, nämlich daß sie einfach nicht wissen, was in der Wissenschaft, also einem Gebiet des Geistes, das heute mehr als jemals das eigentliche Feld der geistigen Entwicklung ist und alles beeinflußt, auch Kunst, Nichts oder nur Halbes wissen ... denken Sie an die großen Schriftsteller wie Paul Valéry, Broch, Musil und in einem gewissen Abstand Aldous Huxley. Hinter jedem Satz, den Valéry äußert, spürt man die ganze geistige Spannung, und in jedem Satz, den er direkt in der Richtung der Erkenntnis äußert, sieht man die Klarheit seiner Einsicht. Und obzwar das Material nie ausgebreitet ist, weil er ein Schriftsteller und ein Künstler ist, ist es immer voll beherrscht, es steht dahinter. In zwei Sätzen zeigt er zum Beispiel, wie genau er die heutige Mathematik oder Physik versteht. Diese zwei Sätze sind aber eben die Essenz von großem Material und jahrelangen Studien. Diese zwei Sätze mögen als Extrakt aphoristisch oder sogar „poetisch" sein, sie sind nicht möglich ohne vorherige Wissenschaft.

Das ist der Unterschied zwischen z. B. Spengler, der sein ganzes Material ausbreitet und daraus Schlüsse zieht und das ist in gewissem Sinne „deutsch", und Valéry, der als Person, als persönliche Erfahrung, in einem höchst künstlerischen Sinn und Stil, in dem das Material vorgewiesen wird, „sich zeigt", in der Beherrschung des eigenen Denkens und in der Einfügung in das ganze Feld des Denkens und der Wissenschaft der Zeit. Er nennt z. B. nie einen Namen oder ein Werk und objektiviert dabei in faszinierender Weise moderne Mathematik oder Physik, von der er alles, nämlich das Essentielle weiß.

... Das Material ist nicht dazu da, um ausgebreitet zu werden. Es ist da, um verbraucht zu werden, verdaut zu werden, zu verschwinden, um einen Körper ganz anderer Art aufzubauen. Es ist Nahrung und Stimulans. Ich brauche Ihnen nicht zu sagen, daß es mir tausendmal lieber wäre, einem von den fünfzig bis hundert Seiten langen Essays Valérys nachzustreben als einem zweibändigen Spengler ..."

„Es ist kein Zweifel, daß der Nazismus von einem quasi religiösen Impetus lebt, der nur mit einer echten neuen Ordnung bekämpft werden kann. Die Japaner leben in einer Art religiöser Ordnung, wie alle Völker, bei denen politische und religiöse Macht zusammenfallen, wie eben beim Mikado, der wirklich als Gott angesehen wird. Aber wie steht es mit der wirksamen Religion des Westens, mit den monotheistischen Religionen Christentum, Judentum, Islam? Merkwürdig ist jedenfalls, daß der größte Prophet des Neunzehnten Jahrhunderts, Jakob Burckhardt, den Verfall des Christentums in unserer Zeit ebenso wie die Diktaturen, und Nietzsche den Nihilismus und die Weltkriege vorausgesagt hat."

„ . . . Merkwürdig, und ich stelle es hin ohne Urteil, daß wir astronomisch in ein anderes Zeitalter eintreten. Ich weiß nicht genau und müßte es nachschauen, ob es ein Äon oder ein platonisches Jahr heißt, aber nach zweitausend Jahren kommen wir aus dem Zeitalter der Fische in das Zeichen des Wassermanns. Was gedeutet wird: aus dem Zeitalter des Vaters in das Zeitalter des Sohnes. Es ist kein Zufall, daß der Ödipuskomplex und die Vateridee am Ende des 19. Jahrhunderts auftauchen. Das bedeutet vielleicht Verfall der Idee der Hierarchie, der Vater- oder Herrscheridee und Aufgehen der Sohnesidee, die Unabhängigkeit, Gleichheit und eine andere Art der Ordnung bedeutet. Sogar die Physiologie ist zu ganz neuen Anschauungen gekommen. Die Idee, daß das Gehirn oder Teile desselben führend sind, ist aufgegeben. Es ist kein steuerndes Element, alles ist steuernd und zugleich gesteuert. Es herrscht eine Anarcho-Harmonie . . ."

„ . . . Jedenfalls gibt es, was wir Religion nennen, in neuen, vorläufig kaum gefühlten Formen. Als Möglichkeit. Was wir als Religion nennen können, ist am klarsten, wenn, wie ich es glaube, Kunst und Religion isomorphe Gebiete sind. Aufeinander abbildbar, das eine im anderen erkennbar. Das Gemeinsame ist eine gleiche Erlebnisweise, die sonst auf keinem anderen Gebiet auftritt. Das ästhetische und das mystische Erleben sind dasselbe, bezogen auf verschiedenes Material. Das Ziel ist dasselbe, einmal als Seelenfriede usw., das andere Mal als Balance, als Erfülltheit, als Deutung des Lebens empfunden. . . Es ist klar, daß wir hier auf ethischem Grund sind. Die Beziehung ethisch-ästhetisch ist zu klären. Es ist dieselbe Sache von zwei Seiten gesehen. Man denke an Feuerbachs Beispiel: ‚konkav — konvex' . . ."

„Eine gewisse ‚religiöse Idee', die nichts mit einer der hergebrachten Religionen zu tun haben muß, ist notwendig, um eine Gesellschaft zu binden. Der Sozialismus war eine quasi-religiöse Idee. Sie wird eines Tages ausgelebt sein, wenn sie auch zur neuen Formung beitragen wird. Sehr viel sogar. Aber im Fundament nicht entscheidend . . ."

„ . . . Der ethische Akzent liegt im Individuum und nur dort. Nur das Individuum kann ethische Entscheidungen treffen. Jeder Politiker ist sich seit Machiavelli bewußt, daß in der Politik kein ethisches Moment eintreten kann. Der Staat ist ohne Gewissen, ohne Verantwortung. Siehe Hegel usw. Interessant ist, was der Protestantismus da angerichtet hat, als er das Individuum zwar freimachte, aber es zugleich jeder Verantwortung der Realität gegenüber enthob. Es war frei in seinem Verhältnis zu Gott, aber nur zu Gott, (jedoch) gebunden zum Staat. Die Rechtfertigung ruhte nur im ‚Glauben' und nicht mehr ‚in den guten Werken', wie beim Katholizismus. Das heißt, nicht mehr im Tun, sondern in der Abstraktion. Die Folge: Vollkommene Unterwerfung unter jede politische Gewalt. Prinzip: ‚Cuius regio eius religio'."

„ . . . Dem Staat muß jede Möglichkeit genommen werden. Er soll ‚verwittern', ebenso ‚Nation' im Sinne des 19. Jahrhunderts. Ein junger und kurzlebiger Begriff. Das Römische Reich, der mittelalterliche Staat, der Feudalstaat u.s.f. bis zur französischen Revolution haben das nicht gekannt. Daher gab es auch keine allgemeine Wehrpflicht, das Unglück unserer Zeit, die erst mit dem ‚lever en masse' entstand. Dazu wird es mit der notwendigen Föderalisierung, ohne die Europa und die Welt kulturell zugrunde gehen müssen, kommen. Die Souveränität des Staates und der Machtakzent auf ‚Nation' muß damit langsam vergehen — dazu werden die großen aufkommenden Staatengruppen im Osten, Rußland, Indien, China, beitragen.

Rußland, Indien, China sind keine Nationen sondern Nationenkonglomerate von Hunderten von Nationen. Ähnlich die Vereinigten Staaten. So daß der Akzent von der Nation als Machtzentrum zu der Nation als Sprach-, Kultur- und Lebensgemeinschaft — und je kleiner desto besser — fällt. Siehe Rußland. Dazu gehören aber große Ordnungsorganisationen, Kontinente und in gewissem Sinne die Welt. Aber jeder sieht heute, daß die Rettung nur darin bestehen kann. Und darin zugleich die Rettung des Individuums. Vielleicht mit einem Übergang in politischer Führung durch die anglo-amerikanische Welt, wird Politik im alten Sinn überhaupt absterben und eine neue Macht in diesem Sinne vom Individuum her nicht mehr erreichbar sein. Da liegen die Chancen des Anarcho-Syndikalismus und zugleich des Individuums."

„... Je kleiner der Kreis, in dem das Individuum wirken kann, in dem es die politische Macht erreichen kann — da es so etwas wie ständige Abgeordnete, die legislativ wirken, nicht geben wird, sondern immer nur ad hoc-Delegierte zu einem bestimmten Zweck und beratende Fachleute —, desto klarer ist für ihn die ethische Verantwortung, die der Durchschnittsmensch, immer nur aufs Nächste bezogen, überhaupt realisieren kann. Wie es mit dem höheren Typus Mensch, dem freien Geist, dem ‚Übermenschen' bestellt ist, ist eine andere Frage. Er wird von selbst eine höhere Funktion haben, ohne je zur Macht kommen zu können, die er übrigens von sich aus organisch gar nicht haben will, da er entweder der kreative oder der kritische Typus (Künstler, Denker, Wissenschaftler) ist. Der Typus Politiker als Beruf müßte absterben. Auch das ist ja erst seit der französischen Revolution möglich: Politik als Karriere. Das war früher ganz anders. Das ist historisch leicht zu beweisen ..."

„... Worauf ich hinaus will: Durch Verlegung der Verantwortung und durch eine neue Begründung der Verantwortung, das heißt die religiös-ethische Idee, der schwierigste Punkt, der sehr viel Phantasie erfordert, Individuum, den richtigen

Schwerpunkt der Gesellschaft, Zerteilung der Masse in gegliederte, individuumsgetragene, selbstzentrierte Gruppen, die natürlich alle durch Querverbindungen verschiedener Ordnung gehalten sind, um den Wahn als Massenerscheinung unmöglich zu machen, ihn als das eigentlich Ethisch-Böse zu zeigen. Der Wahn als fruchtbares Moment im Einzelnen und seine Folgen für die Massen oder die Gesellschaft, ist eine andere Frage."

„... Was Ernst Jünger in seinem Buch ‚Der Arbeiter' aussagt, ist die ‚Theologie des Nihilismus'. Die Vergöttlichung der Aktion, die nur dann Aktion ist, wenn sie vollkommen sinnlos ist. Sobald sie einen Zweck hat, ist sie eben schon dadurch nicht mehr ‚rein', sondern entwertet. Ein Höchstmaß an Aktion bei einem Mindestmaß an Warum und Wofür, das habe ich mir schon im Jahre 1933 als das Charakteristische Jüngers notiert. Die meisten Beurteiler Jüngers sehen noch immer in den Aktionen einen Sinn, Training oder Macht oder sonstwas ...

Jünger enthüllt den wirklich nihilistischen, fatalistischen und Götterdämmerungszug, der der ganzen germanischen Haltung zugrunde liegt.

Interessant ist, wie das mit der ‚ästhetischen', von André Gide seit Jahrzehnten sozusagen ‚experimentierten' Theorie oder dem ‚acte gratuit' zusammenhängt. Die Handlung, die vollkommen motivlos ist. Es ist wirklich Wahn. Dieser Zusammenhang ist ungeheuer interessant. Er zeigt, daß in verschiedenen Kulturen und mit ganz anderen Voraussetzungen der Nihilismus sich seit Jahrzehnten durchgefressen hat. Nietzsche hat das (‚Jahrhundert des Nihilismus') gerochen ..."

Im Folgenden eine Auswahl aus Polaks Schatz von Zitaten, die, sofern sie von ihm selber sind, manchmal die beiläufige Improvisation bei ihrer Entstehung erkennen lassen:

Geselligkeit schaut oft so aus wie ein unbeschäftigter Chor in der Oper, der auf den Einsatz wartet.

Wieviel wird einem klar, wenn man es hinter sich hat. Es ist eben alles Literatur. Man lebt nicht, man hat nur gelebt. Ich denke an ein Zitat aus einem Brief: „Man lebt nicht einmal einmal."

Du kannst nicht wissen, was genug ist, wenn du nicht weißt, was mehr als genug ist *(Blake).*

Ein Aktivist hat gesagt: „Wir sind nicht für das Bild, sondern für das Vorbild." Ich füge hinzu: „Und nicht für die Rede, sondern für die Vorrede."

Ich mache es nicht mit Liebe, ich mache es mit Vorliebe.

Das Irrationale soll man nicht wegleugnen. Die Aufgabe besteht darin, es rational zu definieren. Die Mathematik ist das Instrument dafür.

Charakteristisch für einen Mann ist nicht, wie er zu seinem Geld kommt, sondern wie er es ausgibt.

Ich bin nicht für Hammer und Sichel, ich bin für „Meissl & Schadn." *(Der Name eines Luxushotels am Neuen Markt in Wien.)*

Der deutsche Shakespeare ist besser als der englische. Und das hat seinen Grund. Shakespeare hat nach der Natur gedichtet, Schlegel aber nach Shakespeare.

Mir käme es darauf an, das Buch zu schreiben, zu dem ich unfähig bin und dessen Themen diese selbe Unfähigkeit wäre (bei Musil war die Unfähigkeit der Anlaß und nicht das Thema).

Dogma ist gefrorene Skepsis.

Die Geburt eines Gedankens ist kausal nicht zu erklären.

Existenz selbst ist Produktion, alle andere Produktion ist also abgeleitete Existenz.

Das Exakte ist das Wandelbare. Keine „exakte" Erkenntnis bleibt wahr. Der Wahrscheinlichkeitstheoretiker könnte sagen: das Exakte ist der Zufall.

Wenn wir plötzlich in eine Welt der Finsternis versänken — wer würde sich besser zurechtfinden, die Sehenden oder die

Blinden? Die Tastwelt der Politik im Vergleich zur Seh-Welt des Geistes.

Verbrecherische Verwendung des doppelten Genitivs und des Wortes „als“: Die Sprachtäuschung. Flaubert hatte das richtige Empfinden, als er wegen eines solchen Genitivs dem Selbstmord nahe war — „des fleurs d’orange“ — zwei voneinander abhängige Genitive als Zeichen geistiger Minderwertigkeit.

Kein Programm machen: Programme sind treulos.

Die Echtheit des Schwindels, ist sie nicht größer als der Schwindel der Echtheit?

Die Welt ist nur so weit verständlich (vorhanden), soweit sie sich durch unsere Syntax (Zahlen) beherrschen läßt.

Hunde, die bellen, haben nichts zu beißen.

Ich nehme an, daß Dichter gar nicht träumen oder nur mit dem Traumbewußtsein, einen Auftrag zu haben.

Kritisieren ist leicht, lesen ist schwer.

Der Ton ist schön, nicht die Schallwellen (aus *„Kafkas Inferno“, Psychoanalytischer Verlag 1931).*

Der Zufall sind wir selbst.

Wer zuerst lacht, hat gelacht.

Ein kleines Feuerchen genügt, sich zu wärmen und die wilden Tiere abzuschrecken.

Es gibt Neurotiker, die immer zu spät kommen, und solche, die immer zu früh kommen müssen. Diese bezeichnen sich mit Vorliebe als „Gesunde“.

Die Logik erschöpft nicht die Sprache, dagegen erschöpft die Sprache die Logik (bei der Lektüre Rudolf Kassners).

Die Schönheit ist eine in Geheimniszustand erhobene Intelligenz (vergleiche Novalis).

Das Einzige, was einen über einen Verlust trösten kann, ist der Gedanke, ihn gewagt (riskiert) zu haben. Etwas verlieren, das man halten wollte, ist erniedrigend; etwas verlieren, was man aufs Spiel gesetzt hat, ist stolzer Schmerz.

Ein Philosoph, einer, der auf eine Frage so antwortet, daß man nachher nicht weiß, wonach man gefragt hat.

Iteration ist laut Lexikon die „Wiederholung“, ist das „schrittweise Rechenverfahren zur Annäherung an die Lösung einer mathematischen Gleichung“: Das ist die Philosophie für Gustav Grüner: „Wenn ich weiß und ich weiß, *daß* ich weiß, warum weiß ich dann nicht auch, daß ich weiß, daß ich weiß, daß ich weiß . . .“ *(Der Philosoph Gustav Grüner war täglicher Gast der Polak-Loge).*

Wir sind alle Snobs. Auch der liebe Gott ist einer. Nur aus Snobismus bleibt er unsichtbar.

Stendhal (in seinem Roman „Lucien Leuwen“): „Jedwede Regierung ist ein Übel, doch ein Übel, das vor einem schlimmeren schützt.“

Der Tintenfisch läßt eine Wolke Tinte hinter sich, um seinen Rückzug zu bemänteln.

Der Mystiker, ein Dichter des Inneren, der Dichter, ein Mystiker des Äußeren.

Es gibt einen soul-appeal.

Stummheit, die letzte Vertrautheit mit sich selber.

Logik: Ich bin nicht so wie die Welt es verlangt, also ist die Welt nicht so, wie sie sein sollte.

Es gibt eine abstrakte Dialektik, die, indem sie abstrakt alles doppelt sieht, gar nichts sieht.

Stendhal, ein Zeitgenosse von mir (1936), der leider vor neunzig Jahren gestorben ist.

Es gibt eine verborgene Geschichtsphilosophie oder, besser, Geschichtsmetaphysik: Die Juden, die den lieben Gott erfunden haben, haben damit tatsächlich erst Geschichte möglich gemacht. Der Lenker der Geschichte, dessen Willen man erkennen kann, dessen Absichten man aber nicht erkennen kann, ist das Modell zu jeder historischen Sinngebung geworden, zu jedem, wenn auch noch so unbewußten Auswahlprinzip, ohne das kein historischer Satz eine Stelle haben kann. Es gibt eine historische Wohlordnung, Wohlgeordnetheit.

Alle Klassen danken von selber ab, obzwar sie noch im Besitz der Macht sind (am Beispiel der Französischen Revolution).

Im Jahre 1936 notiert: Es wächst die Müdigkeit an der Freiheit, die den Einzelnen täglich vor schwierige Probleme, die er selbst zu lösen hätte, stellt. Aufreibend, wenn dazu noch soziale Unsicherheit kommt (Deutschland und Italien nach dem Ersten Weltkrieg). Diese soziale Unsicherheit empfindet der moderne Mensch als unerträgliche Last, sie versetzt ihn in eine Art soziale Angst, Panik, die in ihrer Struktur große Ähnlichkeit mit der Naturangst der Primitiven hat, sie primitivisiert und erzeugt einen Parallelzustand. Die Sozietät ist die Natur des heutigen Menschen. Sie ist drohend, die Natur selbst ist freundlich.

Der sterbende Schwan, von der Pawlowa getanzt, ist Kunst; der Sprung Nijinskys ist Kunst, weil von Geist und Sinn beschwingt. Der Sprung eines Sportlers ist bloß extreme Körpermechanik. Der Flug des Vogels ist leicht, frei, schön, graziös. Der Flug des Aeroplans ist extreme Mechanik, absturzbedroht, plump, häßlich wie der surrend-mechanische Flug des Kerbtieres.

Drei Jahrzehnte nach seinem Tode wurde Ernst Polak von dem Germanisten Hartmut Binder (Deutsches Literaturarchiv in Marbach a.N.) für die Literaturwissenschaft entdeckt. Binder widmete ihm als dem Berater bedeutender Schriftsteller und Verleger sowie als Integrationsfigur der wichtigsten Literatencafés in Wien und Prag einen klugen und aufschlußreichen Essay, der unter dem Titel „Ernst Polak — Literat ohne Werk" im „Jahrbuch der Deutschen Schillergesellschaft XXVIII/1979" erschienen ist. Diese Studie enthält viele bemerkenswerte Details aus der geistig bewegten Kaffeehausszene der ersten Jahrhunderthälfte in Wien und Prag und wird ergänzt durch Briefe von Polak, Werfel und Broch, die Dieter Sulzer aus dem Nachlaß Polaks ediert und kommentiert hat. Die Veröffentlichung der Zitate und der Briefexzerpte in diesem Buche erfolgt mit freundlicher Genehmigung Delphine Trinicks, verw. Dr. Polak, geb. Reynolds und im Einvernehmen mit dem Deutschen Literaturarchiv, das Ernst Polaks Nachlaß aufbewahrt.

Die geistige Richtschnur

An unserem Stammtisch wurde im Jahre 1934 von einem gelegentlichen Teilnehmer die Frage gestellt, welche Bücher man gelesen haben müsse, um zur perfekten Kenntnis des gegenwärtigen Wissensstandes der Menschheit zu gelangen, und welche Nachschlagwerke eine Bibliothek enthalten müsse, um als geistige Richtschnur dienen zu können.

Ernst Polak fühlte sich durch diese Frage besonders angesprochen; er zitierte aus seinem stets und sofort abrufbaren Gedächtnis eine lange Namensliste von Autoren, Werken und Verlagen, ließ sich vom Oberkellner Kanzleipapier bringen, zog sich damit in einen Nebenraum zurück, wo ihm die Bände des Brockhauslexikons zur Verfügung standen, und nach mehreren länger dauernden Palavern mit anderen Herrenhofinsassen legte er einige handgeschriebene Seiten vor, die in seinem Stil und mit seinen flüchtig notierten Abkürzungen und unkommentierten Hinweisen das improvisatorische Zustandekommen des Entwurfes erkennen lassen. Ich habe mir dieses Manuskript aufgehoben, das als Dokument den Geist und das Wesen des „Herrenhof“ widerspiegelt.

DIE MÖGLICHKEITEN:

A) Arbeitsbibliothek: entfällt hier (als Traum habe ich diesen Typus für den Fall „schreibender Mensch" genau vor mir)

B) Informative Bibliothek: Reine Nachschlagwerke.

C) Information mit Genuß: Wissen — gestaltet!

D) Genuß: Also Kunst und Betrachtung, wobei es nur auf den Betrachtenden ankommt. Möglichst organisch aus dem Basiswissen der Stunde, in Jahresringen wachsend.

Die deutsche Standard-Bibliothek, fertig gemacht, mit dem ganzen Team der Klassiker konfektioniert, ziehe ich hier nicht in Betracht. Zu öd. Wenn sie da ist, ist sie ein bürgerlich brauchbarer Kern.

ad B)

Das Rückgrat: *Konversationslexikon* von Brockhaus (bis 1934), der Mayer (vor 1934), Herder (ausgezeichnet, objektiv, doch katholischer Standpunkt). Kann für erste Information alles ersetzen, gibt für weiteres Literaturangaben.

Handwörterbücher geben sachlichen Zusammenhang, spezielle Atmosphäre, Einheitlichkeit und viel leichtere Benützbarkeit.

ad C)

Antike Heinemann Klassiker: *Dichtung der Griechen*
Dichtung der Römer
Lebensweisheit der Griechen

Immerhin sollte man Proben von Plato (Gastmahl, Republik etc.), griechische Lyrik, Homer, Plutarch, Sueton, Lukian, Horaz (Schröder Übersetzung), Catull, Ovid etc. heute noch lesen.
Hermann Diels: Bericht über deutsche Literatur der Vorsokratiker
Antike Briefe (Heimeran)
Georg Capellanus: *Sprechen Sie lateinisch?* (sehr nett)
PHILOSOPHIE
Systematik: *Handbuch der Philosophie* (Oldenbourg)
Einzeldarstellungen: ganz modern z.B.
Kuntze: *Erkenntnistheorie* (griechisch)

Hermann Weyl: *Philosophie der Mathematik und Naturwissenschaften* (ganz erstklassig)
Julius Stenzel: *Philosophie der Sprache*
Hans Driesch: *Metaphysik der Natur* etc.
Wilhelm Windelband: *Die Probleme der Philosophie* (gut, etwas veraltet)
Fritz Heinemann: *Einführung in die neue Philosophie*
Georg Simmel: *Lebensanschauung* (Aufsätze)
Suzanne K. Langer: *The Practice of Philosophy* (sehr gut zur Einführung in die neueste Philosophie, sehr einfach, gescheit!)
In der Richtung weiter:
Bertrand Russell: *Die Probleme der Philosophie* etc.
Georg Simmel: *Philosophie des Geldes*
Henri Poincaré: *Wissenschaft und Methode* (sehr gut, fast amüsant geschrieben); *Wissenschaft und Hypothese*
Wilhelm Windelband: *Geschichte der Philosophie* (solid); *Geschichte der abendländischen Philosophie im Altertum; Geschichte der neueren Philosophie*
Martin Grabmann: *Philosophie des Mittelalters*
Ernst von Aster: *Geschichte der antiken Philosophie; Geschichte der Philosophie der Gegenwart*
Will Durant: *Die großen Denker* (für Laien)
Dann natürlich eine Auswahl der Philosophie selbst, von denen ein Teil auch für den heutigen, nicht fachlichen Leser treffend sein kann. Von Laotse bis Wittgenstein.
GESCHICHTE, KUNSTGESCHICHTE, KULTURGESCHICHTE
Heinrich Michetschläger: *Synchronistische Geschichtstabellen!*
Standardwerk: Propyläen *Weltgeschichte*
Propyläen *Kunstgeschichte* (herrliches Bildmaterial, einzelne Bände sehr gut)
Besser Spezialwerke wie die klassischen:
Theodor Mommsen: *Römische Geschichte*
Ernst Robert Curtius: *Griechische Geschichte*
Jakob Burckhardt: *Kultur der Renaissance in Italien; Weltgeschichtliche Betrachtungen; Griechische Kulturgeschichte*
Heinrich von Treitschke: *Deutsche Geschichte; Geschichte der Stadt Rom*

H.G. Wells: *Die Geschichte unserer Welt* (etwas primitiv rational, aber lebendig)

Nur nicht Friedell!

LITERATURGESCHICHTE

Paul Wiegler: *Geschichte der deutschen Literatur* (sehr informativ, lebendig), *Fremde Literaturgeschichte*

Josef Nadler: *Literaturgeschichte der deutschen Stämme und Landschaften*

Wilhelm Scherer: *Geschichte der deutschen Literatur* (das klassische Buch)

Klabund: *Klabunds Literaturgeschichte* (lebendig)

NATURWISSENSCHAFTEN, MATHEMATIK:

Das Standardwerk (enzyklopädisch): *Ergebnisse und Probleme der Naturwissenschaft* von B. Bavink (Auflage vor 1934)

Artur Haas: *Physik für jedermann*

Ernst Zimmer: *Umsturz im Weltbild der Physik*

A.S. Eddington: *Weltbild der Physik* (sehr gut, etwas schwierig), *Naturwissenschaft auf neuen Bahnen*

Sir James Jeans: *Sterne, Welten, Atome* (Die neuen Grundlagen der Naturerkenntnis)

Percy W. Bridgman: *Die Logik der heutigen Physik*

Franz Maria Feldhaus: *Der Weg in die Technik*

Edgar Daqué: *Urwelt, Sage und Menschheit* (sehr interessant, modern); *Natur und Seele*

Egmont Colerus: *Von Pythagoras bis Hilbert* (Geschichte der Mathematik)

Theodor Reik: *Der überraschte Psychologe* (interessant, leicht lesbar)

Richard von Möses: *Wahrscheinlichkeit* (sehr interessant, lebendig geschrieben, nicht ganz stichfest)

Friedrich Waismann: *Grundlagen des mathematischen Denkens* (ausgezeichnet, etwas schwierig)

SOZIOLOGIE:

Le Bon: *Psychologie der Massen*

Sigmund Freud: *Massenpsychologie und Ich-Analyse*

Max Weber: *Wirtschaftspsychologie; Gesammelte soziologische Schriften*

Karl Mannheim: *Mensch und Gesellschaft* (ganz modern)

ad D)

Unübersehbar. Mit Auslassung von „Kunst“ zufällige, für „Weltmenschen und Männer“ geeignete Lektüre:

Memoiren: Maréchal de Retz (vollständige, dreibändige Ausgabe, nicht die gekürzte; großartig)

St. Simon (klassisch, Hof Ludwig XIV.)

Fürst von Ligne (altes und neues Europa)

Aphoristisches: Jonathan Swift und Alexander Pope: *Aphorismen*

G. Ch. Lichtenberg (der gescheiteste deutsche Schriftsteller)

Schopenhauer: *Aphorismen zur Lebensweisheit*

Vauvenargues: *Aphorismen*

La Rochefoucauld: *Maximen*

Chamfort: *Anekdoten*

Montaigne: *Essays*

Lytton Strachey: *Geist und Abenteuer*

H. Taine: *Die schönsten Essays*

T. E. Lawrence: *Die sieben Säulen der Weisheit* (ein heutiger Tacitus und lesbar zugleich)

S.S. Menscken: *Verteidigung der Frau*

Ortega y Gasset: *Der Aufstand der Massen; Die Aufgabe unserer Zeit*

Tausendundeine Nacht und *Des Knaben Wunderhorn*

Anthologie der Lyrik (Hofmannsthal)

Deutsche Erzähler bis Kafka; Faulkner, Hemingway etc. Fortsetzung ad libitum.

Zum Schluß die Devise, die einen bei der Auswahl einer Bibliothek zu führen hätte: „Nihil tam necessorium quam cognoscere quod non sit necessorium“ („Nichts ist notwendiger, als zu wissen, was nicht notwendig ist“).

S. Ambrosius

Der Wiener Rechtsanwalt Dr. Georg Tafler zählte zu der beträchtlichen Zahl literarisch ambitionierter Herrenhofbesucher, die von ihrem Kontakt mit Journalisten erhofften, eines Tages ihre schriftstellerischen Versuche gedruckt zu sehen. Solche Manuskripte wanderten oft monatelang von Hand zu Hand, von Loge zu Loge, bis sie endlich eines Tages tatsächlich in der Sonntagsbeilage irgendeiner Wiener Tageszeitung erschienen. Als gelegentlicher Besucher widmete Georg Tafler der „Polak-Loge" nachfolgende Gedankensplitter:

Man kann die Interpunktionen seines Lebens nicht selbst machen.

Frauen, die nie lügen, sind meist auch sonst faule Ludern.

Nur bewußt und absichtlich schlechte Manieren sind zulässig.

Die Logik der Natur, mit ihrer erbarmungslosen Sturheit, bestimmt die Natur der menschlichen Logik. Doch haben wir Fluchtwege: Den Glauben, die Mystik mit ihren Bastarden, den Aberglauben und die Magie.

Verlieben ist verkennen.

Ich habe ein absolutes Gehör für Menschen.

Gott ist die Asymptote der Erkenntnis.

Stolz und Demut sind nur unbewußt echt. Bewußt werden sie zu Hochmut und Heuchelei.

Der freie Geschlechtsakt ist der Aristokrat unter den Sünden, der eheliche eine geduldete Tugend.

Unser Urteil ist schon bei unserer Geburt gesprochen: Lebenslänglich *und* der Tod.

Urteile und Meinungen *sollen* subjektiv sein. Objektiv ist die Harnanalyse.

Wer die Wege meidet, muß die Pfade kennen.

In einem gewissen Alter geht man nur zum Arzt, wenn man sich sehr gut oder sehr schlecht fühlt.

Nur der Ergriffene kann ergreifen.

Danksagung

Allen Personen, die mich bei der Arbeit an diesem Buche mit wertvollen Auskünften und Hinweisen unterstützten, danke ich für ihre Hilfe, insbesondere Univ.-Prof. Dr. Josef Böck, Maritza Czenger, Eric Derman, Helga Dienbauer-Zugmayer, Stella Ehrenfeld, Johannes und Mag. Aglaë Eidlitz, Richard Eybner, Ike Fellerer, Friedrich Hansen-Löve, Carmela Haerdtl, Götz Klaus Kende, Elisabeth Kessler, Dr. Wolfgang Kraus, Dr. Vita Künstler, Martin Lang, Fritz Lehmann, Dr. Heinz Marchart, Raphael Pollack, Ursula Schuh, Dr. Paul Singer, Univ. Prof. Dr. Paul Stöcklein, Christl Wagner, Isa Wagner-Reiners, Univ. Prof. Dr. Adam und Dr. Helga Wandruszka, Dr. Ulrich Weinzierl und Dr. Emmy Wellesz. Schließlich den drei Rechtsanwälten, die bei den Besitzwechseln des „Neuen Wiener Tagblatts“ interveniert haben: Dr. Josef Fellerer, Dr. Josef Geiringer und Dr. Harald Seidler.

M. D.

Namenregister

fi 118/6b

Arthur Schnitzler

Casanovas Heimfahrt
Erzählungen. Band 1343
Aus dem Inhalt: › Der blinde Geronimo und sein Bruder ‹, › Leutnant Gustl ‹, ›Die Fremde‹ , ›Der Tod des Junggesellen‹ , ›Das Tagebuch der Redegonda‹ , ›Spiel im Morgengrauen‹ , ›Casanovas Heimfahrt‹ , ›Fräulein Else‹ .

Jugend in Wien
Eine Autobiographie. Band 2069
»Keine Zweifel: dieses autobiographische Fragment wird erheblich zum besseren Verständnis des Schnitzlerschen Wesens und des Schnitzlerschen Werkes beitragen.« *Friedrich Torberg*

Reigen / Liebelei
Zehn Dialoge / Schauspiel in drei Akten
Band 7009
»Die beiden kleinen Stücke, die hier miteinander gesellt sind, sein (Schnitzlers) berühmtestes und sein berüchtigstes, scheinen sich schlecht miteinander zu vertragen: die gemütvolle »Liebelei« und der ungemütliche »Reigen«, die rührende Tragödie und das »zynische« Satyrspiel, das eine ein Volksstück, gesättigt mit Lokalkolorit - es gibt keine Dichtung, in der mehr Wiener Luft wehte - mit allen öffentlichen Ehren im Burgtheater aufgeführt, das andere als Konterbande lange im Schreibtisch des Dichters versteckt und von Ärgernissen und Skandalen umwittert.«
(Aus dem Nachwort von Richard Alewyn)

Fischer Taschenbuch Verlag

fi 292 / 2

Arthur Schnitzler

Der Sekundant
und andere Erzählungen. Band 9100
»Wunderschön sparsam und durchsichtig« hat Hugo von Hofmannsthal die Art und Weise genannt, mit der Arthur Schnitzler »alles Äußerliche, das den Fortgang der Handlung unterstützt«, in seinen Werken schildert.

Spiel im Morgengrauen
Erzählung. Band 9101
»Spiel im Morgengrauen« ist ein für Arthur Schnitzlers Erzählen sehr charakteristisches Beispiel: das Motiv des Spiels - des Spiels der Akteure mit ihren Gedanken und Gewohnheiten und des Spiels des Zufalls, des Schicksals - kehrt bei ihm immer wieder.

Fräulein Else
und andere Erzählungen. Band 9102
»Schon das Gestern verschwimmt, und alles, was ein paar Tage zurückliegt, bekommt den Charakter eines unklaren Traumes.« Arthur Schnitzler erzählt vom Fehlverhalten der Menschen, die, aus solchem Lebensgefühl heraus, nicht davor zurückscheuen, die anderen, die gewissenhaften, zu opfern, wenn sie selbst sich allzusehr verstrickt haben.

Fischer Taschenbuch Verlag

fi 297 / 2